SEKALI SELAMAT, TETAP SELAMAT?

SEKALI SELAMAT, TETAP SELAMAT?

*Sebuah Studi tentang
Ketekunan dan Warisan*

David Pawson

ANCHOR

Saya ingin mempersembahkan buku ini kepada beberapa saudara, yang berada pada posisi "Calvinis" dalam pembahasan ini tetapi berhati besar untuk membuka mimbar dan ruang bagi saya:

Clive Calver (Evangelical Alliance)
Greg Haslam (Winchester)
Clive Hawkins (Basingstoke)
Bernard Thompson (Wallingford)
serta Roger Forster (Ichthus),
yang tetap berada pada posisi "Arminian",
untuk intervensinya yang tepat waktu di Spring Harvest.

Hak cipta © 2023 David Pawson Ministry CIO

Hak cipta David Pawson sebagai penulis karya ini telah ditegaskan olehnya sesuai dengan Copyright, Designs and Patents Act 1988.

Diterbitkan pertama kali di Inggris pada tahun 1996. Edisi ini diterbitkan di Inggris pada tahun 2021 oleh Anchor, yang merupakan nama dagang dari David Pawson Publishing Ltd, Synegis House, 21 Crockhamwell Road, Woodley, Reading RG5 3LE

Bagian apa pun dari penerbitan ini tidak boleh diproduksi ulang atau disebarkan dalam bentuk apa pun atau dengan cara apa pun, baik secara elektronik atau dengan mesin, termasuk fotokopi, rekaman atau penyimpanan informasi dan sistem pengambilan apa saja, tanpa izin sebelumnya secara tertulis dari penerbit.

Kecuali diberi keterangan yang berbeda, kutipan ayat-ayat Alkitab dalam buku versi terjemahan bahasa Indonesia ini diambil dari Alkitab Terjemahan Baru (TB), versi revisi terbitan tahun 1997, terbitan Lembaga Alkitab Indonesia (LAI). Hak cipta milik Lembaga Alkitab Indonesia, dilindungi oleh undang-undang. Digunakan sesuai izin penggunaan. Seluruh hak dilindungi oleh undang-undang.

Untuk mendapatkan materi pengajaran David Pawson lainnya, termasuk DVD dan CD, kunjungi:
www.davidpawson.com

UNTUK MENGUNDUH MATERI GRATIS:
www.davidpawson.org

Untuk mendapatkan informasi lebih lanjut, kirimkan *email* ke:
info@davidpawsonministry.org

ISBN 978-1-913472-80-1

Versi asli dalam bahasa Inggris dicetak oleh Ingram Spark

Daftar Isi

KATA PENGANTAR		9
PROLOG		17

1. VARIASI UTAMA — 27
   PANDANGAN "ALFA"
   PANDANGAN "OMEGA"

2. ASUMSI-ASUMSI DALAM PENGINJILAN — 35
   KESELAMATAN
   IMAN
   PENGAMPUNAN
   KEHIDUPAN KEKAL
   KERAJAAN ALLAH

3. INDIKASI DALAM ALKITAB — 59
   PERJANJIAN LAMA
   PERJANJIAN BARU

4. TRADISI HISTORIS — 133
   AGUSTINUS DAN PELAGIUS
   LUTHER DAN ERASMUS
   CALVIN DAN ARMINIUS
   WHITEFIELD DAN WESLEY

5. KEBERATAN-KEBERATAN TEOLOGIS — 155
   MENURUNKAN NILAI KASIH KARUNIA?
   MENYANGKAL PREDESTINASI?
   MERENDAHKAN PERUBAHAN?
   MENGHANCURKAN JAMINAN?
   MENUNTUT PERBUATAN?

6. KONTRADIKSI-KONTRADIKSI YANG MENDASAR 183
   PANDANGAN YANG TERLALU RENDAH TENTANG MANUSIA
   PANDANGAN YANG TERLALU TINGGI TENTANG TUHAN

7. IMPLIKASI PRAKTIS 203
   KEHILANGAN WARISAN
   MEMPERTAHANKAN WARISAN

8. BERBAGAI PERTIMBANGAN SUPERNATURAL 211
   KEHENDAK BAPA
   KEHIDUPAN SANG ANAK
   KUASA ROH
   KASIH PERSAUDARAAN
   KELEMAHAN IBLIS

EPILOG 223

LAMPIRAN: I TEKS-TEKS YANG MENGGODA 227
         II RASUL YANG MURTAD 239

KATA PENGANTAR

Bagi saya, bahwa David Pawson meminta saya untuk menulis kata pengantar untuk bukunya merupakan suatu kehormatan yang sebenarnya tidak pantas saya dapatkan; hal yang biasanya kita sebut anugerah. Penghargaan yang sesungguhnya lebih pantas diberikan kepada David, karena di lingkungan-lingkungan tertentu telah diketahui luas bahwa sebagian area teologi diwarnai dengan ketidaksepahaman kesimpulan. Ini bukan berarti saya sendiri tidak pernah menikmati manfaat dan buah dari kerja keras yang kita masing-masing telah curahkan pada posisi kita yang berbeda-beda. Namun, syukurlah, ini semua bukanlah kebenaran yang seutuhnya (dan memang kita patut bersyukur karena tidak ada seorang pun dari kita yang mengaku-ngaku telah mencapai seluruh kebenaran). Pada suatu kesempatan saat bersama-sama dalam konferensi pemimpin, kebanyakan peserta tidak setuju atau tidak mengenal pokok eskatologi yang David kemukakan, sementara saya sendiri merupakan perkecualian yang jelas. Ketidaksepahaman kami itu memunculkan komentar-komentar bernada tidak percaya yang David tanggapi dengan tegas, *"Nah, lihat saja, orang-orang berpikir kita tidak sepaham tentang segala sesuatu. Padahal kita setuju sampai 90 persen dalam berbagai hal."* Yang dikatakannya itu benar, dan saya bersukacita karena dalam hal *kerygma* atau proklamasi tentang inkarnasi, pelayanan, penyaliban, kebangkitan, kenaikan ke surga, karunia Roh Kudus, dan kedatangan kembali, kita semua sepakat dan memiliki kerinduan yang sama untuk melihat seluruh dunia menerima berita Injil serta menyambut kedatangan Yesus kembali, meski memang kadang-kadang kita tidak bersepakat tentang setiap hal. Mungkin saat bertemu langsung kita tidak akan saling berkata, "Sudah saya bilang, 'kan..." tetapi sebagai penyembah-penyembah sejati kita masing-masing akan memiliki kekaguman yang sama terhadap Sang Juru Selamat dan saling menyemangati agar masing-masing makin giat mengabdi dan melayani Dia sampai kekekalan. Tentu saja, ini dengan asumsi bahwa kita semua memiliki pandangan yang sama untuk masa depan.

Dalam buku ini, ada banyak bahasan tentang posisi-posisi, penafsiran, dan penekanan tertentu yang akan tersaji secara berbeda jika saya yang menuliskannya. Misalnya, saya akan memuji visi dan nilai Spring Harvest serta menuliskan penghargaan khusus untuk kontribusinya terhadap Gereja di Inggris serta di negara-negara lain. Pengalaman David sendiri yang tercatat di halaman-halaman buku ini memang menyakitkan, tetapi saya perlu meyakinkan para pembaca bahwa pengalaman semacam ini tidak terjadi pada kebanyakan orang. Sekali lagi, penekanan saya sendiri terletak pada kategori "kehilangan upah", bukan kehilangan kehidupan kekal itu sendiri. Namun, saya ingin menegaskan pula bahwa pernyataan yang dikemukakan secara keseluruhan, yaitu kemungkinan bahwa orang yang telah diselamatkan menjadi terhilang, pentingnya tanggung jawab manusia, serta perlunya melepaskan pemikiran injili dari lima pokok paham Calvinis, merupakan area kesepakatan saya dengan David. Saya merasa terhormat karena kesepahaman ini dan karena berkesempatan untuk memberi kontribusi dalam menyuarakan panggilan yang nyaring kepada Gereja untuk bangkit dan mulai serius dalam hal kekudusan, ketaatan, dan pemuridan.

Di bagian awal buku ini, Anda dapat membaca kisah tentang sebuah peristiwa yang David dan saya alami bersama. David pernah berkhotbah dari Filipi 3, dengan penekanan tegas pada perlunya meraih "kebangkitan dari antara orang mati". Sesuai desakan kuat di dalam buku ini, adalah penting bahwa kita mengejar *"kekudusan, sebab tanpa kekudusan tidak seorang pun akan melihat Tuhan,*" (Ibr. 12:14). Alhasil, banyak orang yang hadir saat itu merasa tidak aman dalam posisi mereka di hadapan Tuhan, karena penekanan pada kekudusan ini. Para pemimpin acara itu, karena menangkap rasa tidak aman pada diri banyak orang tentang jaminan keselamatan, memberikan tanggapan yang kurang pantas. Kebetulan, saudara saya sendiri juga ada di tengah-tengah para peserta itu. Empat puluh tahun sebelumnya, dia memberi saya sebuah Alkitab yang memiliki area tepi yang lebar (Alkitab bahasa Inggris "Authorized Version", tentu saja, yaitu versi yang umum pada masa itu). Saya membawa Alkitab itu saat itu, maka saya mengambil kesempatan untuk bukan hanya mengarahkan perhatian para peserta pada Firman Tuhan dan pada tantangan yang dikhotbahkan, melainkan juga menambahkan penjelasan bahwa ada catatan singkat yang pernah saya buat di Alkitab saya itu dari Filipi 3: *"Dan berada dalam Dia bukan dengan kebenaranku sendiri karena menaati hukum Taurat, melainkan dengan kebenaran karena iman kepada Kristus, yaitu kebenaran yang Tuhan anugerahkan berdasarkan iman, supaya aku mengenal Dia, kuasa kebangkitan-Nya, dan persekutuan dalam penderitaan-Nya, sehingga aku menjadi serupa dengan Dia dalam kematian-Nya dan dengan demikian aku beroleh kebangkitan dari antara orang mati... untuk memperoleh hadiah."* Saya menambahkan bahwa selama bertahun-tahun catatan ini telah menjadi dorongan yang terus-menerus bagi saya ke arah kekudusan, dan bahwa oleh anugerah Tuhan saya masih, setelah empat puluh tahun berlalu, bersungguh-sungguh untuk berjalan di jalan sempit pemuridan dengan harapan untuk menyenangkan Tuhan dan bertatap muka dengan Dia suatu hari kelak. Ketakutan untuk didapati tidak *"berada di dalam Dia"* (ay. 9) atau tidak *"memperoleh hadiah"* (ay. 14) sama sekali tidak menghalangi saya untuk menikmati anugerah-Nya atau membawa saya menyimpang ke Injil perbuatan baik, yang sebenarnya sama sekali bukan Injil.

Ada banyak bahasan dalam buku David yang akan saya puji

tanpa ragu, kalau pujian yang demikian tidak dianggap lancang. Pertama-tama, secara teologis, saya akan berbicara dalam hal posisi-posisi yang tampaknya bertentangan antara kaum Calvinis dan Arminian tentang "sekali selamat tetap selamat". Pandangan-pandangan ini ditunjukkan sebagai jauh lebih dekat dalam pokok-pokok yang ditonjolkan daripada yang sering kita pikirkan. Saya tidak akan membuka perdebatan; Anda perlu membaca buku ini. Penyajian ini saya dapati sangat berguna, dan saya berharap akan menyatukan orang-orang yang takut akan potensi perpecahan yang lebih tajam oleh buku ini. Yang kedua, dalam aspek kontemporer, buku ini merupakan pesan untuk masa sekarang. Pada masa ketika gaya hidup, kekudusan, ketaatan kepada Tuhan dalam gereja-gereja sepertinya tidak dapat dibedakan dari yang dipraktikkan oleh mereka yang mengaku bukan pengikut Kristus, kita sungguh membutuhkan penilaian ulang semacam ini. Kelonggaran moral dan etika, serta pengabaian perbuatan baik yang sebenarnya dituntut dari diri kita, memerlukan pemeriksaan menyeluruh terhadap ajaran serta teladan kita kepada orang-orang percaya. Apakah Injil yang kita beritakan sungguh merupakan "tiket gratis" untuk masuk surga, atau justru panggilan untuk menjadi serupa dengan gambaran Anak Allah? Dapatkah kita kita masih berkata bersama Rasul Paulus dalam suratnya yang sama serta kepada orang-orang yang sama, *"Sebab karena kasih karunia kamu diselamatkan oleh iman,"* (Ef. 2:8) dan juga menambahkan, *"... tidak ada orang sundal, orang cemar atau orang serakah, artinya penyembah berhala, yang mendapat bagian di dalam Kerajaan Kristus dan Allah. Janganlah kamu disesatkan orang dengan kata-kata yang hampa,"* (Ef. 5:5-6), tanpa dituduh sebagai mengkhotbahkan paham keselamatan oleh perbuatan baik? Atau, berbeda dari Paulus, kita justru dilarang untuk memperingatkan orang-orang percaya yang *"tidak kekurangan dalam suatu karunia pun"* (1 Kor. 1:7) tetapi yang juga telah *"disucikan dan dikuduskan dari percabulan, penyembahan berhala, perzinahan, kehidupan banci, homoseksualitas, pencurian, sifat kikir, kemabukan, fitnah, dan penipuan*"; bahwa masih ada kemungkinan bahwa kita bisa saja tersesatkan karena menganggap anugerah Tuhan tetap berlaku meski kita kembali ke dosa-dosa itu (1 Kor. 6:9-11)? Jika pendekatan-pendekatan ini, yang diteladankan oleh sang rasul dan muncul di dalam Alkitab Perjanjian Baru dalam pembahasan tentang kehidupan serta disiplin jemaat mula-mula, ternyata tidak boleh ada dalam "Injil kita", kita harus memeriksa kembali pesan yang kita suarakan dengan serius. Bahkan, dengan kerendahan hati, mungkin saya justru menyarankan agar kita semua melakukannya!

Kita perlu mempertimbangkan kembali kemungkinan hilangnya keselamatan, bahwa hadiah perlu diusahakan, bahwa manusia diciptakan menurut gambar Tuhan dan karenanya punya tanggung jawab (yang luar biasa dan menggentarkan) dalam segala keputusan dan perbuatan. Bukankah ini saatnya bagi kita untuk menjadi berani dan membuang filsafat Yunani dari penafsiran teologis kita lalu membawa sifat maha tahu, maha hadir, tidak pernah berubah, serta hubungan antara waktu dan kekekalan, ke dalam sorotan terang Firman Tuhan? Buku David ini akan menolong kita untuk melakukan hal ini. Mungkin sebagian pengamatannya tidak akan Anda sepakati. Ada sebagian yang bagi saya sendiri merupakan perkecualian, tetapi saya senang karena semua pengamatan itu ada dan ketidaksepakatan ini seharusnya menjadi alasan yang lebih kuat lagi untuk membaca buku ini dengan saksama dan sambil berdoa.

Melampaui dan di atas semua area pewahyuan Alkitab yang diteliti oleh David, mulai dari gagasan tentang "pembenaran" dan "apakah pembenaran kita dapat menjadi batal" sampai "kehidupan kekal" dan "seberapa lama yang disebut kekal itu?", yang menjadi area kesepakatan sepenuh hati bagi kita semua yang berada pada posisi yang sama dalam hal "takut akan Tuhan" dan memandang kekudusan dengan serius ialah bahwa kita semua berkonsentrasi pada kasih Tuhan. David memimpin kita melalui seluruh buku ini untuk pada akhirnya tiba pada fokus utama: kasih Tuhan. Karena Tuhan adalah kasih, seperti yang saya pernah tuliskan dalam salah satu buku saya sendiri, neraka harus ada. Kesimpulan akhir mengenai perbuatan kita telah ada, *"Sebab kita semua harus menghadap takhta pengadilan Kristus, supaya setiap orang memperoleh apa yang patut diterimanya, sesuai dengan yang dilakukannya dalam hidupnya ini, baik ataupun jahat,"* (2 Kor. 5:10), dan *"kematian yang mengerikan akan penghakiman"* (Ibr. 10:27), karena bagi mereka yang berkata "yang penting kehendakku yang terjadi" dan bukannya "biarlah kehendak-Mu yang terjadi", pada akhirnya Tuhan akan menjawab, meski dengan pedih hati, "maka kehendakmu itulah yang terjadi." Ini merupakan kebinasaan yang sangat buruk, mengerikan, dan mencengangkan jika harus terjadi, yang justru merupakan gabungan dari segala sesuatu yang bukan sifat Tuhan: keegoisan, kesombongan, hawa nafsu, kepongahan, kebencian, niat jahat; yang berlawanan dengan sifat Tuhan yang adalah kasih dan pekerjaan-Nya yang kita lihat pada diri Yesus. Diusir dari hadirat kasih Tuhan dan segala sifat Tuhan merupakan putusan akhir hasil dari pilihan kita sendiri. Jika kita tidak punya kerinduan untuk mengejar sifat-sifat Tuhan sejak sekarang, mengapa pula kita menginginkan sifat-sifat Tuhan itu pada saat kita berdiri di hadapan takhta penghakiman-Nya kelak? Tuhan yang adalah kasih itu, yang tidak memberikan apa pun selain seluruh diri-Nya, tidak akan menghalangi kehendak pribadi kita. Orang yang menolak Dia dan memilih segala sesuatu yang berlawanan dengan sifat-Nya dan diri-Nyalah yang harus berkata "neraka adalah satu-satunya solusi".

    Inilah pandangan yang sama dalam hal keutamaan kasih, yang adalah diri Tuhan sendiri, yang baik David maupun saya sama-sama pegang. Bukankah aneh bahwa pernyataan iman Gereja di sepanjang sejarah tidak pernah menyebutkan bahwa salah satu dasar iman kita ialah Tuhan itu kasih dan kasih merupakan sifat dasar dan utama-Nya? Mungkin penting bagi kita untuk berusaha memahami doktrin keterhilangan dan perlunya kekudusan seperti yang diperdebatkan di atas dan di seluruh buku yang akan Anda baca ini. Visi akan Tuhan adalah kasih serta panggilan kita untuk naik dan mempertahankan iman juga terlihat dalam kebiasaan lain yang serupa di antara David dan saya: kecintaan kami berdua terhadap buku lagu gereja Metodis, *Methodist Hymn Book*. Anda akan melihat sebagian kutipannya di halaman terakhir buku ini. Izinkan saya menaruhnya di halaman pertama pula. Versi awal *Methodist Hymn Book* telah saya bawa berkeliling dunia dan saya gunakan dalam waktu perenungan pribadi saya sampai hari ini.

Salah satu lagu indah di dalamnya, yang baris pertamanya berbunyi, "*Come on my partners in distress,*" ("Marilah, kawan-kawanku dalam penderitaan") dan kata-kata ini saya tujukan kepada para pembaca yang tekanan hidupnya jelas telah bertambah akibat kata pengantar dari saya ini (kuatkan hati Anda, buku ini akan makin asyik dibaca!), juga mengandung bait berikut.

Who suffer with our master here,
We shall before his face appear,
And by his side sit down;
(yang menderita dengan Tuhan kita di sini,
kita kelak akan bertemu muka dengan-Nya,
dan duduk di sisi-Nya)
To patient faith the prize is sure,
And all that to the end endure
The cross, shall wear the crown.
(Hadiah itu dijamin bagi iman yang teguh.
Bagi semua yang bertahan memikul
Salib sampai akhir, akan dikenakan mahkota.)

Yang dijanjikan itu tersedia bagi mereka yang bertahan dalam iman yang tetap teguh serta sabar dalam kesetiaan, yaitu yang tertulis di bait 6 dan 7:

SEKALI SELAMAT, TETAP SELAMAT?

The Father shining on his throne;
The glorious co-eternal Son,
(Bapa yang bercahaya di takhta-Nya;
Anak-Nya yang kekal bersama-Nya dalam kemuliaan,)
The Spirit, one and seven,
Conspire our rapture to complete;
And lo! we fall before his feet,
And silence heightens heaven.
(Roh Tuhan, yang satu dan tujuh, bersatu merancangkan
pengangkatan kita hingga tuntas; Dan lihatlah! Kita
tersungkur di kaki-Nya, dan keheningan memenuhi surga.)
In hope of that ecstatic pause,
Jesus we now sustain the Cross,
And at thy footstool fall;
(Dalam pengharapan akan keheningan sukacita itu,
Yesus, kami kini memikul Salib,
dan kami tersungkur di tumpuan kaki-Mu:)
Till thou our hidden life reveal,
Till thou our ravished spirits fill,
And God is all in all
(Sampai Kausingkapkan kehidupan tersembunyi kami,
Sampai Kaupenuhi roh kami yang lapar dan haus,
dan Tuhan memenuhi semua dan segala sesuatu)

C. Wesley

Roger Forster
Juli 1996

PROLOG

Di sela-sela proses penulisan buku ini, saya mengunjungi penerbit saya di London naik kereta. Perhentian terakhir untuk menaikkan penumpang dalam perjalanan itu adalah Clapham Junction. Seorang pria naik ke gerbong saya lalu berjalan ke ujung gerbong dan duduk. Dia memandang saya selama beberapa menit lalu berjalan kembali melewati lorong dan duduk tepat di hadapan saya. Saya masih ingat, demikian kira-kira percakapan kami:

"Sepertinya saya ingat wajah Anda. Anda pengkhotbah, ya?"

"Ya. Anda pernah melihat saya di mana?"

"Lima belas tahun yang lalu, ada orang yang mengajak saya ke gereja Guildford untuk mendengarkan seorang pengkhotbah, dan saya rasa pengkhotbah itu adalah Anda."

"Wah, hampir pasti memang itu saya. Anda orang Kristen?"

"Ya. [diam sesaat] Bolehkah saya bertanya sesuatu?"

"Saya tidak bisa menjamin punya jawabannya, tetapi apa yang ingin Anda tanyakan?"

"Begini... Saya meninggalkan istri saya dan sekarang hidup bersama wanita lain."

"Mengapa Anda meninggalkan istri Anda?"

"Karena saya bertemu wanita lain ini dan saya jatuh cinta kepadanya."

"Lalu apa yang ingin Anda ketahui?"

"Kalau saya mengurus perceraian sampai sah lalu menikah dengan wanita lain ini, apakah urusannya jadi dapat dibenarkan menurut Tuhan?"

"Sayangnya, tidak begitu."

"Jadi bagaimana supaya urusan ini jadi benar?"

"Tinggalkan wanita lain itu dan kembalilah kepada istri Anda."

"Saya sudah duga Anda akan berkata seperti itu."

"Saya yakin itu juga jawaban Yesus kalau Anda bertanya kepada-Nya."

Alhasil, ada kesunyian di antara kami. Saat itu, kereta telah melambat karena akan berhenti di Waterloo dan saya sadar hanya ada satu-dua menit waktu yang tersisa bersama pria itu. Saya ingin menaruh takut akan Tuhan, yang adalah permulaan dari hikmat, maka saya melanjutkan kembali percakapan itu dengan berkata:

"Anda perlu mengambil pilihan yang sulit."

"Pilihan apa itu?"

"Anda bisa hidup bersama wanita lain itu sepanjang sisa hidup Anda, atau hidup bersama Yesus dalam kekekalan nanti. Namun, Anda tidak bisa menikmati dua-duanya sekaligus."

Matanya berkaca-kaca, tetapi dia melompat keluar ke peron stasiun dan menghilang di tengah-tengah kerumunan. Saya merasakan sekelumit dari perasaan yang Yesus pasti rasakan ketika si orang kaya muda meninggalkan Dia. Saya berdoa agar pria yang bercakap-cakap dengan saya itu tidak pernah bisa lupa akan hal yang saya katakan kepadanya, sampai dia bertobat.

Di sisi lain, apakah mengatakan hal itu kepadanya adalah hal yang benar? Apakah saya mengatakan kebenaran atau justru menakut-nakuti dia dengan dusta? Yang dia inginkan sebenarnya hanyalah keyakinan bahwa dosanya tidak akan berpengaruh pada keselamatannya. Itu tak mungkin saya berikan.

Isu yang sama muncul kira-kira satu atau dua bulan sebelum itu, tetapi berkaitan dengan ribuan orang, bukan hanya satu orang. Saat itu saya pembicara utama di sesi malam di gereja Spring Harvest di Minehead dan saya diminta membahas surat Paulus kepada jemaat Filipi. Saya membuka ayat 11 di pasal 3 ("supaya aku akhirnya beroleh kebangkitan dari antara orang mati") dan menunjukkan bahwa Paulus pun tidak menganggap enteng keselamatannya. Paulus justru takut dirinya sendiri "ditolak" (1 Kor. 9.27). Saya menguatkan pengertian ini dengan teks-teks lain

Prolog

dari Perjanjian Baru juga (kita akan melihatnya nanti dalam Bab 3). Kemudian, saya berbicara tentang orang-orang yang "bermain-main dengan Tuhan karena yakin mereka sudah pasti masuk surga", dengan mengambil contoh orang-orang Kristen yang meninggalkan pasangan pernikahan untuk berpasangan dengan orang lain, baik dengan cara "sekadar hidup bersama" dengan pasangan baru itu maupun dengan cara perceraian dan pernikahan baru. Banyak orang yang demikian masih datang beribadah ke gereja, sambil mengaku-ngaku bahwa Tuhan memberkati hubungan mereka dengan si pasangan baru dan tetap mengira diri mereka akan masuk surga. Padahal, dosa adalah dosa, entah dilakukan oleh orang percaya atau orang yang belum percaya. Tuhan tidak pilih kasih. Kita semua dibenarkan oleh iman, tetapi akan dihakimi menurut perbuatan kita.

Pernyataan pendek ini memicu pertentangan yang begitu rusuh! Salah satu pelayan panggung bahkan melompat berdiri pada akhir khotbah saya dan berseru berulang kali, "Tidak ada apa pun yang dapat memisahkan kita dari kasih Tuhan dalam Yesus Kristus," sambil mengajak seluruh pemain musik untuk memimpin kami semua dalam nyanyian yang liriknya berdasarkan ayat tersebut. Selanjutnya, salah satu sponsor utama memimpin doa dan mendoakan saya serta istri saya yang malang, "karena David kadang bisa berbuat kesalahan". Situasi itu terselamatkan oleh Roger Forster, yang mengambil alih mikrofon dan berkata bahwa mereka semua seharusnya merenungkan pesan yang disampaikan, bukan menilai pembawa pesannya. Dia mengajukan sebuah tantangan pertobatan, dan respons yang timbul luar biasa hebat, didahului oleh tujuh pria yang berlinangan air mata. Jumlah konselor yang ada saat itu tidak cukup dan setelah malam itu berlalu salah satu pelayan yang bertugas memberi tahu saya bahwa belum pernah ada pertobatan yang senyata itu di ruang konseling gereja.

Rekaman khotbah saya itu dilarang untuk beredar, tetapi setelah banyak protes muncul akhirnya diedarkan, dengan tambahan komentar penjelasan yang menciptakan kesan seolah-olah saya tidak punya cukup waktu untuk menjelaskan maksud pernyataan saya itu. Padahal, bukan demikian kenyataannya.

Demikianlah, karier pelayanan saya di gereja Spring Harvest berakhir! Kehebohan besar yang timbul karena mempertanyakan "sekali selamat, tetap selamat?" dan menyatakan bahwa orang Kristen yang meninggalkan pasangan pernikahan lalu hidup bersama pasangan baru hidup dalam dosa ternyata merupakan pukulan yang terlalu berat. Saya melanjutkan langkah dengan rasa desakan untuk menulis dua buku tentang isu-isu penting terkait kepercayaan dan perilaku. Buku ini merupakan yang pertama.

"Sekali selamat, tetap selamat" merupakan "slogan" yang amat dikenal dan sudah menjadi klise di kalangan injili, bahkan tercetak sebagai judul berbagai trakat dan buku. Buku ini pun menggunakannya sebagai judul, meskipun mungkin menjadi yang pertama yang menambahkan tanda tanya di akhir kalimat.

Meskipun slogan usang ini tidak ada di bagian mana pun dalam Alkitab, penggunaannya masih saja sering, seolah-olah ada dalam Alkitab. Slogan ini begitu luas digunakan hingga derajatnya seakan naik menjadi semacam pepatah bijak (seperti "biar lambat asal selamat"), atau doktrin versi mini, atau setidaknya "perkataan yang benar dan patut diterima sepenuhnya".

Fakta bahwa slogan ini tidak dapat ditemukan di dalam Alkitab memang belum tentu berarti pesannya tidak alkitabiah atau bertentangan dengan Alkitab. Mungkin saja, gagasannya sendiri alkitabiah, tetapi tidak tersurat dalam kata-kata yang ada di dalam Alkitab. Perkataan manusia pun bisa saja mengandung kebenaran ilahi. Kita perlu mempertanyakan apakah pesannya akurat, atau setidaknya merupakan ringkasan yang mencerminkan ajaran Alkitab dalam topik penting itu. Kita perlu mengamati bagian-bagian yang relevan dalam Alkitab secara terbuka serta tanpa prasangka. Namun, hal ini sulit sekali dilakukan dengan pikiran, hati, dan kehendak kita karena beberapa alasan.

Pikiran kita telah telanjur dimasuki konsep "keamanan kekal" begitu dalam. Khotbah-khotbah para penginjil dan pengajaran banyak gembala yang begitu implisit semuanya telah meyakinkan kita bahwa kita tidak perlu meragukan masa depan sama sekali. Tidak heran, kebanyakan orang jadi berasumsi bahwa "diselamatkan" berarti "aman".

Padahal, anggapan yang nyaris universal ini perlu diteliti kembali sampai ke intinya. Saya harus menambahkan dua pengamatan dari pengalaman pribadi (dan keduanya ini benar-benar sekadar pengalaman pribadi). Selama bertahun-tahun, saya telah membahas isu ini dengan banyak orang Kristen dan saya menemukan dua hal yang mengejutkan.

Di satu sisi, banyak, bahkan mungkin semua, orang yang percaya anggapan tersebut sebenarnya percaya karena memang diajarkan demikian. Mereka tidak menemukan pengertian itu sendiri, tetapi diajarkan oleh orang lain. Itulah sebabnya, mereka lebih dipengaruhi oleh penafsiran tertentu terhadap berbagai bagian dalam Alkitab daripada meneliti sendiri isi Alkitab. Dengan kata lain, mereka membaca Alkitab dengan ekspektasi untuk menemukan pengertian itu, sehingga mereka benar-benar mendapat pengertian itu. Saya pernah bertanya kepada rekan-rekan pengkhotbah tentang alasan mereka mengkhotbahkan pesan itu, dan tidak seorang pun dari mereka yang menjawab "karena memang demikianlah yang dinyatakan dalam Alkitab". Tanpa kecuali, mereka semua menjawab: "Saya menganut paham Reformed (atau Calvinis)," dan ini menunjukkan bahwa pengaruh utama dalam pemikiran mereka berasal dari berabad-abad silam, bukan dari Alkitab Perjanjian Baru.

Di sisi lain, setiap orang yang saya jumpai yang harus mempelajari Alkitab tanpa bantuan orang lain telah tiba pada kesimpulan bahwa mereka perlu "mempertahankan keselamatan" jika mereka ingin masuk surga kelak. Hal ini menghasilkan rasa takut yang umum pada para petobat baru, yaitu kalau-kalau mereka gagal mempertahankan komitmen. Selanjutnya, nasihat yang mereka terima justru membuat mereka makin bingung.

SEKALI SELAMAT, TETAP SELAMAT?

Mereka diajarkan bahwa Tuhan pasti menjaga mereka dalam keselamatan karena mereka telah percaya kepada Tuhan, atau bahwa Tuhan sanggup menjaga mereka selama mereka tetap percaya kepada Tuhan. Padahal, kedua pengertian tentang jaminan ini amat sangat jauh berbeda.

Konsep ini telah tertanam begitu kuat di pikiran banyak orang hingga tidak mungkin muncul pemikiran yang lain. Saya khawatir pula bahwa para pembaca buku ini pun akan mencoba mencari-cari kesalahan dan menemukan kesalahan pada buku ini. Saya bisa saja pada akhirnya memang salah, tetapi saya jauh lebih bahagia jika orang-orang memulai pembelajaran dengan membuka pikiran terhadap kemungkinan bahwa mereka bisa saja salah. Prasangka dapat berakibat fatal.

Kemudian, *hati* kita sangat mungkin menjadi masalah yang lebih besar lagi daripada pikiran kita. Isu ini sangat bernuansa emosi, dan mudah membangkitkan berbagai perasaan yang kuat. Ini menjadikannya topik yang sulit untuk kita bahas tanpa keterkaitan pribadi, karena perdebatan yang objektif akan berubah menjadi pertahanan diri yang subjektif.

Pertama-tama, ada orang-orang yang membahas diri sendiri. Pembahasan ini saja pun sudah membuat mereka merasa terancam. Bahkan, sebagian orang lain takut memasuki pembahasan ini karena cemas bahwa keraguan akan membuat mereka putus asa. "Jaminan keamanan" mereka itu terlalu rapuh dan tidak boleh diutak-atik. Area yang awalnya menjadi rasa aman bagi mereka kini mendatangkan ancaman bahaya. Jika buku ini dipegang oleh orang-orang yang demikian, saya sangat mendorong agar mereka membaca seluruh isinya, terutama bab terakhir. Selanjutnya, atas dasar kasih saya ingin mengingatkan mereka bahwa Alkitab menasihati kita untuk "ujilah dirimu sendiri, apakah kamu tetap tegak dalam iman" (2 Kor. 13:5). Rasul Paulus sendiri tidak takut mempertanyakan posisi iman orang-orang Kristen di Korintus.

Yang kedua, ada orang-orang yang membahas orang lain. Orang-orang yang telah murtad tentu kecil kemungkinannya akan membaca buku ini, meskipun mereka sebenarnya amat perlu membaca buku ini. Namun, kerabat dan sahabat-sahabat mereka mungkin membaca buku ini dan jadi cemas akan kemungkinan terburuknya. Gereja sebagai suatu kesatuan menanggung beban dari menyaksikan ratusan ribu orang meninggalkan iman yang pernah mereka pegang, entah dari titik awal berespons saat mendapat tantangan pertobatan dalam kebaktian penginjilan yang besar atau dari titik awal bergabung dengan kejemaatan sebuah gereja melalui kegiatan-kegiatan rutin. Jika semua orang yang telah pergi itu tetap bertahan, jumlah orang Kristen akan jauh lebih besar daripada jumlah saat ini. Pertanyaan "mereka ada di mana sekarang?" adalah sama menyakitkannya meski pertanyaan selanjutnya "menuju ke mana mereka kelak?" tidak ditanyakan. Ada begitu banyak orang yang tak sanggup menahan rasa sakit emosional saat memikirkan bahwa orang-orang tertentu yang pernah berjalan di jalan kehidupan yang sempit ternyata bisa kembali ke jalan maut yang lebar.

Berikutnya, *kehendak* kita pun memiliki peran dalam hal ini. Daging kita ini pada dasarnya malas. Kemalasan merupakan salah satu dosa maut. Kita lebih suka menganggap Kerajaan Surga sebagai kondisi aman dan sejahtera yang disediakan dengan cuma-cuma. Atau, suatu kumpulan masyarakat yang hidup berdasarkan upah instan karena kita berespons langsung terhadap pemberitaan Injil kasih karunia yang instan pula. Memang lebih mudah mengkhotbahkan tawaran pertobatan Tuhan yang gratis daripada tuntutan Tuhan akan kehidupan dalam kebenaran.

Gagasan bahwa keselamatan membutuhkan usaha kita dalam bentuk apa pun disingkirkan dan direndahkan karena dinilai mengembalikan "perbuatan baik" sebagai syarat wajib. Mengerjakan keselamatan dipandang sebagai berusaha mendapatkan keselamatan.

Sudah lama sekali saya akhirnya menyimpulkan bahwa orang akan percaya hal yang mereka ingin percayai, terlepas dari bukti apa pun yang disajikan di hadapan mereka. Dalam topik ini, kesimpulan ini secara khusus terbukti benar. Lalu, pandangan mana yang mungkin lebih tepat untuk jati diri manusia yang telah ditebus: bahwa keputusan pada saat tertentu mengamankan kekekalan kita, atau disiplin sepanjang hiduplah yang akan menjaga keamanan itu?

Nah, pikiran, hati, dan kehendak kita, semuanya dapat menghalangi kita untuk membahas semua ini tanpa prasangka (artinya, kita akan secara alamiah memiliki penilaian awal sejak sebelum pembahasan itu), khususnya dalam hal data alkitabiah.

Sejak lama, salah satu prinsip penafsiran Alkitab adalah ayat-ayat harus dipelajari menurut maknanya yang paling sederhana dan paling jelas, kecuali jika disebutkan secara berbeda. Inilah pula yang kita akan usahakan dalam pembahasan ini, yaitu meneliti Alkitab menurut apa yang tertulis secara permukaan maupun dalam kaitan dengan konteksnya. Kita juga tidak akan menyebut ayat-ayat yang tidak cocok dengan temuan kita sebagai "ayat yang bermasalah", karena ini merupakan bahaya memilih-milih dan menghilangkan sebagian Firman Tuhan.

Saya perlu menyatakan dua komentar awal sebelum kita memulai perjalanan pembelajaran ini.

Kata benda "orang Kristen" tidak terlalu penting dalam pembahasan ini. Kata ini merupakan sebutan informal yang muncul dan digunakan oleh orang-orang luar pada era Perjanjian Baru (Kisah Para Rasul 11:26, 26:28; 1 Petrus 4:16 pun merupakan contoh konteks penggunaannya oleh orang-orang non-percaya). Konotasinya pada era modern ini adalah orang yang telah "masuk" di kumpulan orang-orang yang diselamatkan atau setidaknya telah "berpindah" keyakinan. Kata ini bersifat statis dan tidak memiliki muatan makna kemajuan lebih lanjut sama sekali. Sebutan yang lebih disukai untuk merujuk pada orang-orang percaya pada era Gereja mula-mula (lihat kitab Kisah Para Rasul) adalah para "murid", dan ini merupakan kata yang jauh lebih dinamis, yang menunjukkan makna orang yang tetap belajar dari dan mengikut gurunya. Gagasan di dalam maknanya adalah "proses perjalanan", bukan "telah berpindah dari suatu status ke status baru". Penting untuk kita ingat bahwa sebutan pertana untuk iman Kristen dan kehidupan Kristen adalah "Jalan" (juga lihat kitab Kisah Para Rasul).

Membaca kata-kata "sekali selamat, tetap selamat" berulang-ulang akan melelahkan dan merepotkan bagi Anda. Maka, untuk penyebutan selanjutnya, kita akan memakai singkatan "SSTS" saja.

Namun, apa yang orang maksudkan dengan SSTS?

1

VARIASI UTAMA

Banyak pembaca akan terkejut oleh isi bab ini. Kesederhanaan pernyataan SSTS ("sekali selamat, tetap selamat") mungkin telah membuat mereka berpikir bahwa semua orang pasti mengerti maksudnya. Bagi mereka, masalahnya pun sederhana: seseorang percaya, atau tidak percaya. Itu saja. Pertanyaannya hanyalah keselamatan itu hilang atau tidak. Sayangnya, masalah sesungguhnya tidak sesederhana itu. SSTS memiliki makna yang berbeda bagi setiap orang. Ada berbagai macam pemahaman yang luas dan kita perlu bersikap adil terhadap segala pandangan agar kritik tidak menjadi olok-olok belaka. Luasnya definisi ini terungkap melalui dua pertanyaan.

Satu, seberapa serius arti *dosa* bagi orang percaya? Sikap terhadap dosa ini berbeda-beda dari tingkat amat ringan sampai amat berat. Bagi sebagian orang, dosa merupakan hal yang mengecewakan saja. Bagi sebagian lainnya, dosa merupakan hambatan atau bahkan kecacatan rohani. Tidak ada orang yang menganut paham SSTS memandang dosa sebagai bahaya kekal.

Dua, seberapa serius penting arti *kekudusan* bagi orang percaya? Lagi-lagi, ada banyak sekali ragam pandangan dari kekudusan sebagai pilihan saja sampai kekudusan sebagai kewajiban. Yang terakhir ini pun bervariasi dari kita "seharusnya" kudus sampai kita "mutlak harus" kudus, tetapi tidak banyak orang yang menyatakan hukuman atas ketidakkudusan. Mereka yang menganut paham SSTS tidak akan berkata bahwa ketidakkudusan menyebabkan kita tidak masuk surga.

Jelas tidak mungkin untuk membahas keseluruhan spektrum pandangan ini, tetapi kita dapat memahaminya dengan mendeskripsikan dua titik ekstrem yang ada, karena segala pandangan yang ada merupakan perpaduan dari kedua titik ini dengan proporsi yang berbeda-beda. Pada satu titik ekstrem, dosa dan kekudusan di antara orang percaya dianggap amat sangat ringan, sedangkan pada titik ekstrem sebaliknya dianggap amat sangat serius. Pada satu titik ekstrem, SSTS dipahami dengan amat sangat sederhana; pada titik ekstrem lainnya dipahami dengan amat sangat hati-hati. Saya akan menggunakan istilah Alfa dan Omega untuk menyebut kedua titik ekstrem ini, yaitu huruf pertama dan huruf terakhir dalam abjad Yunani. Sesaat lagi Anda akan melihat alasannya.

Pandangan "Alfa"

Ini merupakan pemahaman SSTS yang amat sangat sederhana. Para penganutnya percaya bahwa, begitu seseorang beriman kepada Kristus, dia aman dan selamat sampai kekekalan, tanpa peduli apa yang terjadi setelah dia beriman. Dengan kata lain, satu momen iman dalam sepanjang masa hidup dianggap cukup untuk mengamankan tempat dalam kemuliaan kekal.

Orang hanya perlu *memulai* kehidupan Kristen. Setelah memulai, orang sudah "selamat". Orang itu sudah punya tiket pasti untuk masuk surga. Segala sesuatu sudah aman. Memulai dipandang sebagai selesai. Yang paling dibutuhkan hanyalah langkah pertama itu. Orang hanya perlu memulai di titik awal. Inilah alasan sebutan "Alfa" cocok untuk pandangan ini. Pandangan ini secara implisit terkandung dalam khotbah banyak penginjil, yang sebenarnya harus bertanggung jawab atas penyebaran paham ini, meski mungkin mereka tidak menyadarinya. Mungkin, tanpa sadar, mereka menyajikan berita Injil sebagai asuransi untuk kehidupan yang akan datang, menawarkan cara lolos dari neraka dan bukan kemerdekaan dari dosa. Hal ini mereka lakukan dengan berfokus pada kematian alih-alih pada kehidupan ("kalau Anda meninggal malam ini, Anda akan masuk surga atau masuk neraka?"). Jaminan tempat di surga semacam ini begitu sering ditawarkan sebagai upah setelah orang mengulangi mengucapkan doa orang berdosa selama 30 detik saja mengikuti doa sang penginjil, dan biasanya tanpa menyebut sama sekali tindakan pertobatan menuju Tuhan atau penerimaan Roh Kudus, apalagi baptisan air.

Betapa kontrasnya fenomena ini dengan penginjilan pada era Perjanjian Baru (lihat penyelidikan yang lebih mendetail mengenai awal kehidupan Kristen dalam buku saya, *Kelahiran Kristen yang Normal*).

Meskipun jarang dikatakan dengan jelas, kesan yang disampaikan adalah bahwa bagaimana pun cara hidup orang setelah titik awal itu, orang yang telah percaya itu telah memiliki posisi tetap yang tak tergoyahkan di hadapan Tuhan.

Singkatnya, masuk surga membutuhkan pengampunan, tanpa perlu kekudusan. Dalam istilah teologis, pembenaran adalah hal yang esensial, tetapi penyucian bukan hal yang esensial.

Tidak heran, pandangan semacam ini dapat dan memang mengakibatkan kekacauan moral dan rohani. Pada skenario terburuknya, orang menjadi dapat bersukacita dalam keselamatan sambil tetap hidup dalam dosa secara sadar. Inilah kasus yang dibahas di perjalanan kereta di Clapham serta di gereja Spring Harvest (baca bagian Prolog). Ada jawaban khas ibu-ibu Amerika yang biasa diceritakan kepada saya: "Putri saya seorang pekerja seks komersial dan pecandu narkoba, tetapi puji Tuhan karena saat berusia 7 tahun dia pernah memutuskan untuk percaya kepada Tuhan, dan saya sangat menantikan untuk bertemu dia dalam kemuliaan kekal nanti."

Semacam inilah pandangan SSTS yang "populer". Bobot dosa dan kekudusan pada orang percaya dipandang sebagai amat sangat ringan. Keduanya tidak berpengaruh serius pada nasib seseorang dalam kekekalan dengan cara apa pun. Yang terutama hanyalah sebanyak mungkin orang "diselamatkan", yang berarti memulai di titik awal. Namun, ini sama sekali bukan merupakan pandangan seluruh penganut paham SSTS. Sebenarnya, banyak orang justru menganggap pandangan ini sesat total, yaitu posisi yang murahan dan memalukan. Mereka tidak bersedia dikait-kaitkan dengan pandangan permisif (yang mereka sering sebut "antinomian" ini, yang berarti "tidak tahu aturan").

Maka, selanjutnya, kita akan melihat titik ekstrem sebaliknya.

Pandangan "Omega"

Pandangan ini merupakan pengertian SSTS yang hati-hati, lebih rumit, dan jauh lebih tidak permisif. Dalam pandangan ini, baik dosa maupun kekudusan pada orang percaya disikapi dengan lebih serius.

Ada penekanan pada perlunya ketekunan dalam kehidupan kekristenan. Kekudusan sama pentingnya dengan pengampunan, dan penyucian sama pentingnya dengan pembenaran. Orang percaya tidak pernah boleh bermalas-malasan atau berpuas diri, tetapi harus terus mengejar hadiah yang terkandung dalam panggilan mereka yang mulia. *Menyelesaikan* perlombaan adalah sama vitalnya dengan memulai perlombaan itu -- inilah sebabnya saya menggunakan sebutan "Omega" untuk pandangan ini.

Pandangan ini secara implisit terdapat dalam ajaran banyak pendeta, terutama mereka yang menyebut diri menganut doktrin "Reformed". Mereka mendesak para pendengar untuk bertumbuh menuju kedewasaan, dan memberikan nasihat yang konstan agar orang tidak berdiam diri, atau bahkan yang lebih buruk lagi, undur. Penekanan pada ketekunan ini membedakan pandangan ini dari pandangan Alfa, yang lebih sederhana. Memang, sebagian orang sebenarnya tidak suka slogan "sekali selamat, tetap selamat", karena slogan itu tidak mengandung atau bahkan menyiratkan kebutuhan untuk terus bergerak maju setelah selamat. Maka, slogan SSTS dicibir dan disebut tidak cukup memadai, tetapi bukan tidak akurat.

Tidak berlebihan juga jika dikatakan bahwa para penganut pandangan ini percaya hanya orang yang bertekunlah yang pada akhirnya diselamatkan; dan sebaliknya, orang yang tidak bertekun akan terhilang selamanya. Nah, lalu mengapa pandangan ini dapat digolongkan sebagai salah satu variasi SSTS? Karena yang disebut sebagai ketekunan itu tampaknya justru kontradiksi langsung dari ketekunan! Sesungguhnya, mereka percaya kedua-duanya dan di sinilah terletak kehati-hatian yang rumit itu. Pertentangan yang ada ini diselesaikan dengan salah satu dari dua cara berikut.

Sebagian menyimpulkannya dengan cara mendefinisikan *hukuman* atas orang yang murtad. Mereka berkata sebagian besar dari yang dapat hilang itu ialah upah atau berkat khususnya, entah di dunia ini, atau yang lebih sering dikatakan, di kehidupan kekal nanti. Artinya, ada "bonus" untuk ketekunan itu, yang bisa hilang, meskipun tempat di surga yang mulia itu sendiri tetap terjamin.

Sebagian lainnya menyimpulkan dengan menyangkal *kemungkinan* terjadinya kemurtadan, setidaknya murtad secara tetap. Ini ditambah pula dengan keyakinan bahwa semua orang yang sungguh telah lahir baru "pasti" bertekun - bukan mereka harus bertekun, melainkan mereka tentu secara mutlak akan pasti bertekun, dan tidak mungkin tidak bertekun.

Keyakinan ini tidak selesai sampai di sini saja. Ketekunan yang mutlak pasti ini dipandang sebagai bukan usaha manusia itu sendiri, melainkan "pemberian" Tuhan yang tidak dapat ditolak. Tuhan yang telah membawa seseorang untuk memulai akan memastikan orang itu menyelesaikan perjalanan itu. Pemberian ini dan keyakinan dalam pandangan ini sering disebut "ketekunan orang-orang kudus", yang sebenarnya merupakan istilah yang salah karena pemahaman bahwa ketekunan itu bersifat pemberian dari Tuhan dan bukan usaha manusia. Baru-baru ini, sebutannya berubah menjadi lebih akurat: "penjagaan atas orang-orang kudus".

Deduksi logis yang dapat disimpulkan dari semua ini adalah bahwa semua orang yang praktisnya gagal bertekun merupakan orang-orang yang belum pernah sungguh lahir baru. Mungkin saja, orang-orang itu mengakui iman mereka dan berjemaat di sebuah gereja setelah pengakuan iman itu, tetapi mereka merupakan orang-orang "Kristen nominal" saja, sehingga tidak heran bahwa mereka tidak bertekun dalam perjalanan iman.

Pandangan ini pun berkaitan dengan hal jaminan. Bagaimana mungkin orang bisa tahu bahwa mereka termasuk orang-orang kudus yang akan bertekun, kecuali mereka memang terbukti bertekun sampai pada akhirnya? Mengikuti alur pemikiran ini mendatangkan begitu banyak kerumitan yang nyata!

Kita harus kembali ke jalur utama kita. Kedua titik ekstrem SSTS jelas sangat berbeda satu sama lain, terutama dalam hal pandangan terhadap hal kemurtadan. Pandangan Alfa menganggap orang yang murtad tetap selamat, sedangkan pandangan Omega menganggap mereka belum pernah selamat sama sekali.

Kedua pandangan ini dapat dijadikan olok-olok dan dilebih-lebihkan. Yang satu disebut sebagai izin khusus yang permisif untuk orang hidup semaunya, sedangkan yang lain disebut sebagai legalisme yang mengikat orang untuk hidup di bawah kuk hukum (seperti orang Saduki dan Farisi pada zaman Yesus). Namun, kedua pandangan ini pun tidak boleh dinilai berdasarkan keekstreman ini.

Kesamaan di antara kedua pandangan ini, dan sebenarnya di antara seluruh spektrum SSTS, dapat diringkas secara sederhana: KEHIDUPAN KRISTEN YANG TELAH SUNGGUH-SUNGGUH DIMULAI DENGAN BENAR PASTI AKAN MENCAPAI TITIK AKHIR. Setelah Alfa ada, pasti Omega akan tiba. Apa yang telah dimulai di bumi secaar mutlak pasti akan selesai di surga.

Entah kita hanya perlu memulai atau juga perlu menyelesaikan, ini merupakan perbedaan penekanan saja, yang belum disepakati secara mendasar oleh semua penganut paham SSTS. Pada praktiknya, hasil akhirnya nanti tidak berbeda. Regenerasi pasti akan menghasilkan kemuliaan, tidak mungkin tidak, apa pun yang terjadi di antara kedua hal itu. Godaannya adalah mengibaratkan keselamatan sebagai "eskalator" dalam pandangan ini. Setelah naik eskalator, orang bisa saja melangkah naik atau turun antar anak tangga, tetapi tidak mungkin meninggalkan eskalator itu. Cepat atau lambat, orang itu pasti akan tiba di atas.

Padahal, Perjanjian Baru berbicara tentang "perlombaan", bukan pergerakan otomatis; selain perjalanan melangkah di "Jalan" kehidupan. Baik pelari maupun pejalan kaki bisa saja gagal mencapai garis akhir, atau bahkan menyimpang keluar dari jalur atau jalan itu. Namun, kita telah terburu-buru menyimpulkan apa yang ada di depan. Cukup tepatlah jika dikatakan bahwa Alkitab sebenarnya jelas menyatakan bahwa *kitalah* yang harus berjalan atau berlari.

Ada satu tugas lagi yang perlu kita kerjakan sebelum kita mengamati ayat-ayat Alkitab. Kita perlu mengamati beberapa prasangka yang dibawa ke hadapan Alkitab, yang telah memengaruhi baik pandangan kita maupun temuan kita.

2

ASUMSI-ASUMSI DALAM PENGINJILAN

Dalam iman Kristen, tidak ada satu pokok kepercayaan pun yang dapat kita amati tanpa terkait dengan yang lain. Berbagai ragam doktrin cenderung saling terkait, masing-masing berpengaruh terhadap atau dipengaruhi oleh sejumlah doktrin lainnya.

Demikian pula halnya dengan SSTS. Biasanya, SSTS terkait dengan kelompok konsep-konsep lainnya. Bahkan, SSTS terkait dengan dua kelompok kepercayaan, satu yang khusus dan satu lagi yang umum.

"Sistem" teologi *khusus* yang paling terkait dengan SSTS adalah yang kita kenal dengan istilah paham Calvinis, yang menggunakan nama tokoh reformasi Protestan di Jenewa, John Calvin. Kita akan kembali membahas hal ini nanti, saat menelusuri sejarah perkembangan gagasannya.

Namun, latar belakang *umum*, yang menjadi pembahasan kita sekarang, adalah paham "injili", yang termasuk paham Calvinis juga tetapi cakupannya jauh lebih luas daripada itu. Paham injili merupakan pemahaman bersama akan Injil, yang menjadi dasar penjangkauan penginjilan yang sama, baik dalam skala besar maupun lokal.

Pemahaman yang sama ini termasuk kesepakatan tentang beberapa topik "mendasar" seperti keselamatan, iman, pengampunan, kehidupan kekal, dan Kerajaan Allah. Asumsi yang tersebar luas, tetapi tidak universal, ialah bahwa SSTS berada dalam cakupan paham injili ini.

Namun, yang perlu kita sadari adalah SSTS hanya termasuk paham injili jika konsep-konsep dasarnya ditafsirkan dengan cara tertentu. Tidak perlu ada keberatan sama sekali dalam hal ini jika penafsiran itu tepat dan berdasarkan seluruh Alkitab, bukan hanya "dibuktikan" dengan kutipan beberapa bagian, apalagi tanpa memerhatikan konteksnya. Sebaliknya, jika topik-topik lain ini ternyata terbukti telah disalahpahami secara serius, tentu akan timbul keraguan pula terhadap SSTS.

Inilah tepatnya yang akan ditunjukkan melalui bab ini. Berbagai pemahaman tentang Injil mudah sekali disalahpahami dan mendatangkan salah pengertian. Mari kita mulai dengan yang paling mendasar: apa yang dimaksud dengan "keselamatan"?

Keselamatan

Kata kunci dalam SSTS tentunya adalah "selamat". Penggunaannya yang populer menunjukkan konsep yang sangat kurang dibandingkan dengan konsepnya dalam Perjanjian Baru.

Dalam bahasa Inggris, kata "selamat" ini sering digunakan dalam konteks waktu lampau, seolah-oleh sebagai sesuatu yang telah terjadi dan selesai tuntas. Perhatikan beberapa ucapan umum berikut ini:

"*Saya menjadi selamat di KKR Billy Graham sepuluh tahun lalu.*"

"*Ada tujuh orang yang selamat pada hari Minggu malam lalu.*"

"*Apakah Anda sudah selamat, Saudaraku?*"

Nah, ada pula implikasinya yang lebih lanjut. Ini berarti bukan hanya selamat itu sendiri telah terjadi dan selesai, melainkan juga selamat itu terjadi dengan sangat cepat, dalam waktu sangat singkat, atau bahkan instan, sehingga dapat ditandai dengan tanggal tertentu: *tahun*, bulan, pekan, hari dan tanggal, jam atau mungkin juga menit bagi sebagian orang. Banyak orang yang telah "lahir baru" merasa tak enak jika tak mampu menyebutkan tanggal tertentu kapan dirinya "selamat", apalagi ketika menceritakan kesaksian mereka. Semuanya ini tidak pas dengan apa yang terdapat di dalam Alkitab. Di dalam Alkitab, empat langkah dasar inisiasi Kristen (pertobatan berbalik kepada

Tuhan, iman di dalam Yesus, baptisan air, dan penerimaan Roh Kudus) bisa saja terjadi dalam rentang waktu sekian jam, hari, pekan, bulan, atau bahkan tahun. Kemudian, pertanyaan lain yang lebih penting adalah apakah "inisiasi" ini, setelah tuntas, berarti "keselamatan"? Apakah semua orang yang telah melalui proses inisiasi itu dapat dianggap "selamat"? Jawabannya mengejutkan.

Pengajaran rasul-rasul menggunakan kata "selamat" dalam ketika konsep waktu: lampau, kini, dan akan datang. Ternyata kita telah mulai diselamatkan, sedang masih terus diselamatkan, dan akan diselamatkan! Penekanan yang ada hanyalah pada waktu yang akan datang (contohnya, lihat Mat. 24:13; Roma 5:10; 1 Kor. 5:5; 1 Tim. 4:16; Ibr. 9.28).

Apa yang dapat kita simpulkan dari sini? Bahwa keselamatan merupakan sebuah proses yang membutuhkan rentang waktu, bukan kejadian instan. Injil berbicara tentang "Jalan" keselamatan, termasuk bahwa kita perlu melalui jalan itu untuk mencapai tujuan.

Dengan kata lain, keselamatan itu belum tuntas dan penuh pada diri kita masing-masing. Deskripsi yang paling cocok untuk kondisi kita di masa kini adalah bahwa kita "sedang terus diselamatkan". Ini seperti doa sang pemetik kapas yang tua: "Tuhan, ternyata saya bukan seperti yang seharusnya saya, dan saya juga bukan seperti yang nantinya saya... Tapi puji Tuhan karena saya bukan seperti saya yang dulu."

Dalam bahasa Indonesia, kata "selamat" (atau "keselamatan" dan "menyelamatkan") merupakan terjemahan yang dipakai untuk beberapa kata berbeda dalam bahasa Inggris. Dalam bahasa Inggris, *"salvation"* adalah kata yang berasal dari kata *"salvage"*, yang sering digunakan pada masa Perang Dunia II dan kini maknanya bergeser ke kata *"recycle"* ("mendaur ulang"). Artinya, mengambil sampah (berbahan kertas, logam, kaca, dan lain sebagainya) yang akan dibuang begitu saja, lalu memproses ulang sampah itu hingga dapat digunakan kembali sesuai tujuan kegunaan aslinya.

SEKALI SELAMAT, TETAP SELAMAT?

Inilah persisnya yang Tuhan lakukan bagi kita. Yesus sering menggunakan Gehena (lembah hinom yang menjadi lokasi tempat pembuangan sampah kota Yerusalem) sebagai gambaran neraka, yaitu tempat Tuhan "membuang" (bukan "mengirim") orang-orang yang telah "binasa" dan tidak lagi memiliki nilai guna/pakai bagi-Nya (lihat buku saya yang lain, *The Road to Hell*/Jalan Menuju Neraka).

Dengan demikian, keselamatan meliputi dua aspek. Secara negatif, kita perlu diselamatkan *dari* dosa-dosa kita, baik dalam hal konsekuensi subjektif maupun objektifnya. Secara positif, kita perlu sepenuhnya didaur ulang dan dipulihkan kembali *ke* gambaran asli Tuhan yang merupakan dasar penciptaan kita dan dapat dilihat secara sempurna dalam karakter Kristus. Dan, Kristus sanggup menyelamatkan kita menuju titik kondisi paling mulia sekaligus dari titik kondisi paling hina.

Prosesnya secara teologis dapat dideskripsikan dalam tiga fase, yaitu sekali lagi, masa lampau, masa kini, dan masa mendatang, Dalam "pembenaran", kita dibebaskan dari hukuman dosa. Dalam "penyucian", kita dibebaskan dari kuasa dosa. Dalam "pemuliaan", kita dibebaskan dari kecemaran dosa.

Apakah proses pembaharuan ini akan selesai tuntas pada akhirnya nanti? Jika ya, kapan? Ya, yaitu ketika Yesus datang kembali ke Bumi ini. "... akan tetapi kita tahu, bahwa apabila Kristus menyatakan diri-Nya, kita akan menjadi sama seperti Dia, sebab kita akan melihat Dia dalam keadaan-Nya yang sebenarnya." (1 Yoh. 3:2). Lalu, pada akhirnya, kita akan "selamat" sesungguh-sungguhnya, yaitu sepenuhnya dan secara permanen!

Kini kita dapat melihat betapa seriusnya bahaya jatuh ke dalam kebiasaan memaknai "selamat" hanya berdasarkan konteks waktu lampau. Bahkan, yang terutama, penggunaan istilah "selamat" sebagai kata lain perpindahan keyakinan iman memberikan pemahaman kepada orang-orang petobat baru bahwa mereka telah memiliki seluruh keselamatan itu, yaitu bahwa sesuatu yang terjadi itu sudah selesai, bukannya baru dimulai, atau bahwa mereka siap masuk surga karena telah selamat dari ancaman masuk neraka. Beberapa orang jadi berpikir apakah banyak orang justru mundur dan bukannya berjalan maju. Kata "sekali" dalam SSTS pun sangat patut dipertanyakan, karena lebih kuat lagi menyiratkan bahwa keselamatan itu telah selesai tuntas, bukan hanya telah dimulai. Bahkan sebenarnya, kata-kata "sekali selamat" itu hanya sepenuhnya tepat pada saat kedatangan kembali Kristus nanti. Hanya pada saat itulah "tetap selamat" menjadi benar. Tentu saja, pemahaman yang lebih dalam tentang keselamatan sebagai proses transformasi yang terus-menerus terjadi ini belum menyentuh isu dasar yang ada di hadapan kita, yaitu: apakah proses itu, jika telah dimulai, secara otomatis pasti akan berlanjut sampai selesai tuntas, atau bisa berhenti? Apakah proses ini menyerupai mesin yang menghasilkan produk jadi, atau lebih menyerupai pernikahan yang perlu diusahakan terus-menerus oleh kedua pihak agar tidak hancur berantakan (atau justru aman karena dijaga secara sempurna oleh salah satu pihak terlepas dari peran pihak yang kedua)?

Pertanyaan-pertanyaan ini perlu direspons berdasarkan berbagai bagian lain dalam Alkitab. Sementara itu, perlu kita catat bahwa konsep keselamatan kita memiliki keterkaitan langsung dengan pemahaman kita akan SSTS. Demikian pula dengan konsep iman kita.

Iman

Preposisi sangatlah penting di dalam Alkitab. Kita diselamatkan *oleh* kasih karunia *melalui* iman. Kita bukan diselamatkan oleh iman kita sendiri, melainkan oleh kasih karunia Tuhan. Namun, kita membawa diri kita hingga berpadanan dengan kasih karunia itu dengan meletakkan iman kita di dalam Tuhan Yesus Kristus. Dengan pengertian inilah Perjanjian Baru menyatakan bahwa kita "dibenarkan" (artinya, dianggap tidak bersalah menurut penilaian hakim) "oleh iman". Sejak zaman Abraham, Tuhan telah menerima iman sebagai pengganti perbuatan baik, dan memperhitungkan iman sebagai "kebenaran" si orang yang percaya (Kej. 15:6; Roma 4:5).

Lalu, apa itu "iman"? Apakah iman sesuatu yang kita pikirkan dalam pikiran atau kita rasakan dalam hati? Yang mengejutkan, iman sebenarnya lebih terkait dengan kehendak. Iman adalah sesuatu yang kita *lakukan*. Dalam surat untuk orang-orang Ibrani, ada pasal terkenal (pasal 11) yang menyebut daftar nama pahlawan-pahlawan iman yang hebat dari Perjanjian Lama. Semua pahlawan iman itu menunjukkan iman mereka dengan melakukan sesuatu. Nuh membangun bahtera. Abraham meninggalkan kampung halamannya selamanya. Yosua berbaris mengelilingi tembok kota Yerikho, kota yang di dalamnya mata-mata Israel disembunyikan oleh Rahab. Semua pahlawan iman ini percaya kepada Tuhan, maka mereka melakukan apa yang Tuhan perintahkan kepada mereka. Inilah iman: percaya dan taat. Iman bukanlah sesuatu yang hanya diakui dalam ucapan, melainkan harus dipraktikkan dalam bentuk tindakan. Sayangnya, yang lebih sering diajarkan justru pengakuan formal iman, bukannya praktik hidup iman, yaitu pengakuan doktrin, bukan tindakan iman. "Iman" yang semacam itu bisa saja dideklarasikan, tetapi tidak bisa didemonstrasikan. "... aku akan menunjukkan kepadamu imanku dari perbuatan-perbuatanku," kata Rasul Yakobus (Yak. 2:18).

Jika pengakuan formal itu menggantikan praktik nyatanya, kita akan makin dekat dengan gagasan bahwa iman yang menyelamatkan itu hanyalah membutuhkan sebuah momen singkat. "Katakan saja kepada Yesus bahwa Anda percaya Dia adalah Juru Selamat Anda secara pribadi." Sebagian penganut dan penyebar paham SSTS yang lebih ekstrem menyatakan bahwa satu menit "iman" dalam seluruh hidup kita akan mengamankan penebusan kekal bagi kita. Mungkin saja ini benar dalam konteks orang yang sekarat (misalnya, si pencuri yang disalib di sebelah Yesus), tetapi dalam konteks orang hidup ini sangat berbeda.

Orang yang sekarat tidak dapat melanjutkan hidupnya untuk mempraktikkan iman itu, tetapi orang hidup dapat dan harus melakukannya.

Seperti keselamatan, iman merupakan proses yang berjalan terus-menerus dalam konsep Perjanjian Baru. Ini merupakan sikap hati yang terus-menerus diekspresikan dalam wujud tindakan. Inilah pula situasinya ketika kita percaya kepada seseorang. Adalah sebuah kontradiksi jika kita percaya seseorang hanya pada satu momen yang singkat. Jika kita sungguh percaya seseorang, kita akan terus percaya (dan terus taat) kepadanya, tanpa peduli apa yang terjadi.

Perlunya iman berjalan terus-menerus ini muncul dalam dua konsep di dalam Alkitab, dalam bentuk kata benda dan kata kerja.

Kata benda "iman" adalah kata yang sama persis dengan kata "kesetiaan", baik dalam bahasa Ibrani maupun bahasa Yunani. Setia berarti penuh iman. Makna ganda ini amat sangat penting dalam Perjanjian Lama maupun Perjanjian Baru.

Kata bendanya agak jarang muncul dalam Perjanjian Lama; hanya tiga kali. Yang pertama, dalam konteks yang mengacu pada hubungan pasangan pernikahan yang beriman terhadap satu sama lain dan karena itu saling setia pula. Berikutnya, dalam catatan peristiwa ketika Harun dan Hur menopang lengan Musa sambil berdoa sepanjang hari; doa "iman" (yang setia) mereka itu mengamankan kemenangan bangsa itu dalam peperangan. Lalu, contoh yang terbaik muncul di Habakuk 2:4, yang dikutip oleh tiga penulis dalam Perjanjian Baru dan merupakan ayat favorit Martin Luther: "Orang benar akan hidup oleh iman." Nabi Habakuk saat itu cemas karena pewahyuan yang disingkapkan bahwa Tuhan sedang membawa bangsa Babel yang jahat untuk menghukum orang-orang Yerusalem karena dosa mereka. Karena tahu bahwa raja Babel yang kejam itu punya kebijakan "menghanguskan bumi" dan biasa membakar habis teritori yang diserbu sampai menjadi kosong dan sunyi serta tidak dapat ditinggali lagi, Habakuk mengeluh bahwa jika

Tuhan diam saja sementara orang benar dibantai orang jahat dan orang yang tak berdosa tewas bersama-sama dengan orang berdosa, berarti Tuhan tidak bermoral dan tidak adil. Jawaban Tuhan bermaksud untuk meyakinkan Habakuk bahwa "orang benar akan hidup oleh iman". Kita dapat menyesuaikan kata-kata yang menenteramkan ini menjadi: "Orang yang hidup benar akan selamat dari penghakiman yang akan datang dengan cara mempertahankan iman mereka" (yaitu, tetap setia dalam iman melalui proses penghakiman itu).

Penafsiran ini, bahwa "oleh iman" berarti tetap setia, tepat merupakan makna yang dapat kita simpulkan dalam Perjanjian Baru. Dalam suratnya kepada jemaat di Roma, Paulus menekankan bahwa Injil menyingkapkan kebenaran ilahi yang tersedia bagi manusia "dari iman kepada iman" (Roma 1:17). Makna bebas dari beberapa versi terjemahan Alkitab bahasa Inggris menunjukkan hal ini dengan jauh lebih jelas:

"oleh iman, dari yang pertama sampai yang terakhir" (New International Version),

"jalan yang dimulai dari iman dan berakhir dalam iman" (New English Bible),

"proses yang diawali dan dilanjutkan oleh iman mereka" (J.B. Phillips).

Paulus mengutip Habakuk 2:4 sebagai konfirmasi Alkitab.

Penekanan yang sama juga dapat kita lihat di Ibrani 10:38: "Tetapi orang-Ku yang benar akan hidup oleh iman, dan apabila ia mengundurkan diri ["mengundurkan diri" dalam bahasa asli penulisannya merupakan istilah dalam konteks pelayaran yang berarti menurunkan kembali layar kapal], maka Aku tidak berkenan kepadanya." Lagi-lagi, ada penekanan pada ketekunan untuk melanjutkan proses itu, apa pun yang terjadi, yang juga merupakan tema seluruh surat itu, pada kata-kata penulisnya.

Dalam Perjanjian Baru, kadang kita kesulitan untuk mengetahui apakah kata bahasa Yunani pistis harus diterjemahkan menjadi "iman" atau "kesetiaan", terutama ketika keduanya muncul dalam daftar karunia dan buah Roh (1 Kor. 12:9 dan Gal. 5:22). Namun, kata benda ini digunakan dengan frekuensi yang jauh lebih jarang daripada penggunaan kata kerjanya, terutama dalam tulisan-tulisan Rasul Yohanes.

Kata kerjanya jauh lebih dinamis lagi daripada kata bendanya, dan ini menunjukkan tindakan atau perbuatan aktif, bukan suatu kondisi atau sifat.

Yang lebih menarik lagi adalah pilihan konteks waktunya dalam kemunculan kata-kata kerja itu, karena bahasa Yunani memang agak berbeda dengan bahasa Inggris. Kadang "percaya" muncul dalam konteks waktu *"aorist"*, yang biasanya menunjukkan sebuah tindakan pada suatu waktu tertentu. Namun, pada banyak ayat penting, "percaya" muncul dalam konteks waktu kini. Hal ini akan dibahas secara luas dalam buku ini, maka saya memberikan penjelasan lengkapnya.

Waktu kini dalam tata bahasa Yunani sering menggunakan kala *"present continous"* ("saat ini sedang berlangsung"), karena berbicara tentang sesuatu yang sedang berlangsung sebagai bagian dari proses yang berkelanjutan. Kita membutuhkan penjelasan lebih banyak untuk memahaminya dari perspektif tata bahasa Inggris, dengan penjelasan dalam bahasa Indonesia.

Setidaknya, dapat diringkas menjadi kata *"is"* ("sedang") dengan kata kerja yang berakhiran *"-ing"*, atau yang lebih tepat lagi, kata *"goes on"* ("tetap melanjutkan") dengan kata kerja yang berakhiran *"-ing"*. Maka, "dia bernapas" dalam bahasa Yunani berarti "dia sedang bernapas" atau "dia tetap [dalam proses] bernapas", atau bahkan "dia terus melanjutkan [proses] bernapas".

Dalam bahasa Inggris, konsep kala kini dapat kehilangan makna keberlanjutan ini. "Dia tertawa" tidak mengandung indikasi apakah itu tawa kecil sesaat saja atau tawa terbahak-bahak yang lama dan tidak bisa berhenti.

Kala kini imperatif dalam bahasa Yunani menunjukkan makna perintah untuk berhenti melakukan sesuatu yang tadinya sedang dilakukan, atau tidak lagi melanjutkan melakukan sesuatu itu.

SEKALI SELAMAT, TETAP SELAMAT?

Dalam bahasa Inggris, perintah semacam ini pernah diucapkan dari mulut Yesus: "Janganlah engkau memegang Aku," (Yoh. 20:17), yang telah disalahpahami secara luas sebagai tubuh kebangkitan Yesus tidak lagi nyata untuk disentuh. Berbagai terjemahan modern telah mengoreksi teks ini. Yang jauh lebih tepat adalah, "Jangan lagi berpegangan pada-Ku."

Mari kita terapkan pemahaman ini atas beberapa ayat favorit dalam Injil Yohanes. Menjelang bagian akhir, Yohanes mengemukakan alasan pemilihannya atas berbagai mukjizat dari banyak mukjizat yang Yesus lakukan, yang berbeda dari mukjizat-mukjizat yang dibahas dalam injil-injil sinoptik lainnya (Matius, Markus, dan Lukas). "... tetapi semua yang tercantum di sini telah dicatat, supaya kamu percaya, bahwa Yesuslah Mesias, Anak Allah, dan supaya kamu oleh imanmu memperoleh hidup dalam nama-Nya," (Yoh. 20:31).

Ini berarti, selain beberapa poin lainnya, Yohanes menulis Injil ini untuk orang-orang percaya, bukan orang non-percaya, dengan tujuan untuk menolong orang-orang percaya itu tetap percaya, bukan membawa orang-orang yang belum percaya menjadi percaya. Karena itu, Injil ini tidak cocok untuk digunakan sebagai traktat penginjilan, dan siapa pun yang mempelajari bagian prolognya (Yoh. 1:1-18) akan menyadarinya. Lalu, mengapa kita masih saja memaksa orang-orang yang belum percaya untuk membaca Injil ini? Mungkin, kita sebenarnya berharap mereka akan membaca setidaknya sampai pasal 3, yaitu bagian tentang "dilahirkan baru" (padahal istilah "lahir baru" sendiri tidak pernah digunakan dalam penginjilan rasul-rasul!) dan membaca "kesimpulan" pesan Injil di Yohanes 3:16.

Namun, teks paling terkenal ini pun menunjukkan sisi yang berbeda ketika diterjemahkan ulang untuk memunculkan maknanya berdasarkan konsep waktu dari kala kini dalam tata bahasa penulisannya. "Karena Tuhan begitu mengasihi dunia, Dia memberikan Putra-Nya yang tunggal, agar siapa pun yang percaya [sedang percaya saat ini, tetap percaya terus-menerus] tidak binasa tetapi mendapatkan [mendapatkannya saat ini, tetap mendapatkannya terus-menerus] kehidupan kekal." Yang terlalu sering terjadi ialah kata "percaya" di sini dipahami sebagai "telah pernah percaya pada satu momen tertentu" dan kata "mendapatkan" dipahami sebagai "telah menerima satu kali dan memilikinya untuk selamanya". Ketika Yohanes berkata bahwa siapa pun yang percaya mendapatkan kehidupan, maksudnya sama dengan "siapa pun yang bernapas memiliki kehidupan", yang tentunya wajar untuk dipahami sebagai "siapa pun yang terus-menerus bernapas akan terus-menerus hidup".

Maka, iman bukanlah sekadar satu langkah, melainkan banyak langkah, sebuah perjalanan panjang selama seumur hidup. Yang akan membawa kita tiba pada kemuliaan bukanlah iman yang dimulai, melainkan iman yang dituntaskan. Kembali ke kitab Ibrani sejenak, iman para pahlawan iman itu semuanya memiliki kualitas ketekunan yang vital: "Dalam iman mereka semua ini telah mati..." (Ibr. 11:13; salah satu ayat favorit saya).

Pentingnya pemahaman ini dalam SSTS seharusnya telah sangat jelas. Dapatkah keselamatan tetap bertahan sebagai milik saya jika iman saya "gugur"? Dapatkah saya "tetap selamat" jika saya tidak terus-menerus percaya? Jika orang benar dan orang yang dibenarkan hidup oleh iman, apa yang terjadi ketika iman itu sendiri mati?

Kini kita mengesampingkan dulu pertanyaan-pertanyaan ini sementara, untuk melanjutkan pembahasan ke topik lain yang terkait. Dalam topik ini ada kesepakatan yang terkesan tepat, tetapi kemudian bisa terbukti sebagai pemahaman yang terlalu menyederhanakan. Topik ini adalah pengampunan.

Pengampunan

Beberapa tahun lalu, perwakilan dari agama-agama terbesar di seluruh dunia berkumpul di India untuk melakukan dialog antaragama. Mereka masing-masing diminta menyebut satu kata yang menggambarkan keuntungan atau manfaat khusus yang diberikan dalam agama mereka, yang tidak ada dalam agama lainnya. Perwakilan agama Kristen memberikan jawaban sederhana, "Pengampunan." Jawaban itu ditanggapi dengan keheningan. Tidak ada perwakilan agama lain yang dapat menyatakan hal yang sama!

Pengampunan dosa merupakan salah satu keajaiban terbesar. Satu-satunya pihak yang memiliki posisi untuk memberikannya adalah Tuhan sendiri. Saat Yesus menyatakan diri-Nya sanggup mengampuni dosa, pernyataan itu dianggap sebagai hujat yang terberat (Mrk. 2:7), yang memang benar jika saya Yesus bukan Tuhan.

Pengampunan itu tidak bersifat murahan atau gampangan, meskipun harganya dan bebannya biasanya ditanggung oleh dia yang mengampuni, bukan yang diampuni. Contoh paling sempurna tentang hal ini adalah Yesus. Setiap tindakan pengampunan ilahi tertulis dengan tinta darah-Nya. Kita tidak membayar harga apa pun karena Dia-lah yang telah membayar seluruh harganya.

Dengan demikian, pengampunan adalah pemberian yang cuma-cuma. Namun, ini bukan berarti kita tidak perlu melakukan apa pun untuk memilikinya. Setidaknya, kita perlu memintanya dan menerimanya.

Sayangnya, ada banyak kesalahpahaman lain, termasuk dua yang besar: bahwa pengampunan itu tidak terbatas dan tidak bersyarat. Kesalahpahaman semacam ini cenderung menurunkan nilai hal yang amat mahal menjadi amat murah.

Selama ini, orang mengabaikan tiga aspek ini mengenai batasan pengampunan:

Pertama, *pengampunan berkaitan dengan hukuman dosa, bukan konsekuensi dosa*. Yang memprihatinkan, orang berdosa jauh lebih cemas soal konsekuensi daripada hukuman. Kain dan Esau merupakan contoh klasiknya (Kej. 4:14; Ibr. 12:17). Sebagai ilustrasi tentang perbedaan yang ada, bayangkan bahwa seorang pemuda yang mencuri sebuah mobil memakai mobil itu lalu mengalami kecelakaan tabrak, sehingga tangan kanannya lumpuh. Itulah konsekuensi. Dia ditangkap polisi, lalu pengadilan memutuskan bahwa dia harus dihukum penjara dalam masa tertentu karena melakukan pelanggaran hukum itu. Itulah hukuman. Hukuman dosa adalah keterpisahan dari Tuhan. Konsekuensi dosa bisa berupa tahun-tahun yang terbuang sia-sia, kesehatan yang rusak, pernikahan yang hancur, harta yang habis, dan banyak hal lainnya yang tidak selalu dapat dipulihkan. Anak bungsu yang hilang itu kembali ke rumah bapanya dan kasih bapanya, tetapi dia tidak mendapatkan kembali uang yang telah dihabiskannya itu. Meskipun dosanya diampuni, banyak efek yang masih berlanjut dan implikasi yang harus dia hadapi. Perpindahan iman tidak membebaskan orang dari pernikahan yang salah atau utang yang menumpuk. Tentu tidak ada gunanya jika Anda berkata kepada pemilik rumah yang Anda sewa bahwa utang Anda telah dibayar lunas semuanya di Golgota! Yang dibayar lunas di Golgota hanyalah utang Anda kepada Tuhan. Sebenarnya, pengampunan memampukan Anda menghadapi konsekuensi masa lalu dengan cara yang berbeda, karena kini Tuhan ada dan menolong Anda. Utang dapat dilunasi, hubungan dapat diperbaiki. Inilah yang disebut "restitusi": membereskan hal-hal yang dapat dibereskan, sementara berduka atas hal-hal yang tidak dapat dibereskan.

Salah satu contoh yang hebat tentang batasan ini adalah peristiwa perpindahan iman yang dialami banyak penjahat perang Nazi pada persidangan di Nuremberg atas kejahatan mereka semasa Perang Dunia II. Melalui pelayanan pendeta tentara dari Amerika, Padre Gerecke, mereka menemukan pengampunan dan pendamaian dengan Tuhan melalui Kristus, tetapi tetap harus menerima konsekuensi kejahatan mereka dalam bentuk eksekusi hukuman gantung.

Kedua, *pengampunan berkaitan dengan dosa masa lalu, tetapi bukan dosa yang akan datang*. Ada angan-angan yang sangat umum bahwa begitu kita datang kepada Kristus, tidak akan ada dosa lagi yang bisa menodai catatan rohani kita. Padahal, yang dapat diampuni hanyalah dosa yang telah diperbuat. Inilah sebabnya orang percaya dinasihati untuk mengaku dosa secara teratur (1 Yoh. 1:9). Kita harus tetap mempertanggungjawabkan hidup kepada Tuhan. Dosa apa pun yang tidak ditangani dengan cepat akan membawa efek yang merusak terhadap hubungan-hubungan rohani kita.

Artinya, dosa pada orang percaya sama seriusnya dengan dosa pada orang yang belum percaya. Bahkan, pada orang percaya dosa lebih serius, karena orang percaya tidak dapat berdalih tentang dosa itu. Prinsip ini diteguhkan pula oleh batasan pengampunan yang ketiga.

Ketiga, *pengampunan berkaitan dengan dosa yang dapat diampuni, tetapi bukan dosa yang tidak dapat diampuni.* Banyak orang tahu tentang adanya "dosa yang tidak dapat diampuni", dan hati nurani yang bersalah sering berasumsi bahwa kita telah berbuat dosa itu padahal definisinya dalam Alkitab jelas (dalam Matius 12, definisinya adalah menghujat atau menentang Roh Kudus -- yaitu menyebut pekerjaan Roh Kudus sebagai pekerjaan setan). Sama sekali tidak ada indikasi bahwa dosa yang tidak dapat diampuni ini hanya dilakukan oleh orang-orang non-percaya. Sebenarnya, dosa ini lebih mungkin dilakukan oleh orang yang percaya akan keberadaan setan! Generalisasi yang telah meluas bahwa "semua bahasa lidah berasal dari si jahat" adalah salah satu contoh yang mendekati dosa ini. Namun, adalah kesalahan besar jika kita berasumsi bahwa hanya ada satu atau beberapa saja "dosa yang tidak dapat diampuni". Dalam situasi-situasi tertentu, dosa apa pun dapat menjadi tidak terampuni, khususnya di antara orang-orang percaya yang telah lahir baru. Memahami hal ini berarti kembali mempelajari kitab Imamat, yang menjelaskan berbagai ragam korban yang perlu dipersembahkan bagi dosa-dosa yang "tidak sengaja", tetapi tidak ada korban bagi dosa-dosa yang "sombong karena posisi aman". Penebusan tersedia bagi kesalahan yang tidak disengaja, tetapi tidak untuk pelanggaran yang lahir dari kehendak sengaja. Sementara Perjanjian Baru dalam kitab Ibrani menyatakan bahwa sistem pengorbanan lama dan perjanjian yang lama yang mendasarinya itu telah usang, perbedaan di antara dosa yang tidak disengaja dan yang disengaja itu tetap ada (Ibr. 10:26-31, yang akan kita teliti lebih lanjut secara menyeluruh dalam Bab 3). Sengaja melanjutkan perbuatan dosa terus-menerus setelah mendapatkan pencerahan adalah hal yang tidak tersedia penebusannya, bahkan di salib Kristus. Ini tentu membuat kita berspekulasi tentang apa yang akan Yesus katakan kepada wanita yang tertangkap berbuat zinah jika saja wanita itu mengabaikan peringatan Yesus agar dia "pergi dan jangan berbuat dosa lagi" (Yoh. 8:11).

Dalam ketiga aspek ini, pengampunan jelas memiliki batasan tegas, dan ini semua berpengaruh terhadap paham SSTS. Selain itu, ada pula kelanjutannya. Ada kesalahpahaman luas lainnya bahwa pengampunan itu tidak bersyarat, bahwa kita tidak perlu melakukan apa pun sama sekali selain memintanya.

Sayangnya, banyak orang gagal membedakan antara layak menerima pengampunan dan sungguh-sungguh menerima pengampunan. Memang, tidak ada hal yang perlu kita lakukan sama sekali untuk menjadi layak atau meningkatkan "nilai" diri kita agar pantas diampuni.

Namun, adalah kesalahan mendasar jika kita berpikir bahwa tidak ada syarat yang diperlukan. Alkitab jelas mengajarkan bahwa ada orang-orang yang tidak diperbolehkan meminta pengampunan atau mempertahankan posisi diampuni. Kita akan melihat dua titik kritis syarat pengampunan: sebelum dan sesudah diampuni.

Pertama, sebelum diampuni, orang perlu bertobat. Ini merupakan kondisi wajib bagi penerima pengampunan. Pertobatan berarti jauh lebih daripada perasaan menyesal dan sedih. Pertobatan lahir dari perubahan pikiran tentang hal yang telah terjadi dan ini diekspresikan dalam bentuk pengakuan serta perbaikan atas apa pun yang dapat dibereskan (penggantian, pendamaian, dan lain-lain).

Hal ini juga berlaku dalam hubungan antarmanusia. Kita harus siap mengampuni saudara kita "tujuh puluh kali tujuh kali setiap hari", tetapi jarang ada orang yang menyadari bagian kuncinya: "jika saudaramu itu bertobat" (Luk. 17: 3-4).

Inilah sebabnya pemberitaan Injil dalam Perjanjian Baru selalu dimulai dengan perintah pertobatan, sebelum undangan untuk percaya, baik oleh Yesus maupun oleh para rasul (Mrk. 1:15; Luk. 24:47; Kis. 3:19; 26:20). Pengampunan tidak bisa lepas dari pertobatan terhadap Tuhan, bukan hanya iman kepada Yesus, meskipun penginjilan pada era modern ini tidak berkata demikian.

Kedua, setelah orang diampuni, dia perlu mengampuni. Dalam salah satu perumpamaannya yang paling tajam, Yesus mengajarkan bahwa pengampunan dapat hilang dan dibatalkan! Perumpamaan ini sering disebut "Hamba yang Kejam" (Mat. 18:21-35). Raja yang kembali mencatat utang si hamba dan menjatuhkan hukuman penjara kepada hamba itu setelah tahu bahwa dia tidak mau berbelas kasihan untuk nilai utang yang jauh lebih kecil sama seperti Sang Raja berbelas kasihan kepada dia itu adalah gambaran Tuhan sendiri. "Maka Bapa-Ku yang di sorga akan berbuat demikian juga terhadap kamu, apabila kamu masing-masing tidak mengampuni saudaramu dengan segenap hatimu," (perhatikan bahwa pengampunan ini harus dengan segenap hati). Prinsip ini menjelaskan mengapa doa sehari-hari para murid mengandung permohonan untuk menerima pengampunan: "... ampunilah kami akan dosa kami, sebab kami pun mengampuni setiap orang yang bersalah kepada kami;" (Luk. 11:4) serta isi Khotbah di Bukit: "Berbahagialah orang yang murah hatinya, karena mereka akan beroleh kemurahan," (Mat. 5:7).

Ini bukan berarti kita harus mengampuni orang lain lebih dahulu agar menjadi layak diampuni atas dosa kita sendiri. Namun, ini merupakan hukum rohani, bahwa orang yang tidak mau bermurah hati mengampuni orang lain tidak akan mampu menerima pengampunan untuk dirinya sendiri. Ini seperti listrik, yang tidak dapat mengalir ke tubuh seseorang tanpa mengalir terus melalui dan keluar dari tubuh orang itu. Ada berbagai batasan dan syarat lain yang terkait dengan pengampunan, tetapi yang telah kita bahas ini cukup untuk menunjukkan bahwa pengampunan bukanlah sesuatu yang bersifat penuh atau permanen begitu saja, seperti yang diasumsikan oleh banyak orang.

Yang lebih luar biasa lagi adalah apa yang terjadi ketika pengampunan diterima dan dipertahankan sebagai milik. Pengampunan mendatangkan kesempatan untuk kehidupan kekal.

Kehidupan Kekal

Selama ini, ada perdebatan hebat di antara para pakar tentang arti kata "kekal", apakah mengacu pada kualitas atau kuantitas kehidupan. Sebagaimana yang sering terjadi, posisi yang benar dalam Alkitab adalah keduanya. Kehidupan kekal berarti kehidupan yang "berlangsung selamanya" sekaligus "berkelimpahan". Karena alasan-alasan yang jelas, para pendukung paham SSTS cenderung menekankan aspek "berkelimpahan", terutama saat mengutip ayat-ayat yang menyiratkan bahwa orang percaya telah memperoleh kehidupan kekal. Jika demikianlah maksudnya, bagaimana mungkin kehidupan dapat berakhir? Bukankah sesuatu yang "kekal" tidak mungkin mati?

Sebenarnya, ada kebingungan yang harus kita pertimbangkan di tengah-tengah Gereja tentang bagaimana atau kapan seorang manusia mulai menjadi makhluk yang "kekal". Sejauh ini yang dapat kita sepakati adalah bahwa hanya Tuhanlah yang mutlak bersifat kekal (1 Tim. 1:17; 6:16). Tuhan selalu ada sejak kekal dan akan tetap ada sampai kekal. Perdebatan ini berkisar pada aspek atau sifat kehidupan yang sama yang kita miliki, karena Tuhan pun memilikinya.

Sebagian orang percaya bahwa manusia kekal karena *diciptakan* demikian. Manusia diciptakan menurut gambar Tuhan, maka manusia pun memiliki sifat kekal. Hal ini kadang disalahpahami untuk mendukung pandangan bahwa neraka merupakan siksaan kekal, karena "jiwa" tidak dapat dibinasakan (lihat buku saya, *Jalan Menuju Neraka*).

Pandangan ini lebih condong berdasarkan pola pikir Yunani, bukan Ibrani, dan sangat dipengaruhi oleh pola pikir neo-Platonik yang masuk ke dalam teologi Kristen oleh Agustinus pada abad kelima. Masyarakat Yunani kuno percaya bahwa manusia merupakan jiwa abadi yang terperangkap dalam tubuh yang fana, dan kematian tubuh itu akan membebaskan jiwa tetapi sekaligus melenyapkan identitasnya.

Di taman Eden, Adam jelas tidak memiliki sifat kekal sejak awal dari dirinya sendiri. Dia membutuhkan pohon kehidupan untuk memastikan keselamatannya dalam bertahan hidup sampai selamanya, lalu kematian jadi berlaku atas dirinya saat dia tidak lagi terhubung dengan pohon kehidupan itu. Adam memiliki potensi kekekalan, tetapi tidak sungguh-sungguh kekal. Kalau saja Adam tetap memilih untuk taat kepada Tuhan, dia akan hidup kekal.

Sebagian orang lain percaya bahwa manusia akan menjadi kekal saat *dibangkitkan kembali*. Ini merupakan aspek masa depan, bukan aspek masa lalu. Alkitab mendukung posisi ini, dengan menggunakan kata "kekal" untuk merujuk pada saat ketika roh-roh yang fana menerima tubuh yang kekal (1 Kor. 15:53-4). Prospek masa depan ini telah "dinyatakan oleh kedatangan Juru Selamat kita Yesus Kristus, yang oleh Injil telah mematahkan kuasa maut" (2 Tim. 1:10). Kebangkitan Kristus sendiri dengan tubuh kemuliaan-Nya yang melampaui maut dan kehancuran (Roma 6:9) adalah bukti bahwa hal ini dapat terjadi. Celakanya, fakta bahwa orang jahat pun akan "dibangkitkan", sama seperti orang benar, berarti dasar yang kukuh dan alkitabiah bahwa ada siksaan kekal di neraka (lihat Dan. 12:2; Yoh. 5:29; Kis. 24:15).

Mungkin, kebanyakan orang percaya bahwa manusia merupakan makhluk kekal karena *kelahiran baru*. Orang yang telah "dilahirkan baru" dan menerima sifat baru memiliki sifat kekal Tuhan di dalam dirinya. Ini bukanlah aspek masa lalu

Asumsi-Asumsi dalam Penginjilan

atau masa depan, melainkan aspek masa kini bagi semua orang percaya. Sifat kekal telah kita miliki pada saat kita mengalami "kelahiran baru", dan sifat ini tidak dapat diambil dari diri kita.

Namun, penting untuk dicatat bahwa pandangan ini sebenarnya lebih mirip dengan pandangan Yunani tentang jiwa abadi daripada pengharapan dalam pandangan Ibrani tentang kebangkitan tubuh. Hal ini karena tubuh masih sangat fana, dan memiliki takdir untuk mati menjadi debu dan abu. Nah, jika sifat kekal itu telah dialirkan ke dalam diri orang percaya saat dia mulai beriman, pada masa sekarang ini sifat itu hanya melekat pada rohnya.

Padahal, pertanyaan sesungguhnya adalah apakah kehidupan kekal itu telah benar-benar dialirkan atau tidak sama sekali pada masa sekarang. Istilah "memiliki hidup yang kekal" telah lama dipahami sebagai milik yang terlepas dari sumbernya, yang merupakan aspek yang melekat pada diri orang percaya dan tidak dapat diambil dari dirinya. Kehidupan kekal itu seolah sebuah "hal" atau "benda" yang kini dimiliki oleh si orang percaya.

Ini bukanlah pandangan yang disampaikan oleh Perjanjian Baru tentang kehidupan kekal. Kehidupan kekal adalah suatu posisi, bukan hal yang dimiliki. Kehidupan kekal bukan dialirkan masuk ke dalam diri kita, tetapi dibagi untuk kita alami juga. Kita tidak memiliki kehidupan kekal sendiri di dalam diri kita; kita hanya beroleh kehidupan kekal di dalam Kristus. Yohanes menerangkannya dengan sangat jelas. Kita telah memperhatikan bahwa Yohanes menulis kitab injilnya agar para pembaca tetap teguh percaya dalam Sang Anak Allah dan dengan demikian tetap memiliki kehidupan kekal (Yoh. 20:30). Secara cukup spesifik, dia menyatakan dalam surat yang ditulisnya itu "hidup itu ada di dalam Anak-Nya. Barangsiapa memiliki [saat ini sedang memiliki, tetap memegangnya sebagai milik] Anak, ia memiliki hidup; barangsiapa tidak memiliki [tidak tetap memegangnya sebagai milik] Anak, ia tidak memiliki hidup," (1 Yoh. 5:11-12).

Tentu saja, teks-teks yang dikutip selama ini tidak mempertanyakan apakah mungkin kita kehilangan Sang Anak dan dengan demikian kehilangan "hidup-Nya" itu, bagi kita yang pernah memiliki-Nya. Namun, klaim Yesus sendiri bahwa diri-Nya adalah Pokok Anggur yang Benar menjadikan hal ini amat jelas: kehilangan itu adalah kemungkinan yang nyata. Setelah menasihati para murid untuk tetap "tinggal" (berdiam, menetap, terus melanjutkan, tidak beralih/berpindah/meninggalkan) di dalam Dia, Yesus memperingatkan mereka tentang konsekuensi yang akan terjadi atas mereka yang tidak "tinggal" di dalam Dia. Orang-orang yang tidak tinggal di dalam Dia itu akan gagal berbuah, terpotong, layu dan mengering, dibuang dan dilemparkan, dan dibakar dalam api. Kehidupan bukan terkandung di dalam ranting atau carang itu, melainkan bersumber dari pokoknya. Hanya dengan tetap mempertahankan keterhubunganlah ranting atau carang dapat tetap selamat (Yoh. 15:1-6). Di sinilah titik perbedaannya dengan analogi dari alam ini. Ranting pohon yang alami terputus dari pokok pohonnya oleh kondisi-kondisi yang bersifat tidak disengaja dan di luar kendali si ranting itu. Namun, "ranting" manusia memiliki pilihan dan kehendak bebas untuk tetap berdiam atau melepaskan diri dari Pokok Anggur yang Benar.

Karena itulah, "tinggal" di sini ditulis dalam bahasa aslinya menggunakan aspek tata bahasa imperatif, yang berarti perintah "putuskan untuk tetap tinggal", yang akan kehilangan maksudnya jika tidak ada pilihan lain sama sekali. Maka, "memiliki" kehidupan kekal adalah sesuatu yang ambigu. Orang percaya telah memilikinya (di dalam Kristus), sekaligus belum memilikinya (di dalam dirinya sendiri). Ini berarti kehidupan kekal itu bisa hilang dari si orang percaya jika dia tidak tetap tinggal di dalam Kristus. Suatu hari kelak, dia akan memilikinya sepenuhnya di dalam dirinya, ketika dia "mengenakan kekekalan". Hanya pada saat itulah kehidupan kekal itu akhirnya menjadi miliknya yang sepenuhnya.

Makna ambigu yang serupa, yang hampir menyerupai sebuah paradoks, juga tampak dalam asumsi injili yang terakhir yang kita amati dalam buku ini: Kerajaan Allah.

Kerajaan Allah

Di antara para pakar, topik Kerajaan Allah, yang secara luas dianggap topik utama dalam pengajaran Yesus, telah lama menjadi perdebatan yang lebih sengit lagi, tepatnya tentang apakah realitasnya ada di masa sekarang atau masa depan. Pendapat yang ada sangat berbeda-beda, dari pandangan "dispensasi" (yang secara khusus dipegang oleh komunitas Brethren) bahwa Kerajaan Allah adalah masa depan dan warganya mayoritas adalah bangsa Yahudi, sampai pandangan "liberal" bahwa Kerajaan Allah merupakan program sosial dan politik bagi dunia bangsa-bangsa non-Yahudi di masa sekarang. Di antara kedua pandangan ekstrem ini, ada banyak penafsiran lain yang menekankan aspek ke dalam dan individual atau aspek ke luar dan kolektif.

Konsensus umumnya tampaknya disepakati pada kata "kedua-duanya" atau "dan", bukan "atau". Kerajaan Allah adalah sesuatu yang ada di masa sekarang maupun masa depan, dan memiliki aspek individual maupun kolektif. Kerajaan Allah ada di sini dan saat ini, sekaligus di sana dan nanti. Kerajaan Allah telah datang, sekaligus belum sepenuhnya datang. Gambaran keseluruhan yang ringkas adalah bahwa Kerajaan Allah telah "ditegakkan" tetapi belum "sepenuhnya dinyatakan".

Pandangan ini tampaknya paling tepat menggambarkan pengajaran Yesus, khususnya perumpamaan-perumpamaan-Nya tentang Kerajaan Allah. Satu dari tiga ilustrasi Kerajaan Allah menunjukkan proses bertahap sejak masa sekarang, yang dijalankan oleh pengaruh manusia (misalnya, ragi dalam adonan).

Bagian sepertiga lainnya merupakan ilustrasi Kerajaan Allah sebagai krisis masa depan yang datang dengan tiba-tiba, yang dikerjakan oleh intervensi Tuhan (misalnya, ikan di jala). Lalu, bagian sepertiga yang terakhir menggabungkan kedua aspek ini (misalnya, gandum dan ilalang). Keseimbangan yang menakjubkan ini awalnya luput dari perhatian para pengajar Alkitab modern.

Sebelumnya, pemahaman yang ada berayun di antara kedua

sisi, terutama di kalangan para pemimpin komunitas persekutuan baru, dari penekanan masa depan pada era awal sampai yang kita kenal kini sebagai ajaran "Kerajaan Allah" sekarang juga. Bagi banyak orang, eskatologi telah tergantikan dengan paham eksistensialisme. Tren ini bahkan telah dianut oleh banyak aliran pengajaran saat ini. Namun, ada beberapa tanda kemunculan sebuah reaksi, yang mudah-mudahan membawa kita ke posisi yang lebih seimbang.

Adalah hal yang vital untuk memahami apa yang kita doakan ketika kita berkata: "Jadilah kehendak-Mu, di bumi seperti di surga." Secara khusus, kita membutuhkan pengertian yang jelas tentang seberapa banyak dari Kerajaan Allah yang dapat kita usahakan serta kita harapkan untuk terjadi saat ini, dan seberapa banyak yang masih harus kita nantikan serta harapkan untuk terjadi kelak ketika Sang Raja itu datang kembali.

Pertanyaan yang amat penting terkait SSTS adalah dapatkah setiap orang yang saat ini menjadi bagian dari Kerajaan Allah yang telah ditegakkan merasa pasti bahwa mereka juga akan menjadi bagian dari Kerajaan Allah yang nanti sepenuhnya dinyatakan?

Untuk membantu pemahaman kita, mari pelajari kata-kata kerja yang digunakan untuk menggambarkan keterlibatan individual manusia dalam kedua fase realitas Kerajaan Allah. Kata yang paling umum untuk fase Kerajaan Allah yang "ditegakkan" saat ini adalah "masuk" atau "memasuki" kerajaan itu, sedangkan kata yang biasa digunakan untuk fase Kerajaan Allah yang "dinyatakan" kelak adalah "mewarisi" kerajaan itu (Yoh. 3:5; Mat. 25:34). Pertanyaan tadi dapat kita kemas ulang kata-katanya menjadi: apakah semua orang yang telah memasuki Kerajaan Allah akan mewarisinya pula kelak?

Jawabannya dapat ditemukan dalam sejumlah peringatan bagi orang percaya, yang tersebar di seluruh surat-surat Perjanjian Baru. Ada peringatan tegas bahwa jika orang tetap tinggal di dalam cara hidup yang lama atau kembali ke cara hidup yang lama itu ("pekerjaan daging"), dia tidak akan "mewarisi Kerajaan Allah" (salah satu contohnya, Gal. 5:21). Maka, "warisan" kita ini bukan hal yang otomatis atau tidak dapat diambil kembali.

Jawaban ini dapat sedikit meredakan perdebatan yang ada, jika kita berfokus pada apakah kita dapat kehilangan warisan itu, bukannya membahas apakah kita dapat kehilangan keselamatan. Apakah warisan dan ketekunan saling terkait dengan begitu erat sehingga keduanya akan ada bersamaan atau hilang bersamaan? Inilah waktunya kita menyimpulkan isi bab ini. Kita telah menemukan bahwa keselamatan merupakan proses yang berkelanjutan, dan belum sepenuhnya selesai sampai Yesus datang kembali kelak, sehingga memunculkan tanda tanya setelah perkataan "sekali selamat, tetap selamat". Iman dan kesetiaan saling terkait begitu erat dalam artinya, bahkan dalam bahasa Inggris memiliki kata dasar yang sama yaitu "*faith*" (iman) dan "*faithfulness*" (penuh iman), yaitu tetap percaya dan taat terus-menerus. Demikian pula, pengampunan tidaklah bersifat tak terbatas atau bersyarat seperti yang mungkin kita pikirkan sebelumnya. Kehidupan kekal ada di dalam Yesus, bukan di dalam diri kita sendiri, setidaknya untuk masa sekarang ini; dan kita hanya dapat memilikinya selama kita tetap tinggal di dalam Dia. Orang-orang yang telah memasuki Kerajaan Allah bisa saja gagal mewarisinya kelak, ketika nanti kerajaan itu dinyatakan sepenuhnya secara universal. Memang setiap kesimpulan ini tidak menyudahi isu tentang paham SSTS, tetapi semuanya mengarahkan kita ke pemahaman yang sama jika digabungkan. Yang telah jelas adalah bahwa pemahaman kita atas doktrin-doktrin lain dapat berpengaruh secara signifikan dalam pendekatan kita terhadap hal keamanan keselamatan orang-orang kudus. Prasangka dapat menentukan hasil akhir pembahasan, sejak sebelum pembahasan itu dimulai. Pengaruh itu memang tidak langsung, tetapi pada akhirnya yang memiliki wewenang untuk menentukan keputusan akhir haruslah pernyataan langsung dari Alkitab. Inilah yang akan kita bahas selanjutnya.

3

INDIKASI DALAM ALKITAB

"Sekali selamat, tetap selamat" sering digunakan seolah-olah dikutip langsung dari Alkitab, padahal tidak ada di dalam Alkitab. Lalu, apakah pernyataan itu pun sesuai dengan ajaran Alkitab?

Telah disebutkan sebelumnya bahwa bagian pertama dari slogan itu ("sekali selamat") sebenarnya sangat perlu dipertanyakan dalam hal penekanan Perjanjian Baru terhadap proses keselamatan; yaitu berlangsung sejak masa lalu, masih berlangsung di masa sekarang, dan akan tetap berlangsung sampai masa depan hingga kedatangan Kristus kembali, lalu barulah selesai.

Dalam bab ini kita akan berfokus pada bagian keduanya: "tetap selamat". Memasukkan seluruh ajaran Alkitab tentang sebuah doktrin ke dalam satu bab buku saja merupakan hal yang tidak mungkin dilakukan, kecuali kita menetapkan beberapa batasan yang tegas dalam penelitiannya. Kita akan menerapkan batasan ini dengan pertanyaan yang sederhana: ada bukti apa yang menunjukkan bahwa orang-orang yang telah ditebus Tuhan dapat kehilangan posisi mereka dalam maksud dan rancangan Tuhan? Adakah peringatan-peringatan jelas bahwa hal ini dapat terjadi, serta contoh-contoh nyata bahwa hal ini memang telah terjadi?

Mari kita telusuri Perjanjian Lama secara singkat, tetapi tentu, lalu kita akan berfokus pada Perjanjian Baru.

Perjanjian Lama

Apakah semua orang yang termasuk umat Tuhan yang dipilih menikmati pemenuhan janji-janji-Nya? Jawabannya jelas tidak. Pertama-tama, meskipun Tuhan menegakkan perjanjian dengan

SEKALI SELAMAT, TETAP SELAMAT?

Abraham dan keturunannya, banyak dari keturunan Abraham itu tidak menerima berkat yang dijanjikan. Di generasi-generasi awal pun, anak-anak sulung tidak menerima warisan yang dijanjikan. Ismael adalah anak sulung Abraham, dan Esau adalah anak sulung Ishak. Pada kasus Esau, jelas pula bahwa dia menyia-nyiakan warisan masa depannya demi sebuah kepuasan instan.

Berabad-abad kemudian, ketika bangsa Ibrani ditebus dari perbudakan di Mesir, jumlah mereka berkurang secara tragis. Saat mereka menerima Sepuluh Perintah Tuhan di Gunung Sinai (pada hari kelima puluh, hari Pentakosta, setelah meninggalkan Mesir), mereka telah mengingkari perjanjian dengan berpesta pora dalam penyembahan berhala dan amoralitas. Akibatnya, banyak dari mereka binasa (jumlahnya luar biasa besar: tiga ribu jiwa! - Kel. 32:28).

Yang selanjutnya terjadi bahkan lebih mengerikan lagi. Karena mereka tidak beriman di dalam Tuhan yang telah menyingkirkan orang Mesir, saat mereka berhadapan dengan penduduk tanah perjanjian, satu generasi justru musnah seluruhnya. Dari 600.000 pria (belum termasuk wanita dan anak) yang telah keluar dari Mesir, hanya tersisa dua orang (Yosua dan Kaleb) yang bertahan untuk memasuki negeri yang dijanjikan bagi seluruh bangsa itu. Musa pun binasa karena kemarahan dan ketidaksabarannya terhadap bangsa itu. Ribuan orang gagal memasuki Kanaan, yang digambarkan sebagai "negeri istirahat yang dari Tuhan" itu. Bangsa itu telah ditebus oleh darah anak domba (domba jantan), "dibaptis" di dalam air Laut Merah (atau sebutan yang lebih mungkin adalah Laut Teberau, yang tersambung dengan Danau Pahit Besar), diberi makan dan minum di padang gurun, dituntun di sepanjang perjalanan oleh Tuhan -- tetapi tetap saja gagal, meskipun anak-anak mereka berhasil.

Setelah masuk dan tinggal di negeri perjanjian yang Tuhan berikan pun, banyak dari mereka binasa karena ketidaktaatan, ketika Tuhan memakai bangsa-bangsa di sekitar negeri itu (utamanya, bangsa Filistin) untuk mendisiplin mereka.

Ada banyak kasus orang yang telah mengenal kehadiran dan kuasa urapan Roh Kudus justru kehilangan kedua-duanya, mulai dari Simson sampai Saul. Bahkan, ada satu dari dua belas suku (Dan) yang musnah terhapus seluruhnya dan digantikan dengan satu suku lain dibagi menjadi dua.

Seluruh bencana ini diakibatkan oleh satu sebab: *dosa*. Entah secara individual atau bersama, ketidaktaatan yang sengaja terhadap perintah Tuhan yang diketahui pasti membawa kebinasaan atas banyak dari umat Tuhan. Kita perlu ingat bahwa sistem persembahan korban yang amat rumit dalam hukum Yahudi dirancang untuk menebus dosa-dosa yang "tidak disengaja" dan tidak tersedia untuk dosa-dosa yang dilakukan dari kepongahan sebagai orang yang telah diselamatkan (yang disengaja, berdasarkan kehendak, dan dilakukan terus-menerus). Untuk dosa-dosa yang pongah ini, sering kali hukumannya adalah kematian.

Bangsa Israel membutuhkan waktu seribu tahun, dari Abraham sampai Daud, untuk tiba pada pemenuhan seluruh janji Tuhan bagi mereka. Dari satu orang, mereka berkembang menjadi sebuah keluarga, suku, bangsa, dan kerajaan. Lalu, hanya perlu waktu separuhnya, sekitar 500 tahun, hingga segalanya itu hilang lenyap. Kerusakan mulai terjadi pada satu hari saja, ketika sang raja, yang seharusnya memimpin pasukan dalam peperangan, justru menikmati hawa nafsunya terhadap seorang tetangga yang telanjang, lalu melanggar lima dari sepuluh perintah Tuhan demi memiliki si tetangga yang diingininya itu. Keluarganya menjadi yang mula-mula menderita konsekuensinya, tetapi setelah putranya berlaku berlebihan dan cucu lelakinya hidup dalam kebodohan, seluruh bangsa itu jadi masuk ke dalam perang saudara, yang makin memperlebar perpecahan yang kemudian tidak pernah pulih terajut kembali.

Melewati tahun-tahun kejatuhan, dari satu demi satu nabi terus memperingatkan bangsa Israel untuk tidak menganggap posisi mereka sebagai umat pilihan yang ditentukan Tuhan itu, atau keteguhan mereka dalam melakukan hukum sunat, beribadah di bait suci, mempersembahkan korban, memiliki kota suci Yerusalem, serta riwayat penebusan mereka, sebagai jaminan keamanan dari musuh-musuh mereka.

Para nabi mengingatkan umat Tuhan bahwa Tuhan akan menjadi Hakim pada masa mendatang, sama seperti Dia adalah Pencipta mereka pada masa lalu dan Raja atas mereka pada masa sekarang. Lebih jauh lagi, umat pilihan Tuhan itu, yang telah menerima baik pewahyuan maupun penebusan-Nya, justru *lebih-lebih dituntut lagi* untuk menghadapi penghakiman-Nya, dan penghakiman Tuhan itu selalu diterapkan berdasarkan pengetahuan yang telah diterima tiap-tiap orang.

Kita dapat menduga bahwa salah satu alasan Israel terus-menerus mengabaikan pesan kenabian itu adalah keyakinan mereka yang salah: "Sekali jadi umat Tuhan, selamanya tetap jadi umat Tuhan!" Mereka tidak sadar betapa perlunya untuk tetap hidup kudus dan benar jika ingin tetap menikmati anugerah dan perkenan Tuhan.

Pada akhirnya, konsekuensi yang pasti itu tiba. Sepuluh suku di utara "habis" oleh bangsa Asyur dan kemudian dua suku di selatan dibawa ke Babel sebagai tawanan. Masa "pengungsian" itu berlangsung selama 70 tahun (sesuai dengan masa pengabaian selama lima abad atas ketentuan bahwa tanah perlu diistirahatkan setiap tujuh tahun; 2 Taw. 36:21). Dua generasi seluruhnya binasa sebelum akhirnya kesempatan untuk pulang diberikan, oleh raja Persia, Koresh. Meski demikian, hanya sebagian kecil dari mereka, kira-kira 50.000 orang, yang bersedia menghadapi kesulitan dan bahaya dalam pembangunan kembali bait suci Tuhan, kota Yerusalem, serta negeri Israel. Semua ini memang tercapai sampai pada tahap tertentu, tetapi bangsa itu tidak pernah sepenuhnya pulih dalam hal otonomi politik sebagai kerajaan independen yang berdaulat. Siria, Mesir, Yunani, dan Romawi bergantian menjadi tuan yang menjajah Israel selama masa empat abad, dan di sepanjang masa itu pula Tuhan tidak pernah mengirimkan satu pun pesan-Nya atau melakukan satu pun mukjizat-Nya bagi Israel.

Demikianlah sejarah tragis umat Tuhan dalam Perjanjian Lama. Ratusan ribu orang yang pernah menjadi umat kepunyaan Tuhan justru terhilang dalam perjalanan mereka. Hanya sesaatlah mereka sepertinya mewarisi janji-janji Tuhan, tetapi kemudian semuanya itu segera hilang lenyap dan tak ada lagi.

Saya belum menyebutkan referensi teks atau ayat Alkitab yang menjadi buktinya, karena memang hal ini hampir-hampir tidak diperlukan. Ringkasan ini mungkin akan disepakati secara universal, meskipun sangat singkat. Tentu saja, ada banyak kisah yang lebih terperinci daripada ringkasan ini, tetapi fakta yang mendasar di dalamnya tidak dapat disangkal meskipun ada ayat-ayat Alkitab yang ditambahkan sebagai catatan pendukung.

Sayangnya, banyak orang menepis pemahaman ini dan menganggapnya tidak relevan dalam pembahasan tentang SSTS! Mereka hanya menekankan putusnya keterkaitan di antara perjanjian yang "lama" dengan yang "baru", dan sibuk menjelaskannya sendiri. Perjanjian yang lama dikatakan berdasarkan kelahiran jasmani, bukan kelahiran rohani. Janji yang diberikan adalah umur panjang di bumi, bukan kehidupan kekal di surga. Roh Kudus hanya diberikan kepada beberapa orang tertentu dan biasanya secara tiba-tiba, bukan kepada semua orang secara permanen.

Mereka dengan rela mengakui bahwa banyak dari umat Tuhan yang memang kehilangan "keselamatan" versi lama itu, tetapi berkata bahwa keselamatan versi baru dalam perjanjian yang baru adalah berbeda, dan tidak dapat hilang. Setiap orang yang telah masuk dalam Gereja (yang sering mereka sebut sebagai "Israel baru" meskipun pada 74 kali istilah ini disebut dalam Perjanjian Baru semuanya merujuk pada bangsa Yahudi) akan dijaga sampai kesudahannya.

Ironisnya, penekanan terhadap putusnya keterkaitan antara perjanjian yang lama dengan yang baru dalam pembahasan tentang SSTS dikemukakan oleh pakar-pakar yang berpegang pada "teologi perjanjian", yang sebenarnya berdasarkan keberlanjutan dari perjanjian lama ke yang baru. Salah satu contohnya adalah penggunaan argumen hukum sunat untuk membenarkan pembaptisan bayi. Bahkan, mereka pun telah menyatukan perjanjian yang lama dan yang baru itu secara pemahaman, menjadi "perjanjian anugerah". Di sisi lain, mereka tetap keberatan menerima gagasan bahwa karena banyak orang telah gugur dari perjanjian itu pada masa Sebelum Masehi, hal yang sama dapat terjadi pula pada masa Sesudah Masehi ini.

Pembenaran mereka yang membeda-bedakan prinsip ini dapat kita temukan dalam doktrin regenerasi. Orang-orang yang telah gugur dari perjanjian yang lama tidak akan mengalami regenerasi karena belum "dilahirkan baru" (dan prinsip ini secara konsisten diberlakukan pula terhadap perjanjian yang baru, yang akan kita amati nanti).

Namun, "regenerasi" sebenarnya bukan kriteria yang tepat dalam hal ini. Mencoba membaca terjadinya "regenerasi" dalam situasi masa Perjanjian Lama adalah "cerita yang berbeda"; posisinya sangat berbeda karena waktunya sangat berbeda. Hanya ada petunjuk-petunjuk samar tentang konsep ini dalam konteks prediksi mengenai perjanjian yang baru. Tidak ada satu pun ayat yang menyatakan bahwa siapa pun yang gugur dari perjanjian adalah orang yang tidak mengalami regenerasi. Mereka gugur karena tidak setia memegang perjanjian itu, dan hal ini terbukti dari kegagalan mereka untuk percaya dan taat kepada Tuhan yang telah menebus mereka. Maka, tidaklah relevan jika kita berkata bahwa orang-orang itu gugur karena belum pernah mengalami "sekali selamat" dalam perspektif pemahaman perjanjian yang baru. Berdasarkan kriteria Perjanjian Lama sendiri, orang-orang itu memang kehilangan "keselamatan" mereka. Yang pernah beriman telah meninggalkan iman itu. Yang pernah memiliki Roh Kudus kehilangan Roh itu (pada masa itu, Roh Kudus belum disadari sebagai suatu Pribadi ilahi, melainkan dipahami

Indikasi dalam Alkitab

sebagai suatu "hal" atau "kuasa"). Yang pernah memulai tidak menyelesaikan. Yang pernah menjadi bagian dari pembebasan keluar dari Mesir ternyata tidak menjadi bagian dari perjalanan masuk ke Kanaan. Banyak dari mereka yang kemudian mengungsi sebagai tawanan tidak kembali pulang.

Dalam perjanjian yang lama, ada satu pegangan yang amat sangat relevan: "kitab kehidupan" Tuhan. Di kitab itulah Tuhan mencatat daftar nama setiap orang yang telah Dia tebus, satu per satu, dan yang akan menerima bagian kemuliaan-Nya kelak. Banyak ayat dalam Perjanjian Lama jelas menyiratkan bahwa nama-nama yang termasuk dalam daftar ini dapat "dihapus" (secara harfiah, arti kata dalam bahasa asli penulisannya dalah "dikikis dan dibuang", yaitu cara menghapus tulisan pada masa itu). Alasan penghapusan itu selalu dosa, yang dilakukan oleh umat Tuhan (Kel. 32:33). Menghapus sebuah nama di surga dapat berakibat nama itu hilang pula di bumi (Bil. 5:23; Ul. 29:20). Daud berdoa agar musuh-musuh di tengah-tengah bangsanya sendiri "nama mereka dihapuskan dari kitab kehidupan" (Mzm. 69:28; 109:13). Ketika dosanya sendiri disingkapkan, dia takut menghadapi nasib yang sama dan memohon agar dosa-dosa itu dihapus dari catatan surga (Mzm. 51:1, 9). Inilah mukjizat pengampunan: dosa dihapus dari catatan surga (Yes. 43:25). Inilah pilihan yang diletakkan di hadapan orang-orang tebusan milik Tuhan: dosa dihapuskan, atau nama dihapuskan.

Para pembaca mungkin tahu bahwa "kitab kehidupan" ini juga terdapat dalam Perjanjian Baru (Fil. 4:3), dan demikian pula hal kemungkinan nama dihapus dari kitab itu (Why. 3:5). Inilah salah satu contoh dari banyak pegangan yang ada dalam Perjanjian Lama yang digunakan pula dalam Perjanjian Baru, serta secara langsung berlaku pada situasi orang percaya. Bahkan, kebanyakan peristiwa yang kita gunakan dalam ringkasan sejarah Israel yang tragis tadi diulang sebagai peringatan tentang nasib yang serupa yang menanti orang-orang percaya yang tidak setia. Tiga penulis dalam Perjanjian Baru menggunakan peristiwa kegagalan Israel memasuki Kanaan sebagai contoh yang dapat terulang (1 Kor. 10:1-11; Ibr. 4:1-11; Yud. 5). Esau pun disorot sebagai contoh orang yang kehilangan warisannya (Ibr. 12:16). Banyak peringatan kenabian dari para nabi diambil menjadi contoh dalam surat-surat para rasul.

Yang lebih menakutkan lagi, hukuman ketidaksetiaan terhadap perjanjian yang baru ini justru lebih berat lagi (Ibr. 2:2; 10:28-31). Penghakiman itu bukannya akhir bagi mereka yang sudah menjadi keluarga Tuhan; itu justru adalah titik awal mulanya (1 Ptr. 4:17). Amos menyadari hal ini (Amos 3:2).

Kita pun tidak seharusnya membuat kesalahan dengan berpikir bahwa perjanjian yang baru yang dinikmati oleh Gereja telah membatalkan perjanjian Tuhan yang lama dengan Israel begitu saja (ini merupakan kesalahan sangat umum yang dikenal dengan "teologi penggantian"). Perjanjian yang baru dimaksudkan untuk kaum Israel dan Yehuda (Yer. 31:31). Menurut perjanjian yang baru itu, dosa-dosa Israel dapat dihapuskan (Kis. 3:19).

Akan selalu ada "sisa" yang setia di antara Israel, yang akan tetap bertahan. Sebagai sebuah bangsa, mereka memang telah menolak Tuhan, tetapi Tuhan tidak pernah menolak mereka. Suatu hari kelak, "seluruh Israel akan diselamatkan" (Roma 11:26; kata-kata yang digunakan ini berarti "Israel sebagai suatu kesatuan/keseluruhan" atau setidaknya kumpulan utuh yang mewakili setiap bagiannya; ref: 1 Kor. 11:1). Kemudian, orang-orang percaya dalam Yesus, dari golongan Yahudi maupun non-Yahudi, akan menjadi satu kumpulan yang sama di bawah pimpinan satu Gembala (Yoh. 10:16). Yerusalem yang baru akan menyandang nama kedua belas suku Israel dan kedua belas rasul Gereja (Why. 21:12-14).

Dari aksi penggabungan menjadi kesatuan kedua golongan umat pilihan Tuhan pada masa mendatang ini, kita harus kembali ke topik utama kita dan kembali mempertanyakan apakah gugurnya orang dari perjanjian yang lama oleh ketidaksetiaan terjadi pula dalam perjanjian yang baru.

Perjanjian Baru mengacu kembali ke Perjanjian Lama, seperti yang telah disebutkan sebelumnya, dan mengarah pada jawaban ya atas pertanyaan ini, tetapi referensi ini belumlah cukup untuk menegakkan prinsipnya. Kita juga membutuhkan konfirmasi tegas yang spesifik, dan untuk itu kita akan mengamati bagian selanjutnya.

Perjanjian Baru

Hal pertama yang perlu saya sampaikan langsung adalah bahwa tidak ada doktrin Kristen yang tersebar merata di seluruh isi Perjanjian Baru. Pokok-pokok kepercayaan yang utama pun harus dicerna dari berbagai referensi di sana-sini, dengan beberapa di antaranya disebut sekilas saja seolah-olah informasi tambahan atau insidental jika dibandingkan dengan pertanyaan-pertanyaan lain (kebanyakan kitab dalam Perjanjian Baru ditulis untuk maksud-maksud yang bersifat praktis).

Selain itu, SSTS tidak menjadi isu serius sama sekali pada masa Gereja mula-mula yang penuh semangat itu. Pada masa bulan madu, orang tentu tidak membahas perceraian! Pencerahan lebih jelas tentang isu ini lebih diharapkan pada masa selanjutnya, bukan pada zaman penulisan isi Perjanjian Baru, karena pada masa selanjutnya itulah orang percaya mengalami tekanan yang lebih berat terhadap iman mereka, baik secara internal maupun eksternal. Hal inilah yang kami temukan terjadi, khususnya dalam kaitan dengan kitab Ibrani dan Wahyu.

Namun, kita akan tetap mengamati semua bagian tulisan para rasul yang termasuk dalam Alkitab Perjanjian Baru, dengan urutan kanonik yang berlaku saat ini kecuali jika penulis yang sama menulis lebih dari satu kitab atau surat (misalnya, Injil Yohanes dan surat-surat Yohanes akan dibahas secara bersamaan, dan demikian pula dengan surat-surat Paulus). Berbeda dengan pendekatan kita saat mengamati Perjanjian Lama, kini kita akan berfokus pada pernyataan-pernyataan khusus alih-alih gambaran keseluruhannya. Maka, referensi yang ada akan membentuk pemahaman kita dengan kuat. Jika tujuan penulisan kitab yang dibahas itu relevan, kita juga akan memperhitungkannya.

i) Matius - Dua kesalahpahaman tentang Injil ini harus dikoreksi sebelum kita masuk ke hal-hal detailnya.

Yang pertama, Injil Matius tidak ditulis secara khusus untuk orang Yahudi saja, meskipun isinya menunjukkan ciri-ciri Yahudi. Misalnya, pemilihan istilah "kerajaan surga" dan upaya menghindari penggunaan kata "Tuhan" karena adanya risiko penyebutan nama Tuhan dengan sia-sia. Lalu, dimasukkannya silsilah Yesus yang mundur jauh sampai pada Abraham serta banyaknya klaim bahwa Yesus adalah penggenapan berbagai nubuat (yang menjadikan Injil Matius kitab yang cocok untuk memulai Perjanjian Baru sebagai kelanjutan dari Perjanjian Lama) merupakan daya tarik tersendiri bagi para pembaca Yahudi. Di sisi lain, ada banyak komentar kritis terhadap orang Yahudi pula dan kitabnya sendiri ditutup dengan mandat untuk menjadikan "segala bangsa" murid Yesus, yaitu orang-orang non-Yahudi.

Yang kedua, injil ini pun tidak ditulis bagi orang non-percaya, meskipun disebut kitab "Injil". Kitab ini berbeda dengan injil-injil lainnya karena berisi kumpulan perkataan unik Yesus dalam lima "bagian" pengajaran; dengan bagian pertama yang dikenal dengan sebutan "Khotbah di Bukit". Ajaran-ajaran ini secara khusus ditujukan kepada "anak-anak kerajaan", yaitu mereka yang telah menjadi "murid" dan akan menjadi "rasul". Khalayak umum mungkin ikut mendengar ajaran-ajaran ini, karena dikhotbahkan di luar ruang, tetapi isinya sepenuhnya ditujukan untuk orang-orang yang telah menyerahkan diri menjadi pengikut Yesus, yang telah percaya Yesus dan dengan demikian telah "dilahirkan dari Tuhan".

Dengan karakteristiknya ini, Injil Matius dapat dianggap panduan pemuridan bagi orang-orang percaya baru, karena isinya memperkenalkan aspek-aspek terpenting Kerajaan Allah, yang kini mereka menjadi bagiannya: gaya hidup kerajaan (pasal 5-7), misi kerajaan (pasal 10), ekspansi kerajaan (pasal 13), komunitas kerajaan (pasal 18), dan masa depan di kerajaan itu (pasal 24-25). Karena kebanyakan murid Yesus pada masa itu adalah orang Yahudi, tentu wajar bahwa injil itu secara khusus disesuaikan dengan karakteristik mereka, tetapi hendaknya kita ingat bahwa injil ini bertujuan menyasar orang Yahudi yang telah percaya, bukan yang belum percaya.

Jika Matius sendiri ditanya mengapa dirinya memasukkan berbagai instruksi pemuridan dalam format "injil" seperti itu, jawabannya adalah karena cara itu merupakan teologi yang sahih dan senantiasa diperlukan. Etika Kristen pun berakar pada teologi Kristen. Cara hidup Kristen pun merupakan respons ucapan syukur terhadap kasih karunia keselamatan. Kita hanya bisa melakukan ke luar apa yang Tuhan telah lakukan di dalam kita. Sayang, yang terlalu sering terjadi adalah Khotbah di Bukit dicabut begitu saja dari konteksnya dan dianggap sebagai seluruh ajaran Kristen yang mengandalkan usaha diri sendiri untuk melakukan perbuatan baik tanpa intervensi penebusan dari Tuhan. Ini merupakan salah satu penyimpangan yang paling umum dalam iman kita.

Komentar-komentar pemahaman awal ini mungkin terkesan tidak relevan dengan SSTS, tetapi akan menjadi signifikan ketika kita menemukan tiga hal penting nanti. Pertama, bahwa hampir segala sesuatu yang kita ketahui tentang neraka bersumber dari perkataan mulut Yesus sendiri. Kedua, bahwa hampir semua ajaran-Nya tentang neraka terdapat dalam Injil Matius. Ketiga, bahwa semua kecuali dua peringatan Yesus tentang neraka ditujukan kepada para murid/rasul-Nya sendiri. Saat pertama kali menunjukkan fakta-fakta tak terduga ini (dalam buku *Jalan Menuju Neraka*), saya menerima banyak surat dari pembaca yang merasa ngeri karena yakin saya telah salah paham, tetapi lalu mereka sendiri menemukan buktinya! Kebanyakan pengkhotbah mencabut teks-teks dari Injil Matius dari konteksnya lalu melemparkan pesannya kepada orang berdosa. Hanya ada dua perkecualian signifikan dari kekhasan bahwa ajaran Yesus dalam kitab itu ditujukan kepada orang Farisi dan bukan para "pendosa".

Khotbah di Bukit ditujukan kepada orang-orang yang terhina, teraniaya, dan terfitnah akibat hubungan pribadi mereka dengan Kristus, serta merupakan rangkaian ajaran yang paling banyak mengandung referensi tentang bahaya neraka yang mengerikan. Saat para rasul diutus untuk melakukan misi, mereka diperingatkan untuk tidak takut terhadap pihak-pihak yang dapat membunuh tubuh tetapi tidak sanggup membunuh jiwa. Mereka pun diajar untuk takut terhadap pihak "yang dapat membunuh baik tubuh maupun jiwa di neraka" (Mat. 10:28, yang pasti merujuk pada sosok Tuhan sendiri, bukan Iblis, karena Iblis akan dilemparkan ke dalam neraka sebelum hari penghakiman -- Why. 20:10). Perhatikan bahwa Yesus tidak menyuruh para rasul untuk mengajar orang banyak agar takut akan neraka, tetapi memperingatkan para rasul itu sendiri untuk menyimpan rasa takut itu di dalam diri mereka.

Adanya kemungkinan dan bahaya neraka bagi para rasul ini saja sudah cukup jelas menunjukkan kepada kita posisi Matius dalam hal SSTS. Namun, masih ada banyak petunjuk lainnya. Matius menyebut tentang Yesus membahas dosa yang "tidak akan diampuni, baik pada masa sekarang maupun pada masa yang akan datang" (Mat. 12:32). Dosa itu didefinisikan sebagai "hujat terhadap Roh Kudus", yaitu secara khusus menganggap pekerjaan Roh Kudus yang menjawab kebutuhan manusia sebagai pekerjaan setan. Dalam konteksnya memang hal itu merujuk pada orang-orang Farisi yang bersalah karena melakukan dosa hujat semacam itu, tetapi bahwa para rasul pun jelas tidak lolos dari kemungkinan melakukan dosa yang sama, yang sangat mungkin merupakan alasan Matius menyebutkannya dalam injilnya.

Perumpamaan tentang hamba yang tidak berbelas kasihan (Mat. 18:1-35) pun adalah contoh lainnya, yang telah kita bahas dalam Bab 2. Pesannya jelas, bahwa pengampunan juga tidak boleh dianggap sepele. Pengampunan dapat ditarik kembali atau dibatalkan jika belas kasihan yang dicurahkan itu tidak disalurkan terus kepada yang lain.

Perumpamaan lainnya, tentang tamu dalam perjamuan nikah yang datang mengenakan pakaian yang salah (Mat. 22:1-14), mengemukakan pesan serius bahwa menerima undangan perjamuan sang raja saja belumlah cukup. Para tamu harus mengenakan pakaian yang tepat untuk acara itu. Fakta bahwa tamu yang dibahas itu telah memiliki banyak waktu dan kesempatan untuk mempersiapkan pakaian yang tepat dibuktikan dengan responsnya yang terdiam saat dihadapkan dengan pengabaiannya. Nasib yang dijatuhkan atasnya adalah tangan dan kakinya diikat (agar tidak dapat kabur), dilemparkan ke dalam kegelapan, dan ditinggalkan untuk menyesali dirinya dengan ratapan tangis serta kertakan gigi (ini jelas-jelas neraka!). Meski ditujukan kepada kaum Farisi dan ahli Taurat, Injil Matius jelas memasukkan kisah ini sebagai pesan bagi para murid. Penerimaan terhadap undangan Injil harus diikuti dengan perubahan cara hidup, yang membawa orang pada keterlibatan final dalam perjamuan nikah itu. Secara teologi, ini berarti pengudusan harus mengikuti pembenaran. Yang lebih teologis lagi, hidup dalam kebenaran harus ditunjukkan secara nyata selain dianugerahkan (lihat Bab 5).

Pembahasan terakhir (pasal 24-25) bahkan lebih jelas lagi. Dalam penjelasan-Nya tentang "tanda-tanda" yang mendahului kedatangan-Nya (bencana di dunia, kejatuhan Gereja, sosok penguasa diktator di bait suci, dan kegelapan di langit), Yesus berulang kali memperingatkan para murid-Nya tentang kemungkinan penyesatan yang mengerikan pada tiap tahapnya. Akan ada tekanan-tekanan yang dapat membuat mereka menyimpang dan terhilang atau menjadikan mereka menyerah, "tetapi barangsiapa yang bertahan sampai pada kesudahannya akan diselamatkan" (Mat. 24:13; juga dapat ditemukan di Markus 13 dan Lukas 21). Sebagian orang telah berusaha menonjolkan aspek kualitas pada "diselamatkan" sehingga bobot maknanya menjadi lebih ringan, yaitu diselamatkan dari tekanan-tekanan itu, tetapi sebenarnya Yesus tidak menjanjikan hal ini. Dalam teks atau konteks itu tidak ada alasan sama sekali bahwa "diselamatkan" harus dimaknai kurang dari pengertiannya yang utuh dan final.

Perumpamaan berikutnya pun tidak kurang jelas. Kisahnya disampaikan dalam kumpulan internal para murid, dan isinya tentang gambaran hamba yang setia dan bijaksana yang menangani urusan rumah tangga tuannya (Mat. 24:45-51), sepuluh anak dara yang menantikan pengantin laki-laki (Mat. 25:1-13), dan tiga hamba yang dipercaya dengan uang (Mat. 25:14-30). Semuanya ini menggambarkan murid-murid Yesus. Dalam setiap kisah, kedatangan kembali sang tuan/pengantin laki-laki lebih lambat daripada yang diduga, bahkan jauh lebih lambat, dan hal ini menjadi ujian kesetiaan yang amat sangat baik daripada penantian akan kedatangan kembali yang lebih cepat. Ketika sang tuan/pengantin laki-laki akhirnya datang kembali, dia menemukan bahwa sebagian dari orang-orang yang menantikannya itu telah mengecewakannya; perhatikan bahwa hal ini terjadi terutama karena pengabaian, yaitu tidak melakukan hal-hal yang seharusnya dilakukan. Dalam salah satu kasus, yang terjadi adalah kejahatan "yang positif", yaitu kejatuhan hamba yang pernah "bijaksana dan setia" (ini contoh kasus yang sangat tepat untuk menjawab argumen kalangan yang berkata bahwa orang-orang yang setia adalah yang mengalami regenerasi sedangkan yang tidak setia adalah yang tidak mengalami regenerasi).

Semua orang yang menanti itu adalah milik sang tuan/pengantin laki-laki dan mereka semua memang menantikan kedatangannya kembali. Namun, nasib mereka yang tidak setia sementara sang tuan/pengantin laki-laki belum datang kembali itulah yang menjadi titik klimaks setiap kisah. Hamba yang sewenang-wenang terhadap orang-orang di bawah pimpinannya itu "dicincang-cincang" (meskipun hukuman ini jelas tidak membuatnya tewas) dan disatukan dengan "orang-orang munafik" (dalam Injil Lukas, disebutkan bahwa mereka disatukan dengan "orang-orang yang tidak percaya"), "di mana terdapat ratap tangis dan kertak gigi", yang merupakan deskripsi yang Yesus biasa jelaskan tentang neraka. Kelima anak dara yang tidak siap menanti sedemikian lama dibiarkan di luar, di dalam kegelapan tengah malam. Hamba yang jahat dan malas yang mengubur talentanya alih-alih menggunakannya untuk keuntungan orang lain, khususnya keuntungan tuannya yang dibencinya dan dianggapnya "kejam" karena meminta keuntungan dari dirinya itu, juga dilemparkan ke luar. Dalam kegelapan di luar itu dia dapat merenungkan kesempatannya yang telah hilang bersama "ratap tangis dan kertap gigi" (lagi-lagi, neraka).

Jelaslah, murid-murid Yesus pun bisa didapati tidak setia saat Yesus datang kembali, dan ini berarti mereka akan masuk neraka pada akhirnya! Patutlah kita ingat bahwa dalam kelompok kecil murid Yesus yang mendengarkan kisah-kisah ini, ada pula Yudas Iskariot. Peringatan implisit ini sia-sia saja pada dirinya. Dia justru tiba pada titik akhirnya di Lembah Hinom, atau Gehena, yang Yesus gunakan sebagai gambaran neraka (lihat Lampiran II untuk membaca lebih lanjut tentang sosok yang tragis ini).

Mari kita kembali ke Khotbah di Bukit sejenak. Kita tahu bahwa Yesus menutup penyampaian ajaran-Nya dengan membahas dua pohon, dua jalan, dan dua rumah. Dalam penyajian semua pilihan ini kepada para murid-Nya, Yesus pasti sadar bahwa keduanya merupakan kemungkinan yang nyata bagi mereka, dan bahwa pilihan yang salah akan membawa kebinasaan. Keberadaan dua pilihan semacam ini juga muncul di beberapa surat-surat Perjanjian Baru, dengan sebutan "daging" dan "roh". Orang percaya dapat memilih untuk hidup oleh, berjalan dalam, atau menabur dalam daging atau roh.

Tentu kita tidak perlu sibuk memperdebatkan apakah Matius sepakat dengan SSTS atau tidak. Matius pasti berkata SSTS bertentangan dengan segala hal yang diingatnya dan dicatatnya dari pengajaran Gurunya.

ii) Markus - Inilah satu dari dua kitab injil yang ditulis untuk orang yang belum percaya. Selain satu pembahasan panjang (pasal 13), isi Injil Markus lebih berfokus pada perbuatan-perbuatan Yesus, bukan perkataan-perkataan Yesus. Hampir pasti, catatan tentang khotbah Petrus, fakta-fakta mendasar tentang pelayanan publik Yesus, kematian dan kebangkitan-Nya, semuanya disajikan dengan gaya yang hidup dan ekspresif, seperti laporan jurnalisme.

Injil ini dimaksudkan untuk mempromosikan iman mula-mula, maka tidaklah mengejutkan jika kita menemukan betapa sedikitnya materi yang terkait SSTS di dalamnya. Namun, ada dua perikop yang relevan dengan SSTS.

Pasal 4 berisi perumpamaan yang terkenal tentang sang penabur. Perumpamaan ini merupakan sebuah alegori (kiasan yang memiliki beberapa inti pesan), bukan analogi (perbandingan yang menonjolkan satu pesan saja). Kisahnya menggambarkan beragam reaksi yang timbul terhadap pesan tentang Kerajaan Allah, yang diumpamakan sebagai benih, yang dikhotbahkan kepada pendengar pada umumnya, dengan variasi tanggapan yang dapat diprediksi. Benih itu memiliki kehidupan di dalamnya, dan akan berakar serta bertumbuh di dalam diri orang-orang yang menerimanya dengan sukacita. Sayang, dalam dua dari empat kasus yang dikisahkan, kehidupan ini tidak berlangsung lama. Dalam satu kasus, benih itu tumbuh lalu mengering dan layu karena hal-hal yang menerpanya, yang berarti kualitas iman yang di luar saja yang tidak tahan terhadap tekanan. Dalam kasus kedua, benih itu tumbuh lalu terjepit oleh kekhawatiran tentang harta dan hal-hal duniawi lainnya. Dalam kedua kasus ini, kehidupan kerajaan itu telah dimulai, tetapi lalu berakhir. Secara signifikan, Yesus menggambarkannya dengan istilah "gugur". Inti pesan dalam perumpamaan ini adalah bahwa meski akan ada yang gugur dan mati, menabur benih tetaplah merupakan usaha yang memberi keuntungan, karena ada tanah yang baik yang memberikan hasil di antara benih-benih yang mati sia-sia.

Pasal 13, yang merupakan satu-satunya "khotbah" yang panjang dalam Injil Markus, sering disebut "akhir zaman versi singkat". Seperti kitab Wahyu, bagian ini menggambarkan kejadian-kejadian dan tekanan-tekanan masa depan yang akan terjadi atas para murid Yesus. Penganiayaan akan terjadi di tengah-tengah mereka sendiri, selain sebagai sesuatu yang sah dan resmi serta universal. Isinya menunjukkan dua krisis secara khusus: kehancuran Yerusalem pada tahun 70 M serta "Kesusahan Besar" pada akhir zaman. Kesamaan di antara kedua krisis ini, dengan yang satu mendahului yang lain, menyatukan keduanya dalam pembahasan ini dan menjadikannya tidak mudah diuraikan.

Namun, sama sekali tidak ada dualitas makna dalam pernyataan "ia yang berdiri teguh sampai kesudahannya akan diselamatkan". Baik Matius maupun Lukas, keduanya tampaknya mengambil catatan Markus sebagai dasar penulisan catatan injil mereka sendiri, sehingga komentar tentang Injil Matius juga berlaku terhadap Injil Markus. Kita tidak dapat menemukan dasar bahwa "diselamatkan" di sini perlu dimaknai berbeda selain yang terkait dengan penebusan final dari dosa. Jika maknanya hanya diselamatkan dari penderitaan, tentu kita tidak usah tetap berdiri teguh sampai kesudahan!

Markus memang tidak banyak membahas SSTS, tetapi petunjuk-petunjuk ini menyiratkan hal yang jauh sekali dari SSTS.

iii) Lukas/Kisah Para Rasul - Inilah injil lainnya yang ditulis untuk orang non-percaya. Bahkan, sebenarnya injil ini khusus ditulis untuk satu orang tertentu: 'Teofilus yang mulia'. Sebutan yang digunakan ini, selain isinya, sangat tegas menunjukkan bahwa kedua kitab memberikan penjelasan singkat aspek hukum persidangan Paulus di hadapan pihak otoritas Roma. Penekanan pada tuduhan palsu orang-orang Yahudi serta simpati dari para prajurit serta gubernur Romawi, dengan tiga kali deklarasi tidak bersalah di hadapan sidang pengadilan dari Yesus maupun Paulus, dan banyak bagian lainnya, menunjukkan hal ini.

Hampir tidak mungkin catatan semacam ini memuat pembahasan tentang SSTS! Namun, tentulah catatan yang diklaim sebagai akurat serta komprehensif, khususnya dalam hal pengajaran Yesus, mengandung materi-materi yang relevan. Nah, inilah tepatnya yang memang kami temukan.

Perumpamaan tentang penabur (di pasal 8) mengandung implikasi yang lebih jelas lagi daripada dalam Injil Markus. Benih yang jatuh di pinggir jalan dimakan burung-burung dari udara, yang mewakili Iblis ("penguasa kerajaan angkasa"; Ef. 2:2) yang dengan cepat mencuri Firman itu dari pendengarnya, supaya si pendengar tidak "percaya dan diselamatkan" (ayat 12). Benih yang jatuh di tanah berbatu mewakili orang-orang yang "percaya sebentar saja" (ayat 13) dan dengan demikian dapat diasumsikan sempat selamat untuk sementara. Tanah yang baik adalah orang yang "setelah mendengar firman itu, menyimpannya dalam hati yang baik dan mengeluarkan buah dalam ketekunan" (ayat 15). Kata kerja "menyimpan" (dalam bahasa asli penulisannya, "*katecho*") ini juga digunakan di bagian-bagian lain dalam Perjanjian Baru untuk makna memegang teguh, atau mempertahankan dengan kuat; dan kata "ketekunan" (dalam bahasa asli penulisannya, "*hupomone*") juga muncul untuk makna kesabaran atau daya tahan. Semuanya ini sangat relevan terhadap topik yang kita bahas.

Yang hanya ada di Injil Lukas adalah perkataan tentang tangan yang memegang bajak lalu menoleh ke belakang (bukan mundur, hanya menengok kembali ke belakang, seperti yang dilakukan istri Lot), yang menjadikan orang tidak layak untuk melayani pekerjaan Kerajaan Allah (Luk. 9:62). Setidak-tidaknya, ini merupakan peringatan terhadap sikap tidak menyelesaikan apa yang telah dimulai.

Kemudian, ada pula bahaya pada rumah yang kosong, yang ditinggalkan begitu saja setelah setan diusir keluar darinya lalu kembali menjadi tempat tinggal roh jahat yang sama serta tujuh roh jahat lainnya "yang lebih jahat" lagi. Tentu saja, situasi ini adalah salah satu peristiwa pengusiran setan tanpa keselamatan, tetapi Lukas melanjutkannya dengan komentar Yesus: "Yang berbahagia ialah mereka yang mendengarkan Firman Allah dan yang memeliharanya," ["memelihara" atau "menyimpan" adalah makna kata yang digunakan dalam bahasa asli penulisannya] (Luk. 11:24-28).

Berikutnya, ada pembahasan tentang hamba-hamba yang siap menyambut kedatangan kembali tuan mereka (Luk. 12:35-48), yang lebih luas daripada kisah yang sama dalam versi Injil Matius. Petrus bertanya apakah pengajaran itu hanya ditujukan untuk para murid atau untuk semua orang (ayat 41), dan pertanyaan itu tidak dijawab secara langsung. Yang Yesus katakan ialah bahwa "pengurus rumah yang setia dan bijaksana" itu, yang tentu merupakan orang yang sangat istimewa bagi sang tuan, adalah orang *yang sama* yang menyiksa rekan-rekannya sesama hamba saat kedatangan kembali sang tuan tidak terjadi secepat yang dipikirkannya. Hukumannya akan persis sebanding dengan banyaknya pemahamannya akan kehendak tuannya - entah banyak pukulan atau sedikit pukulan. Yang jelas, entah seberapa banyak hukumannya itu, dia akan dijadikan "senasib dengan orang-orang yang tidak setia" (ayat 46), yang berarti dia adalah "orang percaya" yang kini kehilangan posisinya dalam rumah tuannya.

Matius menggambarkan para murid sebagai "garam dunia (Mat. 5:13), yang biasanya ditafsirkan para pengkhotbah sebagai pemberi rasa atau pengawet. Kali ini, Lukas memberikan pemikiran Yesus sendiri. Garam digunakan di tanah sebagai pupuk penyubur untuk mendorong pertumbuhan benih-benih yang baik, atau pada lubang pembuangan kotoran hewan sebagai disinfektan yang mencegah penyebaran pertumbuhan yang buruk (Luk. 14:34-35).

Namun, garam pun dapat kehilangan rasa asinnya, sehingga menjadi tidak berguna untuk fungsi-fungsi ini dan hanya bisa "dilemparkan" sebagai sampah (kata "dilemparkan" ini selalu Yesus gunakan tentang orang-orang yang dimasukkan ke neraka; referensi lainnya di Luk. 12:5). Bagaimana hal ini dapat terjadi;

bukankah zat kimia sodium klorida (NaCl) tidak dapat berubah sifat? Garam yang tercampur dan konsentrasinya menurun oleh zat-zat lain akan kehilangan kekuatannya. Demikian pula, murid Yesus dapat menjadi terlalu duniawi sehingga kehilangan kualitasnya yang khas. Matius menggambarkannya lebih jelas daripada Lukas, bahwa garam yang demikian tidak mungkin lagi kembali menjadi asin.

Selanjutnya, kitab tulisan Lukas yang kedua, Kisah Para Rasul, tidak terlalu mengandung materi yang dapat berkontribusi terhadap pembelajaran kita. Sebagian besar isinya merupakan narasi, tetapi kebanyakan khotbah yang dicatat di dalamnya ditujukan kepada orang non-percaya, sehingga kecil kemungkinannya akan membahas isu SSTS. Namun, ada dua bagian yang informasi latar belakangnya juga disediakan untuk pembelajaran lebih lanjut akan surat-surat Perjanjian Baru, yang berisi tulisan untuk jemaat-jemaat yang dirintis selama perjalanan-perjalanan misionaris yang tercatat dalam kitab ini.

Satu, nasihat berulang yang ditujukan kepada orang-orang yang baru percaya berupa desakan untuk mereka "tetap teguh/setia dalam iman" (misalnya, Kis. 11:21-23; 13:43; 14:21-22). Kisah Para Rasul mencatat bahwa nasihat semacam ini sering sekali disampaikan, tetapi tidak mencatat alasannya. Hanya dalam kitab surat-suratlah bahaya tidak setia disampaikan secara lugas. Dua, kontroversi yang dominan tentang perlu-tidaknya sunat bagi orang-orang non-Yahudi yang ingin mengikut Sang Mesias Yahudi (yang mereka sebut dalam bahasa Yunani sebagai Kristus).

Perdebatan itu sengit dan akhirnya diselesaikan oleh dewan para rasul, penatua, serta anggota jemaat di Yerusalem (pasal 15). Seberapa serius topik yang diperdebatkan ini, yang mungkin dianggap sebagian orang sebagai isu budaya belaka? Kisah Para Rasul tidak menyebutkannya, tetapi kita tahu bahwa bagi Paulus sendiri sunat daging ini berarti memotong seseorang sehingga terputus dari Kristus dan kasih karunia-Nya, yang berakibat hilangnya keselamatan mereka (lihat penjelasan lebih lanjut di bagian tentang kitab Galatia).

Kitab Lukas maupun Kisah Para Rasul tidak menyebut-nyebut referensi langsung apa pun tentang SSTS, tetapi pemahaman-pemahaman tentang berbagai kejadian ini menunjukkan adanya pandangan yang sama.

iv) Injil dan surat-surat Yohanes - Kita telah menemukan (dalam Bab 2) bawa Injil Yohanes ditulis untuk orang percaya, dengan maksud untuk menguatkan mereka agar tetap teguh dalam iman percaya kepada Yesus sebagai Anak Manusia, yang sepenuhnya Tuhan sekaligus sepenuhnya manusia. Yohanes menulis di kota Efesus, dan di kota itulah ketuhanan maupun kemanusiaan Yesus dipertanyakan kemudian pada abad pertama.

Sayangnya, penggunaan kala kini yang bermakna sedang dan terus-menerus berlangsung dalam tata bahasa Yunani yang secara konstan dilakukan oleh Yohanes jarang terlihat dalam berbagai versi penerjemahannya ke bahasa Inggris. Akibatnya, "percaya" diasumsikan secara luas sebagai hal yang terjadi satu kali saja, meskipun seharusnya dipahami sebagai "sedang percaya sekarang", atau yang lebih tepat lagi, "terus-menerus percaya". Inilah kunci penafsiran yang tepat atas ayat-ayat kritis yang demikian, seperti Yohanes 3:16 dan Yohanes 20:30.

Ada pula contoh lainnya: "Barangsiapa terus-menerus makan daging-Ku dan minum darah-Ku, ia terus-menerus tinggal di dalam kesatuan dengan Aku dan Aku di dalam kesatuan dengan dia. Sama seperti Bapa yang hidup telah mengutus Aku dan Aku hidup oleh karena Bapa, demikian juga barangsiapa yang terus-menerus memakan Aku, akan hidup [ini kala tata bahasa yang menunjukkan masa depan] oleh Aku," (Yoh. 6:56-57; terjemahan bebas dari versi terjemahan bahasa Inggris Charles Williams, yaitu salah satu dari sangat sedikit versi terjemahan bahasa Inggris Alkitab yang akurat sesuai versi bahasa Yunaninya).

Ada pula kasus klasik yang berkaitan dengan mukjizat utama dalam Injil Yohanes, yang secara mengejutkan dihapus di injil-injil lainnya: Lazarus dibangkitkan dari kematian.

SEKALI SELAMAT, TETAP SELAMAT?

Setelah mengaku diri sebagai "kebangkitan dan hidup", Yesus menyingkapkan bagaimana prinsip ini dapat diterapkan atas orang lain: "... setiap orang yang hidup dan yang percaya kepada-Ku, tidak akan mati selama-lamanya," (Yoh. 11:26). Kita dapat menyederhanakan kata-katanya menjadi: "setiap orang yang tetap dan terus-menerus percaya selama mereka hidup..." Sebagian pembaca mungkin merasa hal ini masih harus diperdebatkan, karena para penerjemah yang terkemuka telah memutuskan untuk tidak menyampaikan aspek yang "tidak jelas" ini dalam penerjemahan mereka, meskipun mereka pasti menyadari bahwa "percaya" dalam versi kala tata bahasa waktu kini dan waktu lampau tentu berbeda. Namun, pesan inti yang tersampaikan di sini dengan sangat kuat dikonfirmasi dengan pernyataan yang tegas dan mutlak dari mulut Yesus sendiri di bagian lain dalam injil yang sama.

Dalam percakapan panjang yang menyingkapkan pencerahan dengan "orang-orang Yahudi" (yang dalam Injil Yohanes hanya merujuk pada mereka yang tinggal di wilayah selatan, yaitu Yehuda dan Yerusalem, bukan wilayah Galilea di utara), Yesus sangat menekankan pentingnya tetap percaya akan perkataan-Nya. "Jikalau kamu tetap dalam Firman-Ku, kamu benar-benar adalah murid-Ku dan kamu akan mengetahui kebenaran, dan kebenaran itu akan memerdekakan kamu," (Yoh. 8:31-32; perhatikan kata "jikalau" yang menunjukkan hubungan syarat dan konsekuensi dalam perkataan ini). Kemudian, para pengritik Yesus menggunakan perkataan itu untuk menentang Dia: "... Engkau berkata: Barangsiapa menuruti firman-Ku, ia tidak akan mengalami maut sampai selama-lamanya," (Yoh. 8:52). Kata "tetap" yang dikutip langsung itu tidak mungkin meleset dari perhatian kita. Sebenarnya, "tetap" ini merupakan terjemahan dari salah satu kata favorit Yohanes, *meno*, yang berarti "terus berada di dalam", "tinggal", "berdiam", "bertempat tinggal", "menetap secara permanen".

Kata ini merupakan kunci pemahaman kita akan hubungan

Indikasi dalam Alkitab

antara Yesus dan para murid-Nya: Dia akan tetap tinggal di dalam mereka *jika* mereka tetap tinggal di dalam Dia. Pengertian ini muncul paling jelas dalam analogi Yesus tentang pokok anggur dan ranting-rantingnya (Yoh. 15:1-6), yang mungkin disampaikan saat Yesus dan para muridnya berjalan dari ruang tingkat atas ke taman di Getsemani melewati area bait suci dengan pintu berukuran amat besarnya yang berhiaskan pokok anggur dari bahan logam (bandingkan Yoh. 14:31 dengan Yoh. 18:1; ini akan menunjukkan lokasi di bait suci yang tepat untuk doa imam besar dalam pasal 17). Apa pun yang dikatakan itu, implikasinya mutlak.

Ranting harus tetap terus melekat pada pokok anggur jika ingin terus menikmati kehidupan, karena ranting tidak memiliki kehidupan itu dari dirinya sendiri. Tanpa cairan "getah" dari pokok anggur itu, ranting akan gagal berbuah, layu mengering, dan mati. Lalu, ranting yang mati itu akan dipotong, dibuang, dan dilemparkan untuk dibakar. Tentu saja analogi ini mengandung hal-hal yang tidak tepat sama, seperti halnya semua analogi lainnya. Ranting di alam tidak memiliki kehendak dan karenanya tidak punya pilihan dalam urusan ini, karena ada kondisi-kondisi lingkungan yang di luar kendalinya yang menghasilkan dinamika pertumbuhan. Namun, Yesus tidak sedang membicarakan tumbuhan sama sekali (meski Dia bisa saja membahas tumbuhan, dan saat membahas tumbuhan Dia menjadikan pohon ara mati dalam hitungan jam saja!). Yesus sebenarnya berbicara kepada para murid-Nya, yang memiliki pilihan untuk tinggal di dalam Dia atau meninggalkan Dia, untuk tetap hidup dalam kesatuan dengan kehidupan-Nya atau pergi dan mati.

Salah satu murid itu pergi (Yoh. 13:30). Nanti, kita akan membahas kasus Yudas Iskariot (lihat Lampiran II). Dalam Injil Yohanes inilah kita berhadapan dengan misteri nyata pada diri Yudas Iskariot sebagai rasul, khususnya fakta bahwa Yesus tahu persis sifat jahatnya sejak awal mulanya (Yoh. 6:70-71). Sekarang, kita catat saja bahwa Yesus, dalam doa-Nya yang terkenal pada malam terakhir itu, mengakui dengan hati lapang bahwa Dia telah "kehilangan" salah satu dari dua belas murid yang Bapa telah berikan kepada-Nya (Yoh. 17:12; "tidak ada seorang pun dari mereka yang binasa selain dari pada dia... ").

Selanjutnya, beralih dari Injil Yohanes ke surat-surat Yohanes, kita pun masih berada di lingkungan orang percaya. Penggunaan kala tata bahasa yang menunjukkan waktu kini dengan makna kondisi yang masih tetap dan terus berlangsung masih muncul. "Siapakah yang [terus-menerus tetap] mengalahkan dunia, selain daripada dia yang [terus-menerus tetap] percaya, bahwa Yesus adalah Anak Allah?" (1 Yoh. 5:5).

Ada lebih banyak lagi referensi spesifik lainnya tentang pentingnya kemelekatan yang terus-menerus dengan Tuhan. "Dan kamu, apa yang telah kamu dengar dari mulanya, itu harus tetap tinggal di dalam kamu. Jika apa yang telah kamu dengar dari mulanya itu tetap tinggal di dalam kamu, maka kamu akan tetap tinggal di dalam Anak dan di dalam Bapa," (1 Yoh. 2:24). Perhatikan kata "jika"; yang juga akan kita temukan berulang kali dalam surat-surat Paulus.

Sambil menggunakan lagi analogi pokok anggur dan ranting-rantingnya, Yohanes mengingatkan para pembaca suratnya bahwa "... Allah telah mengaruniakan hidup yang kekal kepada kita dan hidup itu ada di dalam Anak-Nya. Barangsiapa [tetap] memiliki Anak, ia [tetap] memiliki hidup; barangsiapa tidak [terus-menerus] memiliki Anak, ia tidak [lagi] memiliki hidup," (1 Yoh. 5:11-12). Kita tidak dapat memiliki kehidupan kekal dalam diri kita sendiri secara terpisah dari Sang Anak itu. Kita harus tetap tinggal di dalam Dia untuk menikmati kehidupan kekal.

Sejauh ini, surat Yohanes meneguhkan temuan kita dalam injilnya. Namun, ada satu kontribusi yang berbeda bagi pembelajaran kita dalam hal "dosa yang mendatangkan maut" (1 Yoh. 5:16). Surat ini mengakui bahwa orang percaya dapat berdosa (1 Yoh. 1:8), meskipun tidak terus-menerus (1 Yoh. 3:6). Ada jalan keluar bagi kejatuhan dalam dosa yang demikian:

pengakuan (1 Yoh. 1:9). Pemulihan saudara seiman yang berdosa dibantu melalui syafaat, baik di surga (1 Yoh. 2:1) maupun di bumi (1 Yoh. 5:16). Meski demikian, ada dosa yang terlalu serius yang tidak tertolong oleh doa-doa itu dan akan dijatuhi hukuman "mati". Ini memang bisa saja merujuk pada kematian jasmani (misalnya, tindakan amoral atau kebiasaan yang berakibat penyakit yang mematikan), tetapi yang jauh lebih mungkin adalah kematian rohani, yang merupakan hukuman atas dosa. Kematian rohani merupakan makna yang jauh lebih sesuai dengan penggunaan istilah ini yang normal dilakukan oleh Yohanes (ref.: 1 Yoh. 3:14).

Surat Yohanes yang kedua pun mengandung peringatan yang jelas, meskipun surat ini pendek: "Waspadalah, supaya kamu jangan kehilangan apa yang telah kami kerjakan itu, tetapi supaya kamu mendapat upahmu sepenuhnya. Setiap orang yang tidak tinggal di dalam ajaran Kristus, tetapi yang melangkah keluar dari situ, tidak memiliki Allah. Barangsiapa tinggal di dalam ajaran itu, ia memiliki Bapa maupun Anak," (2 Yoh. 1:8-9). Memang, peringatan ini tampaknya berlaku pada hal pelayanan, bukan keselamatan, yaitu hilangnya upah dan bukan hilangnya penebusan. Masalahnya adalah berlari semaunya saja, bukan mundur, sehingga menyimpang dari ajaran Yesus dan memasuki prinsip-prinsip serta praktik-praktik yang dianggap "lebih tinggi" atau "lebih dalam" (mungkin ini merujuk pada agama-agama Gnostik yang mengaku "tahu" lebih banyak rahasia daripada keyakinan lainnya; ref.: "agnostik" berarti "tidak tahu"). Yang dapat disimpulkan dengan jelas di sini adalah keluar dari batas ajaran Kristus berarti kehilangan Anak dan Bapa sekaligus, bukan hanya kehilangan upah akan pelayanan yang dikerjakan, karena hanya orang yang tetap tinggal di dalam ajaran itulah yang tetap memiliki Anak dan Bapa.

Baik injil maupun surat-surat yang ditulis Yohanes menyajikan pengertian yang konsisten. Kesatuan dengan Bapa dan Anak harus dipelihara oleh iman dan ketaatan yang tetap berlanjut dari si orang percaya. Kegagalan untuk memelihara dan "tinggal tetap" ini berkaitan dengan hilangnya kehidupan yang hanya didapat di dalam Sang Anak.

v) Surat-surat Paulus - Sebelum mengamatinya secara mendetail, kita perlu memulai dengan dua pengamatan awal.

Pertama-tama, semua surat Paulus ditujukan kepada "orang-orang kudus", yaitu orang percaya yang telah lahir baru. Tidak satu pun suratnya ditujukan kepada orang non-percaya, atau kepada gabungan orang percaya dan orang non-percaya. Demikian pula, sama sekali tidak ada tanda-tanda bahwa pesannya ditujukan kepada kaum yang pada zaman modern ini dikenal dengan orang percaya "nominal" atau "Kristen KTP" saja, apalagi perbedaan di antara Gereja gabungan yang "terlihat" dan Gereja murni yang "tak terlihat". Pembicaraan semacam ini sebenarnya merupakan akibat dari gereja-gereja tidak mempraktikkan disiplin, baik dalam hal anggota diterima masuk atau anggota dikeluarkan, seperti yang banyak terjadi pada gereja-gereja yang "didirikan" oleh negara sebagai upaya untuk merangkul seluruh populasi. Pada masa awal Gereja, menjadi anggota Gereja adalah hal yang mahal sekaligus berbahaya, maka orang-orang non-percaya justru menjauhi Gereja. Maka, ketika Paulus menggunakan kata "kamu", dia sedang berbicara kepada orang-orang percaya yang telah mengalami regenerasi, yang telah ditebus (1 Kor. 16:11; Kol. 1:13-14).

Yang kedua, banyaknya nasihat Paulus untuk jemaat bertekun dan tetap teguh mengarah pada tujuan serta upah mengandung aspek mendesak, yang membutuhkan penjelasan tersendiri. Paulus sangat senang menggunakan kata yang pendek, "jika", untuk keterkaitan di dalam pesannya, seperti "jika kamu meneruskan" dan "jika kamu tetap bertahan". Hal ini mengarahkan perhatian kita ke fokus pada konsekuensi yang mungkin timbul jika orang percaya tidak bertekun dalam panggilannya.

Perpaduan antara kedua kata yang pendek ini, "jika kamu", menjadi kunci pembelajaran kita, baik dalam makna positifnya ("jika kamu tetap/meneruskan") maupun makna negatifnya ("jika kamu berhenti/tidak meneruskan"). Pernyataan-pernyataan eksplisit ini bersifat keputusan, tetapi didukung pula dengan penggambaran yang implisit.

Roma - surat ini ditujukan kepada "kamu sekalian yang tinggal di Roma, yang dikasihi Allah, yang dipanggil dan dijadikan orang-orang kudus" (1:7; penambahan unsur tata bahasa "to be" dalam terjemahan bahasa Inggris tidak bersumber dari naskah aslinya dan sebenarnya jauh mengubah maknanya).

Tujuan penulisan surat ini oleh Paulus kepada orang-orang di Roma itu merupakan aspek kritis dalam penafsiran makna isinya secara tepat. Surat ini pastilah sangat istimewa, karena Paulus menulisnya padahal dia bukan pendiri jemaat itu dan tidak pernah mengunjungi jemaat itu.

Banyak orang menganggap surat ini sebagai berita Injil Paulus yang disampaikan untuk mendapatkan persetujuan sekaligus dukungan yang berkelanjutan dari orang-orang di Roma bagi perjalanan misinya ke daerah Mediterania barat. Sebenarnya tidak demikian, meski memang Paulus menyebutkan rencana perjalanan misi itu di menjelang akhir suratnya (Roma 15:24). Surat ini ditulis dari kebutuhan yang lebih mendesak, yang mendorong Paulus untuk menulis suratnya yang terpanjang.

Saat itu, fakta yang ada adalah jemaat di Roma, yang adalah ibu kota kekaisaran, sedang ada dalam bahaya perpecahan menjadi dua denominasi, yaitu golongan Yahudi dan golongan Yunani. Kondisi ini terjadi sebelum Paulus dapat mengunjungi mereka. Jemaat di Roma pada awalnya mayoritas berisi orang-orang Yahudi, yang mungkin menjadi kumpulan sejak peristiwa Pentakosta (Kis. 2:10), lalu karakteristik anggotanya berubah jauh menjadi mayoritas orang-orang Yunani ketika Kaisar Claudius mengusir orang Yahudi dari kota Roma (Kis. 18:2). Sebelum itu, orang-orang Yahudi boleh tinggal di Roma atas izin Kaisar Nero, tetapi lalu diperlakukan tidak simpatik oleh para pemimpin jemaat yang dari golongan Yunani. Para pemimpin golongan Yunani itu lalu bahkan mengajarkan yang kini kita kenal dengan sebutan "teologi penggantian", yaitu bahwa Tuhan telah menolak Israel dan mengganti Israel dengan Gereja. Seluruh surat Roma dimaksudkan untuk menangani situasi kritis ini. Paulus mengingatkan jemaat di Roma bahwa semua orang, baik Yahudi maupun Yunani, telah berdosa (Roma 3:9), bahwa orang Yahudi maupun Yunani hanya dibenarkan oleh iman (Roma 3:29-30), bahwa orang Yahudi maupun Yunani adalah anak-anak Abraham (Roma 4:11-12) seperti mereka semua awalnya adalah anak-anak Adam (Roma 5:12), bahwa orang-orang Yunani menyelewengkan berita injil dengan ajaran serbaboleh (Roma pasal 6) sementara orang-orang Yahudi melakukan penyelewengan yang sama dengan ajaran serbahukum (Roma pasal 7), serta bahwa orang Yahudi maupun Yunani keduanya perlu hidup dalam kemerdekaan Roh (Roma pasal 8). Pasal 9 sampai 11, yang terkenal sering dianggap sebagai bagian jeda peralihan oleh banyak pakar, adalah inti sekaligus puncak isi surat Roma, seperti yang tampak pada perubahan gaya penuturannya. Paulus secara cermat telah membangun intensitas permohonannya yang penuh semangat agar jemaat menerima siapa pun yang Tuhan sendiri tidak pernah tolak. Bagian penutupnya yang praktis pun menangani isu-isu yang sangat berpotensi menimbulkan ketegangan di antara orang-orang percaya golongan Yahudi dan golongan Yunani (contohnya, makanan dan hari-hari khusus).

Injil yang Paulus banggakan adalah kuasa Tuhan sendiri, yang tersedia untuk "keselamatan bagi setiap orang yang percaya" (Roma 1:16). Penggunaan kala kini yang masih berlangsung dalam tata bahasa penulisannya menunjukkan makna "setiap orang yang sedang percaya saat ini dan tetap terus-menerus percaya". Untuk lebih mempertegas makna ini, Paulus menambahkan bahwa injil mengungkap kebenaran "dari iman kepada iman" (Roma 1:17, yang dalam terjemahan bahasa Inggris Alkitab versi NIV dengan tepat tertulis: "dari iman yang pertama sampai iman yang terakhir"). Bahkan, seolah belum tuntas menyampaikan maksudnya, Paulus pun menambahkan kutipan dari kitab suci: "orang benar akan hidup oleh iman" (dari Hab. 2:4; lihat Bab 2 untuk memahami "iman" di ayat ini sebagai "mempertahankan iman, bertahan dalam kondisi penuh iman").

Dalam pasal-pasal awal, Paulus menangani urusan dosa dan penghakiman orang non-percaya di tengah-tengah masyarakat Roma, dengan menyebut mereka menggunakan kata ganti orang ketiga jamak ("mereka"). Mereka telah menyerah dan tidak lagi berpegang pada Tuhan, maka Tuhan pun menyerah dan melepaskan mereka ke tangan hubungan-hubungan yang menyimpang serta perilaku yang di luar norma sosial (Roma 1:18-32). Mereka akan dihakimi dengan adil, yaitu hanya berdasarkan pewahyuan yang telah mereka terima, berdasarkan standar hati nurani serta kriteria perbuatan mereka sendiri, sehingga "mereka" yang berbuat baik menerima kehidupan kekal dan "mereka" yang berbuat jahat menerima kemurkaan (Roma 2:7).

Di tengah-tengah semuanya ini Paulus melontarkan tuduhan mengejutkan bahwa "kamu" (para pembaca suratnya, yaitu "orang-orang kudus di Roma") bersalah dalam kemunafikan yang amat sangat mencengangkan, karena menghardik kejahatan di sekitar mereka tetapi secara diam-diam menikmati dosa-dosa yang sama itu sendiri (karena sebelumnya Paulus telah menyoroti hubungan seksual sesama jenis di antara para penyembah berhala, kita dapat berasumsi bahwa dosa ini pun telah menyusup masuk di tengah-tengah jemaat, selain dosa-dosa lainnya). Gaya penuturan Paulus di sini sangat kuat dan langsung: "kamu... Kamu... kamu". Dia meyakinkan orang-orang itu bahwa menjadi orang percaya bukan berarti kebal dari penghakiman. Tuhan tidak pilih kasih. Dosa adalah sama baik pada orang percaya maupun orang non-percaya. "Orang kudus" yang berpikir dapat lolos begitu saja setelah berbuat dosa membuat kesalahan yang fatal, karena sebenarnya mereka "menimbun murka atas diri mereka sendiri" (Roma 2:5).

Pada bagian lain selanjutnya dalam surat itu, Paulus

SEKALI SELAMAT, TETAP SELAMAT?

berkesempatan mengingatkan "orang-orang kudus" itu bahwa "upah dosa ialah maut" (Roma 6:23). Ayat ini amat sering dikutip di luar konteksnya dan diberlakukan atas orang-orang berdosa, terutama dalam khotbah atau traktat "penginjilan". Sebenarnya, konteksnya adalah kepuasan diri serta praduga moral di tengah-tengah orang percaya. "Bolehkah kita bertekun dalam dosa, supaya semakin bertambah kasih karunia itu?" (Roma 6:1) dan "Apakah kita akan berbuat dosa, karena kita tidak berada di bawah hukum Taurat, tetapi di bawah kasih karunia?" (Roma 6:15) menunjukkan sasaran kecaman Paulus dalam bagian ini. Upah dosa itu selalu sama, yaitu maut, baik dilakukan dalam kehidupan orang non-percaya atau orang percaya yang kembali undur. Maut itulah yang menjadi nasib akhir orang yang terus berdosa.

Penafsiran ini tepat dan diteguhkan oleh pernyataan-pernyataan selanjutnya. "... jika kamu hidup menurut daging, kamu akan mati;" (Roma 8:13; perhatikan bahwa "kamu" di sini berarti "orang-orang kudus", bukan "orang berdosa").

Orang percaya dapat memilih untuk "menyerahkan pikiran untuk dikuasai oleh kehendak Roh" atau "dikendalikan oleh keinginan daging" lalu hidup menurut pilihan itu, tetapi tidak mungkin menghindari konsekuensinya, yang merupakan urusan hidup atau mati (Paulus mengemukakan inti pesan yang sama dengan lebih jelas dalam suratnya kepada orang-orang Galatia, yang nanti akan kita lihat).

Dalam pasal yang sama ini pula, Paulus mulai menyajikan topik warisan kita. "... jika kita adalah anak, maka kita juga adalah ahli waris, maksudnya orang-orang yang berhak menerima janji-janji Allah, yang akan menerimanya bersama-sama dengan Kristus, yaitu jika kita menderita bersama-sama dengan Dia, supaya kita juga dipermuliakan bersama-sama dengan Dia," (Roma 8:17). Kata "jika" muncul dua kali dalam pernyataan ini, menunjukkan dua syarat yang diperlukan untuk memenuhi kualifikasi penerimaan warisan yang mulia ini.

Pertama, kita harus menjadi anak Tuhan; dan kedua, kita harus ikut menderita bersama Kristus. Syarat yang kedua ini akan kita pelajari lebih lanjut saat mengamati surat Filipi.

Syarat "jika" yang terutama untuk orang-orang Roma muncul saat Paulus berusaha membujuk orang-orang percaya dari golongan Yunani di Roma untuk berbagi hati dengan orang-orang Yahudi. Paulus menyadari bahwa sebagian (meski tidak semua) ranting dari "pohon zaitun" ini telah patah serta ranting-ranting "liar" Yunani telah dicangkokkan sebagai gantinya. Namun, hal ini seharusnya tidak menjadi dalih untuk ranting cangkokan itu berbangga diri atau berpuas diri secara berlebihan. Perlakuan Tuhan yang tegas dan keras terhadap orang-orang non-percaya Yahudi serta kebaikannya terhadap orang-orang percaya Yunani tidak boleh dianggap permanen dalam kasus apa pun! Posisi orang Yunani di antara umat Tuhan sama sekali tidak lebih aman daripada posisi orang Yahudi. Posisi itu tetap saja bersyarat: "yaitu jika kamu tetap dalam kemurahan-Nya; jika tidak, kamu pun akan dipotong juga," (Roma 11:22). Paulus melanjutkan pernyataan ini dengan berkata bahwa orang Yahudi *bisa saja* dicangkokkan kembali ke pokok pohon zaitun asli itu dan perekatan kembali itu akan terjadi secara jauh lebih alamiah -- yang lalu menyingkapkan "misteri" yang ada (dalam bahasa Alkitab, "rahasia" yang kini terungkap) bahwa suatu hari kelak Yahudi memang *akan* dicangkokkan kembali sebagai sebuah bangsa.

Paragraf ini sendiri lebih dari cukup untuk menunjukkan bahwa Paulus pun tidak percaya SSTS. Dia telah melontarkan pernyataan yang mutlak bahwa orang percaya di bawah perjanjian yang baru tidaklah lebih aman daripada orang Yahudi di bawah perjanjian yang lama. "Sebab kalau Allah tidak menyayangkan cabang-cabang asli, Ia juga tidak akan menyayangkan kamu," (Roma 11:21). Sikap orang percaya Yunani yang tepat terhadap ketidakpercayaan orang Yahudi bukanlah kesombongan, melainkan kegentaran (Roma 11:20). Rupanya, Paulus tidak menganggap rasa takut akan hilangnya posisi serta tujuan kita di dalam kumpulan umat Tuhan sebagai sesuatu yang buruk.

Anggapan buruk ini justru lazim muncul di kalangan para pendukung paham SSTS, yang sepertinya berpikir bahwa rasa takut yang demikian betul-betul sangat merusak!

Secara sekilas, perlu pula kita catat bahwa pernyataan Paulus ini muncul dalam bagian suratnya yang mengandung penekanan kuat yang mendasari konsep predestinasi. Seperti yang sering disebutkan, jika penentuan Tuhan dalam kedaulatan-Nya mutlak berarti penjagaan-Nya atas orang-orang kudus, tentu aneh bahwa Paulus mengemukakan pernyataan-pernyataannya itu dalam konteks yang sama (lihat Bab 5 untuk mempelajari lebih lanjut keterkaitan gagasan-gagasan ini).

Sebelum beralih dari surat Roma, ada satu hal lagi yang perlu kita perhitungkan: tanggung jawab kita terhadap saudara-saudari kita selain terhadap diri sendiri. Kita bukan saja bisa terputus karena tidak terus melekat pada kemurahan Tuhan, melainkan juga bisa "menghancurkan" sesama saudara yang telah Kristus tebus dengan kematian-Nya dengan mendorongnya ke dalam kebebasan perilaku yang hati nuraninya sendiri tidak izinkan. Terlalu terikat pada peraturan merupakan salah satu ciri hati nurani yang lemah dan tidak dewasa, tetapi hal ini pun lebih tepat untuk dihargai daripada dihina oleh orang yang telah menerima pencerahan. Kasih tidak akan pernah ingin sesama "divonis" di hadapan takhta penghakiman Tuhan (Roma 14:1-23). Keinginan yang demikian adalah "merusak pekerjaan Tuhan" dan baik si perusak maupun yang dirusak akan berhadapan dengan penghakiman Tuhan. Perkataan ini memang keras, tetapi harus dianggap serius.

1 Korintus - Surat ini bersifat amat praktis, karena isinya menangani berbagai masalah di dalam jemaat di Korintus, dan tidak lagi secara langsung berkaitan dengan topik SSTS jika dibandingkan dengan surat-surat Paulus lainnya. Namun, ada beberapa indikasi yang menunjukkan posisi Paulus, yang muncul tanpa sengaja dalam responsnya saat menangani isu-isu yang ada.

Dalam penanganannya terhadap skandal inses yang diketahui,

Paulus mendesak jemaat Korintus untuk menerapkan sanksi yang seberat-beratnya atas "saudara" yang bersalah itu ("saudara" berarti sesama orang percaya), yaitu "orang itu harus kita serahkan dalam nama Tuhan Yesus kepada Iblis, sehingga binasa tubuhnya, agar rohnya diselamatkan pada hari Tuhan" (1 Kor. 5:5). Perilaku dosanya yang terang-terangan memberontak harus dihentikan, dengan cara apa pun meskipun drastis, bukan hanya demi reputasi injil melainkan demi penebusan orang itu sendiri juga. Jika orang itu tidak dihentikan, dia akan mencapai titik telanjur dan tidak dapat kembali lagi, sehingga kehilangan keselamatannya. Meski menyerahkan seorang saudara seiman kepada Iblis yang akan mendatangkan penyakit dan kematian jasmani adalah hal yang sangat kejam, ini tetaplah jauh lebih baik daripada membiarkannya terhilang dari takdir kekekalannya. Jika jemaat tidak memberlakukan sanksi disiplin yang seekstrem ini, "saudara" mereka itu akan terhilang secara kekal. Lebih baik sakit atau mati daripada terhilang di neraka.

Setelah menangani urusan pelanggaran penanganan perkara di antara sesama orang percaya oleh hakim-hakim yang tidak percaya, Paulus kembali ke skandal amoralitas seksual di dalam jemaat dan mengajukan pertanyaan retorik, "Atau tidak tahukah kamu, bahwa orang-orang yang tidak adil tidak akan mendapat bagian dalam Kerajaan Allah?" (1 Kor. 6:9). Sebutan "tidak adil" di sini berarti "jahat" dan dari daftar kejahatan masa lalu yang disebutkan ("beberapa orang di antara kamu demikianlah dahulu"), dapat diasumsikan bahwa orang-orang yang disebut "tidak adil" itu adalah para pendosa, bukan orang-orang kudus. Lalu, mengapa Paulus perlu mengatakan semua ini dalam suratnya kepada orang-orang kudus? Tepatnya, karena mereka telah kembali ke perilaku lama sebagai penyembah berhala, termasuk mengunjungi pelacur di rumah-rumah pelacuran setempat (1 Kor. 6:15-16). Bahwa Paulus percaya berbagai perilaku "jahat" ini dapat mengakibatkan hilangnya posisi masa depan kita di dalam Kerajaan Allah, termasuk bagi orang percaya, diteguhkan oleh penggunaan kata-kata yang sama seperti dalam suratnya kepada jemaat Galatia (... 5:22; lihat di bawah ini).

Paulus bahkan mengakui bahwa hal ini dapat terjadi pada dirinya sendiri pula! Dia sendiri bergumul dengan kebiasaan dan hawa nafsu tubuhnya, dan ini merupakan pergumulan terus-menerus yang dilakukannya sedemikian rupa agar tidak memukul sembarangan, "supaya sesudah memberitakan injil kepada orang lain, jangan aku sendiri ditolak" (1 Kor. 9:27). Saat ini ada banyak upaya yang dilakukan untuk meringankan kadar keseriusan kecemasan Paulus ini dengan membatasi "penolakan" itu sebagai bermakna kehidupan di dunia sekarang dan upah di kehidupan yang akan datang.

Padahal, penggunaan kata maupun konteks Paulus bukan demikian. Kata sifat yang sama ini ("*adikomos*") muncul di bagian-bagian lain dalam Alkitab dan bermakna Kristus tidak lagi ada di dalam kita (2 Kor. 13:5); dan kata benda yang bermakna "upah" di bagian-bagian lain bermakna panggilan kita yang mulia (Fil. 3:14). Konteksnya bahkan lebih jelas lagi. Tragisnya, surat-surat Paulus telanjur dibagi menjadi bagian dan pasal-pasal yang berbeda, yang berakibat putusnya konteks dari teks yang ditulisnya itu. Ketakutan Paulus akan ditolak langsung dilanjutkan dengan topik penolakan banyak sekali orang dari kelompoknya sendiri karena penyembahan berhala dan amoralitas (1 Kor. 10:1-13). Mereka telah ditebus keluar dari Mesir dan dibaptis menjadi pengikut Musa, tetapi gagal memasuki Kanaan karena "Allah tidak berkenan kepada bagian yang terbesar dari mereka" (1 Kor. 10:5); yang ternyata sebanyak semuanya dari mereka kecuali dua orang saja! Nasib mereka itu menjadi "contoh" sekaligus "peringatan" bagi orang-orang percaya di Korintus, yang sedang menghadapi masalah kompromi terhadap dua dosa yang terjalin erat: penyembahan berhala dan amoralitas. Paulus adalah salah satu dari tiga penulis Perjanjian Baru yang memasukkan pelajaran dari perjanjian lama ini untuk orang-orang percaya dalam perjanjian baru. Secara doktrin kerasulan, tidak masuk akal sama

Indikasi dalam Alkitab

sekali jika menyatakan bahwa tidak ada keterkaitan paralel yang nyata di antara keduanya. Dalam kedua kasus, adalah mungkin untuk memulai dengan baik lalu gagal menyelesaikan.

Langsung setelah menyebut tentang makanan dan minuman rohani yang dinikmati umat Israel ("nenek moyang kita") di padang gurun, terlepas dari fakta bahwa mereka berbalik ke jalan hidup yang lama, Paulus secara alamiah membahas penyalahgunaan perjamuan kudus Tuhan di Korintus, yang membawa jemaat itu ke dalam penyembahan berhala dan amoralitas. Ada di antara jemaat itu yang datang lebih awal untuk menghabiskan roti yang tersedia, sedangkan ada pula yang mabuk-mabukan menikmati anggur yang tersedia! Makanan dan minuman kudus yang awalnya disediakan sebagai sarana kasih karunia ini pun menjadi alat penghakiman Tuhan, yang mengantarkan penyakit dan kematian alih-alih kesehatan dan kehidupan. Di sisi lain, dampak yang demikian itu pun terjadi untuk maksud penebusan, sama persis dengan disiplin yang diberlakukan terhadap para pelaku dosa inses (1 Kor. 5:5). Maksud Tuhan dalam mengizinkan dampak yang tragis dari menyalahgunakan posisi di dalam perjamuan-Nya itu sederhana: "... kalau kita menerima hukuman dari Tuhan, kita dididik, supaya kita tidak akan dihukum bersama-sama dengan dunia," (1 Kor. 11:32). Ini merujuk pada hari penghakiman, ketika para pendosa ditolak secara final dan divonis dengan kematian kedua, yaitu dilemparkan ke dalam lautan api. Paulus yakin bahwa Yesus sendiri sepenuhnya sadar orang-orang percaya pun dapat mengalami nasib yang demikian, maka Yesus pun sepenuhnya rela menjatuhkan rasa sakit dan penderitaan masa sekarang demi menyelamatkan mereka dari tragedi masa depan itu. Orang-orang yang datang ke perjamuan kudus Tuhan didesak untuk "memeriksa diri", agar Paulus tidak perlu memeriksa mereka (lihat di bawah, 2 Kor. 13:5, untuk mendapatkan pemahaman lebih jelas tentang pemeriksaan diri ini). Kemudian, beralih dari masalah etis ke doktrin, Paulus mengingatkan jemaat Korintus tentang prinsip-prinsip dasar inti injil yang telah diberitakannya kepada mereka: kematian, penguburan, dan kebangkitan Yesus, yang telah dinubuatkan dalam kitab suci dan dimaksudkan sebagai jalan keluar dari dosa. Lalu, dia menambahkan kata "jika" dengan sangat kuat. Dengan tegas dia menyatakan (1 Kor. 15:2), "Oleh injil itu kamu diselamatkan [sedang proses diselamatkan, akan terus-menerus tetap diselamatkan], asal kamu teguh berpegang padanya [sedang proses teguh berpegang, akan terus-menerus tetap teguh berpegang], seperti yang telah kuberitakan kepadamu – kecuali kalau kamu telah sia-sia saja [berarti 'tidak membawa ke tujuan' atau 'tidak memberikan hasil apa pun'] menjadi percaya ['telah percaya' di sini menggunakan kala *aorist* dalam tata bahasa Yunani, yang menunjukkan makna tindakan atau perbuatan satu kali saja, maka 'percaya' di sini berarti titik awal pertama kali beriman]." Paulus bisa saja berkata bahwa mereka dari awal memang tidak benar-benar percaya, tetapi dia tidak berkata demikian, karena memang bukan itu maksudnya. Iman mula-mula mereka memang nyata, tetapi akan menjadi tidak berguna bagi mereka jika tidak ditopang dengan iman yang terus berlanjut.

2 Korintus - Surat ini penuh berisi kegelisahan pribadi tentang orang-orang percaya di Korintus, setelah hubungan mereka dengan Paulus mulai retak. Rasul itu menulis, "Bukan karena kami mau memerintahkan apa yang harus kamu percayai, karena kamu berdiri teguh dalam imanmu. Sebaliknya, kami mau turut bekerja untuk sukacitamu," (2 Kor. 1:24). Inilah terutama yang Paulus khawatirkan, bahwa iman mereka menjadi goyah.

Dia "cemburu" atas mereka, karena dia ingin mereka bukan setia kepada dirinya sendiri melainkan menyerahkan kesetiaan kepada Kristus saja. Perasaan Paulus itu sangat mirip dengan yang dirasakan Yohanes Pembaptis (ref.: Yoh. 3:29 dengan 2 Kor. 11:2); dia menganggap orang-orang yang menjadi percaya oleh pelayanannya itu sebagai mempelai wanita Kristus. Yang Paulus takutkan adalah, sama seperti Hawa tertipu hingga kehilangan tempat di taman Eden, orang-orang Korintus itu "disesatkan dari kesetiaan kamu yang sejati kepada Kristus" (2 Kor. 11:3).

Mereka tampaknya sangat siap untuk mendengarkan injil yang berbeda, menerima roh yang berbeda, dan mengikut Kristus yang berbeda. Paulus takut kalau-kalau Sang Mempelai Pria itu tidak mendapatkan mempelai wanita sesuai yang dijanjikan kepada-Nya. Perikop ini tidak masuk akal jika Kristus tidak mungkin kehilangan mempelai wanita-Nya.

Rasa takut ini dijelaskannya di bagian selanjutnya (2 Kor. 12:21-13:5). Terus berlanjutnya "kecemaran, dosa seksual, dan kebejatan" di antara mereka akan membuatnya tersungkur oleh kegagalan dan tenggelam dalam duka serta ratapan karena kehilangan mereka. Dia bertekad datang dan langsung berurusan dengan mereka secara tegas untuk mencegah kehilangan ini terjadi, tanpa menyayangkan perasaan mereka tetapi menegur mereka yang mau mendengarkan dan menyingkirkan mereka yang tidak mau mendengarkan. Tidak melakukan hal ini berarti kelemahan moral yang lebih parah lagi.

Paulus jauh lebih memilih agar mereka mendisiplin diri mereka sendiri, sebelum dia harus menangani langsung masalah itu. Dia mendesak mereka untuk memeriksa dan menguji diri sendiri "apakah kamu tetap tegak di dalam iman" (2 Kor. 13:3; perhatikan penggunaan kata "tetap" di sini, yang diterjemahkan dari penggunaan kala kini dalam tata bahasa penulisannya). Paulus tidak berkata bahwa jemaat itu belum pernah hidup dalam iman, tetapi menyiratkan bahwa iman yang pernah dihidupi itu tidak dapat menggantikan iman saat ini. Penggunaan kata rujukan "itu" pada "iman" menunjukkan penerimaan terhadap pengajaran Injil Kristus, bukan kepercayaan pribadi dalam Kristus. Menyimpang atau meninggalkan pengajaran tersebut berarti menyimpang atau meninggalkan Kristus. Paulus berasumsi bahwa Yesus Kristus ada di dalam mereka, kecuali jika mereka "tidak tahan uji" (frasa ini diterjemahkan dari kata "*adokimos*" dalam bahasa Yunani, yang artinya sama dengan "ditolak" di 1 Kor. 9:27, ketika Paulus menguji dirinya sendiri).

Meski demikian, terlepas dari ketakutannya yang amat nyata

itu, Paulus tetap menutup suratnya dengan menyebut jemaat Korintus "saudara-saudara" di dalam Tuhan serta menyampaikan berkat dari Allah Tritunggal kepada mereka (2 Kor. 13:13).

Galatia - Dalam surat yang mengagumkan ini, yang juga mungkin merupakan salah satu suratnya yang paling awal, Paulus membela kemerdekaan sejati di dalam Roh di hadapan dua bahaya yang sama-sama mengancam kemerdekaan itu. Di satu sisi ada prinsip "segala sesuatu diperbolehkan" (izin yang berlebihan), yang melahirkan perbudakan terhadap dosa. Di sisi lain ada prinsip "segala sesuatu harus taat hukum" (legalisme yang berlebihan), yang melahirkan perbudakan terhadap hukum. Dari kedua sisi ini orang percaya dapat kehilangan kemerdekaan, dan keduanya pun membawa konsekuensi yang sangat serius.

Legalisme merintangi misi Paulus melalui ajaran tambahan dari orang-orang percaya Yahudi bahwa orang Yunani yang menerima Yesus, Mesias Yahudi, juga harus mengikuti tuntutan hukum Taurat Musa yang berlaku untuk orang Yahudi, yaitu pertama-tama dengan sunat. Paulus menentang ajaran itu sampai maju ke hadapan dewan pengadilan Yerusalem (Kis. 15). Dia bahkan menggunakan kata-kata yang sangat keras kepada orang-orang yang memaksakan ajaran itu terhadap mereka yang menjadi percaya oleh pelayanannya ("Baiklah mereka yang menghasut kamu itu mengebirikan saja dirinya!"; Gal. 5:12).

Peringatan Paulus terhadap orang-orang percaya yang mengikuti tuntutan hukum Musa inilah yang kita perlu amati. Mereka akan "... lepas dari Kristus, ... hidup di luar kasih karunia" (Gal. 5:4). Membiarkan bagian tubuh itu diputus dari tubuhnya berarti keterpisahan dari Kristus sendiri. Jika demikian, Kristus "sama sekali tidak akan berguna" bagi mereka (Gal. 5:2). Sekali lagi, Paulus menegaskan bahwa meninggalkan injil yang dia beritakan berarti kehilangan Kristus yang telah dia perkenalkan kepada mereka. Namun, lawan legalisme yang juga sama berbahayanya adalah izin yang berlebihan. Tidak berada di bawah hukum Taurat bukan berarti kebebasan untuk berbuat dosa. Kemerdekaan yang sejati adalah kebebasan untuk tidak berdosa, yang hanya mungkin terjadi oleh berjalan dalam Roh.

Kesalahpahaman ini, bahwa kasih karunia memperbolehkan kita berdosa, juga merintangi misi Paulus, tetapi bersumber dari orang Yunani, bukan orang Yahudi. Paulus menangani argumen-argumen itu dengan lebih menyeluruh di bagian lain (Roma pasal 6), tetapi dalam surat ini melakukannya secara singkat dan tegas.

Orang percaya senantiasa dihadapkan dengan pilihan: mengikuti keinginan daging atau kehendak Roh. Satu hal saja yang pasti: tidak ada orang yang dapat dipimpin oleh daging sekaligus Roh pada saat bersamaan, karena daging dan Roh sangat saling berlawanan. Harus dijelaskan pula bahwa "daging" yang Paulus maksud bukanlah tubuh jasmani/fisik, melainkan sifat dasar dosa yang kita warisi dalam tubuh kita.

Ketika orang percaya membiarkan sifat dasar dosanya menguasai dirinya, kehidupannya akan memunculkan berbagai-bagai "pekerjaan daging", termasuk penyembahan berhala dan amoralitas, secara terang-terangan, selain iri hati, kemabukan, murka, dan bermacam-macam perbuatan hina lainnya.

Setelah daftar yang menjijikkan itu (Gal. 5:19-20), ada peringatan yang serius: "Terhadap semuanya itu kuperingatkan kamu – seperti yang telah kubuat dahulu – bahwa barangsiapa melakukan [tetap melanjutkan perbuatan tersebut] hal-hal yang demikian, ia tidak akan mendapat bagian dalam Kerajaan Allah," (Gal. 5:21). Jelaslah, sejak awal mulanya, Paulus telah memperingatkan orang-orang yang menjadi percaya oleh pelayanannya, bahwa kembali ke kehidupan lama yang berdosa akan membatalkan keselamatan akhir mereka ("mendapat bagian" dalam peringatan ini dalam bahasa asli penulisannya menggunakan kala masa depan). Peringatan ini diulang pula di bagian lainnya (1 Kor. 6:9).

Bagian terakhir dalam surat ini kembali menegaskan inti pesannya dengan sangat kuat: "Jangan sesat! Allah tidak membiarkan diri-Nya dipermainkan. Karena apa yang ditabur orang, itu juga yang akan dituainya. Sebab barangsiapa menabur dalam dagingnya [keinginan dosa], ia akan menuai kebinasaan dari dagingnya, tetapi barangsiapa menabur dalam Roh, ia akan menuai hidup yang kekal dari Roh itu," (Gal. 6:7-8). Pengamatan kita tak boleh luput dari beberapa hal ini: pertama, pernyataan tegas ini ditujukan kepada dan dengan demikian berlaku atas orang-orang percaya yang telah mengalami regenerasi; kedua, "menabur" ditulis dalam bahasa aslinya menggunakan kala masa kini, maka menunjukkan perbuatan yang terus-menerus berkelanjutan; dan ketiga, "kebinasaan" berarti sesuai kata yang tertulis, yaitu kebinasaan dalam kekekalan.

Konsekuensi dari menabur yang baik maupun yang buruk akan muncul di masa mendatang. "Tuaian" itu akan datang dalam kekekalan. Seolah ingin memastikan lagi bahwa yang dimaksudkannya adalah menabur terus-menerus, Paulus mengemukakan bahwa tuaian kehidupan kekal yang dihasilkan dari menabur mengikuti kehendak Roh akan menjadi milik kita "jika kita tidak menjadi lemah" (Gal. 6:9). Ini merupakan satu lagi prasyarat penting.

Efesus - 'Efesus' tidak termasuk dalam beberapa salinan awal naskah surat ini, maka mungkin saja surat Efesus sebenarnya merupakan edaran saja untuk jemaat-jemaat di Asia. Isinya mengenai prinsip-prinsip umum kepercayaan dan perilaku, bukan masalah-masalah spesifik.

Paulus jelas memperingatkan "orang-orang kudus" untuk "tidak disesatkan oleh perkataan yang hampa" hingga berpikir bahwa orang percaya uang tetap tinggal di dalam atau kembali lagi ke jalan hidup amoral, cemar, atau zinah, akan memiliki warisan *apa pun* dalam Kerajaan Kristus dan Tuhan (Ef. 5:5-6). Keterlibatan dengan cara hidup yang demikian pun mendatangkan murka Tuhan.

Filipi - Paulus menulis dari dalam penjara di Roma untuk berterima kasih kepada orang-orang percaya di Filipi atas dukungan moral dan finansial mereka, dan tidak tahan untuk tidak mengungkapkan banyak permohonan serta nasihat yang hangat kepada jemaat kesayangannya itu.

Salah satu yang paling terkenal adalah agar mereka "tetaplah kerjakan keselamatanmu ... karena Allahlah yang mengerjakan di dalam kamu" (Fil. 2:12-13). Jelaslah, keselamatan melibatkan "pekerjaan", baik dari sisi manusia maupun dari sisi Tuhan, dalam sebuah kemitraan. Tuhan dapat memberikan baik keinginan maupun kesanggupan untuk kita mencapai tujuan-Nya, tetapi keinginan maupun kesanggupan itu tidak Dia paksakan atas kita. Sama seperti bakat musik harus dilatih dan diulang dengan disiplin, demikian pula pemberian Tuhan harus diterima dengan baik dan dilakukan. Yang menarik bagi pembelajaran kita ini adalah bahwa aspek pekerjaan manusia itu harus dikerjakan "dengan takut dan gentar". Takut akan apa? Gentar memikirkan apa? Tentu ada risiko serius dalam hal ini, yang mendasari reaksi yang sungguh emosional ini. Alasannya adalah karena kita bermitra dengan Tuhan sendiri. Lalu mengapa kita perlu takut dan gentar padahal Tuhan memberikan pertolongan yang luar biasa bagi kita? Tentu karena dari orang yang telah menerima banyak akan dituntut banyak pula. Karena Tuhan tidak pilih kasih, orang yang telah menerima lebih banyak akan dihakimi lebih tegas. Kita telah melihat bahwa Paulus tidak takut untuk merasa takut. Ada "takut akan Tuhan" yang sehat, yang jauh berbeda dari kengerian yang tidak rasional bagaikan terhadap suatu teror, sekaligus jauh melebihi rasa hormat.

Ketakutan gagal mencapai tujuan ini dapat melumpuhkan, jika dibiarkan menjadi obsesi, atau mendorong orang untuk mengusahakan yang sebaik-baiknya, jika direspons secara tepat. Tampak jelas dalam surat ini bahwa Paulus berespons secara tepat terhadap rasa takutnya akan "diskualifikasi" ini (1 Kor. 9:27).

Paulus tidak pernah menganggap enteng keselamatan masa depannya sendiri. Sebagai orang Farisi di masa sebelumnya, semangatnya terhadap hidup dalam kebenaran tidak tertandingi, meskipun kemudian dia menganggap pencapaian moralnya itu

SEKALI SELAMAT, TETAP SELAMAT?

sebagai "sampah" (dalam bahasa Yunani penulisan aslinya, kata yang digunakan berarti "tinja" atau "kotoran manusia" dan dalam bentuk yang cukup kasar!). Setelah bertobat dari kebanggaan akan perbuatan baiknya sekaligus dari perbuatan-perbuatan jahatnya (Roma 7:7-8), Paulus menemukan kehidupan dalam kebenaran yang sejati di dalam Kristus. Namun, ini bukan berarti dia berhenti melakukan perbuatan baik; dia hanya mengubah arah dan semangatnya. Kini, dia ingin mengenal Kristus lebih dalam dan lebih dalam lagi, khususnya kuasa kebangkitan-Nya dan persekutuan dalam penderitaan-Nya.

Tujuannya melanjutkan perbuatan baik ini adalah "supaya aku akhirnya beroleh kebangkitan dari antara orang mati," (Fil. 3:11). Betapa "menakjubkan" bahwa sebagian orang berkomentar setelah menyimak pernyataan ini sambil lalu saja, serta bahwa ada pula orang-orang yang membaca argumen yang cukup rumit ini lalu menafsirkannya secara jauh berbeda! Pemahaman-pemahaman itu timbul karena pengabaian yang ekstrem bahwa Paulus pun meski sangat hebat tetap saja tidak pernah benar-benar yakin tentang masa depannya sendiri. Ada pula sikap bungkam yang menghindari implikasi bahwa perbuatan baik dan usaha orang dapat berkontribusi terhadap keamanan masa depannya. Secara permukaan, pernyataan ini perlu dicerna lebih lanjut, karena bertentangan dengan keyakinan Paulus bahwa seluruh umat manusia, baik yang benar maupun yang jahat, akan sama-sama dibangkitkan dari kematian (Kis. 24:15; ref: Yoh. 5:29 dan Dan. 12:2). Lalu, mengapa Paulus perlu merasa ingin "mendapatkan" sesuatu yang pada akhirnya akan menjadi miliknya?

Jawaban untuk teka-teki ini terletak dalam pemilihan kata-kata yang tidak lazim untuk menjelaskan keinginannya itu, yang dalam bahasa Yunani mengandung dua kata yang bermakna "keluar". Terjemahan harfiahnya adalah "supaya, entah bagaimana, aku mendapatkan kebangkitan-keluar keluar dari antara orang mati". Jelas ini merujuk pada kebangkitan awal, sebelum kebangkitan semua orang. Penggunaan kata yang sangat khusus ini juga muncul dalam pembahasan tentang kebangkitan Yesus sendiri, yang dinantikan tetapi tidak disertai kebangkitan orang lain (Kis. 4:2; 1 Ptr. 1:3). Demikian pula, kata-kata serupa muncul dalam bagian-bagian yang merujuk pada kebangkitan orang-orang benar, yang dipercaya orang Yahudi akan mendahului kebangkitan orang-orang jahat (Luk. 20:35). Kedua kebangkitan ini secara spesifik disebut dalam kitab Wahyu (Why. 20:5-6), yaitu terpisah masa seribu tahun ("milenium") ketika Kristus dan orang-orang kudus memerintah di bumi (Why. 5:6). "Berbahagia dan kuduslah ia, yang mendapat bagian dalam kebangkitan pertama itu. Kematian yang kedua tidak berkuasa lagi atas mereka..." Ini jelas adalah kebangkitan yang sama yang Paulus maksud di bagian lain sebagai "sesudah itu mereka yang menjadi milik-Nya pada waktu kedatangan-Nya" (1 Kor. 15:23).

Dari rujukan ini, cukup jelas bahwa Paulus tidak berpikir dirinya secara otomatis akan mendapat bagian dalam kebangkitan orang-orang kudus yang hidup benar. Kebangkitan itu haruslah "didapat" melalui kesepadanan dan kemelekatan yang terus-menerus makin intim dengan Kristus, terutama dalam penderitaan-Nya.

Penafsiran ini benar, sekaligus merupakan yang paling sederhana, dan terbukti berulang kali oleh ayat-ayat berikutnya, yang menjelaskan tekad Paulus untuk terus "mengejarnya, kalau-kalau aku dapat juga menangkapnya, karena aku pun telah ditangkap oleh Kristus Yesus" (Fil. 3:12). Dia melakukan segala daya upaya untuk mencapai tujuan dan meraih hadiah atau upah itu, dengan meninggalkan yang lalu serta berlari-lari ke arah tujuan (Fil. 3:13-14).

Paulus sangat sadar bahwa ada orang-orang yang tidak sepakat dengan penekanannya ini dalam hal pentingnya usaha manusia, apalagi setelah semua kritiknya terhadap paham keselamatan oleh perbuatan baik! Maka, dia membungkam argumen yang mungkin terlontar dengan pernyataan bahwa "...marilah kita, yang sempurna, berpikir demikian. Dan jikalau lain pikiranmu tentang salah satu hal, hal itu akan dinyatakan Allah juga kepadamu," (Fil.

3:15; yang juga merupakan doa saya tentang buku ini).

Langsung setelah itu, Paulus menulis, sambil berlinang air mata, bahwa "banyak orang yang hidup sebagai seteru salib Kristus. ... Tuhan mereka ialah perut mereka, kemuliaan mereka ialah aib mereka, pikiran mereka semata-mata tertuju kepada perkara duniawi," (Fil. 3:18-19). Duka dan gaya bahasa ini jelas menunjukkan bahwa Paulus merujuk bukan pada orang-orang luar, melainkan mereka yang di dalam jemaat, yang seharusnya telah mengerti kebenaran ini. Mereka bukan orang-orang yang akan menikmati kehidupan berdosa yang demikian. Konteks pesan ini adalah permohonan agar jemaat "melanjutkan menurut jalan yang telah kita tempuh" (Fil. 3:16), bukan seperti nasihat awalnya untuk "mengerjakan keselamatan" (Fil. 2:12). Satu hal telah jelas. Orang-orang yang gagal melanjutkan jalan kebenaran itu, meski hanya oleh kebiasaan buruk yang "kecil" seperti kerakusan, sedang berisiko mendapat konsekuensi yang mengerikan: "kesudahan mereka ialah kebinasaan" (Fil. 3:19).

Tidak heran Paulus menutup suratnya dengan permohonan akhir untuk jemaat itu "berdirilah juga dengan teguh dalam Tuhan" (Fil. 4:1).

Kolose - Mengapa Tuhan mendamaikan kita dengan diri-Nya melalui kematian Kristus? "... untuk menempatkan kamu kudus dan tak bercela dan tak bercacat di hadapan-Nya," (Kol. 1:22). Namun, salib itu pun hanya dapat menghasilkan kesempurnaan yang demikian jika "... kamu harus bertekun dalam iman, tetap teguh dan tidak bergoncang, dan jangan mau digeser dari pengharapan injil," (Kol. 1:23).

Hal pertama yang kita perlu perhatikan dalam pernyataan yang hebat ini adalah bahwa Kristus mati untuk menjadikan kekudusan itu mungkin, selain juga pengampunan. Kebenaran yang mendasar ini menjadi sorotan dalam banyak lagu:

Be of sin the double cure:
(Dari dosa 'ku ditebus oleh kuasa yang dua kali lebih kuat)

Cleanse me from its guilt and power.
(Yang membasuhku dari rasa bersalah dan jeratnya)

He died that we might be forgiven, He died to make us good;
(Sebab Dia mati supaya 'ku diampuni,
Dia mati supaya 'ku jadi benar)
That we might go at last to heaven, Saved by his precious blood.
(Agar kita kelak menuju ke surga,
selamat oleh darah-Nya yang mulia)

Pandangan SSTS Alfa tentu akan mengganti baris kedua dari bait lagi ini menjadi: *'Not needing to be good'!* ("Ku tak perlu lagi hidup benar!) Adalah kelemahan semua manusia, yang mudah dimanfaatkan oleh para penginjil yang tidak berprinsip, bahwa kita cenderung mengingini pengampunan tanpa kekudusan, lolos dari neraka tanpa memenuhi persyaratan masuk surga. Para konselor KKR penginjilan sebenarnya perlu dilatih untuk memulai percakapan dengan sebuah pertanyaan: Anda ingin Yesus menyelamatkan Anda dari hal apa? Jawabannya akan sangat menunjukkan kebenarannya, sekaligus memudahkan si konselor untuk memulai percakapan dengan arah yang benar.

Hal kedua yang perlu kita perhatikan adalah tujuan ini masih berada di masa mendatang. Kondisi tak bercacat yang sempurna itu masih merupakan "harapan" yang belum didapat. Kita belum "ditempatkan" atau ditunjukkan sebagai hasil karya salib itu. Hasil ini hanya menjadi mungkin melalui proses terus teguh berpegang pada iman, yaitu terus berpegang kuat pada tujuan keselamatan itu.

Ada ancaman bahaya yang nyata, yaitu kita teperdaya ("*katabrabeno*", yang berarti kehilangan hadiah yang telah disediakan bagi kita), tertipu, dan "terjerat", rusak dan "dimangsa", sehingga meninggalkan "keteguhan iman" (Kol. 2:4-8). Satu-satunya obat penawar untuk bahaya yang menyerang dengan licik itu adalah: "Kamu telah menerima Kristus Yesus,

Tuhan kita. Karena itu hendaklah hidupmu tetap di dalam Dia. Hendaklah kamu berakar di dalam Dia dan dibangun di atas Dia, hendaklah kamu bertambah teguh dalam iman yang telah diajarkan kepadamu," (Kol. 2:6-7; perlu dicatat bahwa "menerima" di sini diterjemahkan dari kata *"paralambano"* dalam bahasa Yunani, bukan kata *"lambano"* yang lebih lazim digunakan, dan secara harfiah berarti "menerima di sisi", yaitu menerima ajaran mengenai seseorang alih-alih menerima seseorang itu; setelah kenaikan Yesus, para rasul tidak pernah berbicara tentang menerima Kristus, tetapi hanya berbicara tentang menerima orang yang pernah hidup di bumi, yaitu Roh Kudus - hal ini perlu diperhatikan oleh para penginjil).

Ajaran sesat memang berbahaya, terutama jika disampaikan dengan gaya sederhana yang penuh tipuan, yang sering kali menutupi kesombongan intelektual. Ajaran yang demikian bukan hanya "menggagalkan kemenangan" (Kol. 2:18; ref.: 1 Kor. 9:27 dan Fil. 3:14), melainkan juga membawa orang percaya ke titik ketika dia "tidak berpegang teguh [tidak melekat/terhubung lagi] kepada Kepala [Kristus]", seperti yang telah terjadi pada para pengajar sesat itu (Kol. 2:19). Orang yang sejak awal tidak pernah melekat pada Kristus tentu tidak dapat kehilangan kemelekatan itu!

Penyesatan intelektual cepat atau lambat akan membawa kerusakan moral. Paulus mendesak jemaat Kolose untuk menumpas habis penyembahan berhala dan amoralitas yang menjadi kecenderungan sifat dasar dosa manusia yang telah jatuh, yang dahulu mengendalikan kehidupan mereka. Mereka mutlak harus membuang segala hawa nafsu dan keserakahan, sekarang juga, karena hal-hal itu "mendatangkan murka Allah" (Kol. 3:6). Orang percaya tidak diberi kekebalan dari penghakiman, terutama jika mereka terus-menerus melanjutkan cara hidup yang lama, karena Tuhan tidak pilih kasih. Dosa akan mendatangkan murka-Nya, baik pada orang non-percaya maupun pada orang percaya. Ini merupakan peringatan yang muncul berulang kali dalam surat-surat Paulus (ref.: Roma 2:5 dan Gal. 5:21).

Indikasi dalam Alkitab

Tesalonika - Dua surat ini ditulis terutama untuk meluruskan kesalahpahaman tentang kedatangan Kristus yang kedua, dan tidak terlalu berkaitan dengan pembelajaran kita.

Namun, dalam surat pertamanya Paulus menyebutkan kecemasannya mengenai para pembaca surat itu, yang mendorongnya untuk mencari informasi tentang kondisi rohani mereka. "... karena aku kuatir kalau-kalau kamu telah dicobai oleh si penggoda dan kalau-kalau usaha kami menjadi sia-sia," (1 Tes. 3:5). Lebih dari sekali, Paulus mengungkapkan ketakutannya ini bahwa usahanya akan menjadi "sia-sia", tanpa hasil yang tetap (ref.: Gal. 4:11; Fil. 2:16). Jika Paulus merupakan penganut SSTS, tentu ketakutan yang demikian akan sulit dijelaskan.

Syukurlah, Timotius kembali setelah diutus dengan kabar yang membesarkan hati, yang membuktikan bahwa ketakutan Paulus itu salah. "Sekarang kami hidup kembali, asal saja kamu teguh berdiri di dalam Tuhan," (1 Tes. 3:8).

1 Timotius - Surat pertama dan kedua kepada Timotius serta surat kepada Titus secara gabungan dikenal sebagai surat-surat penggembalaan. Isinya menangani berbagai masalah praktis yang dihadapi oleh pemimpin Gereja, maka dapat diduga bahwa akan muncul sejumlah referensi terhadap situasi orang yang kembali hidup dalam dosa atau meninggalkan Gereja karena alasan-alasan lain. Demikianlah, surat-surat ini termasuk surat-surat terakhir Paulus.

Ada orang-orang yang telah "menyimpang dari" hati yang suci, nurani yang murni, dan iman yang tulus ikhlas (1 Tim. 1:3-7). Ada pula yang telah terang-terangan "menolak" hal-hal ini dan "iman mereka kandas" (1 Tim. 1:18-20). Di antara mereka itu, ada dua nama yang disebut: Himeneus dan Aleksander, "yang telah kuserahkan kepada Iblis, supaya jera mereka menghujat". Kita telah melihat (dalam 1 Kor. 5) bahwa sanksi yang ekstrem itu memiliki maksud penebusan, dan diperlukan demi mementingkan keselamatan akhir. Menyerahkan mantan orang percaya ke dala serangan fisik oleh Iblis mungkin terkesan kejam, tetapi tindakan yang keras ini adalah untuk kesejahteraan kekal mereka.

Salah satu ayat yang paling membingungkan berkata bahwa "perempuan akan diselamatkan karena melahirkan anak, asal ia bertekun [tetap, terus-menerus, tinggal dalam] dalam iman dan kasih dan pengudusan dengan segala kesederhanaan," (1 Tim. 2:15). Ayat ini ditulis setelah larangan Paulus atas pelayanan perempuan (untuk mempelajari lebih lanjut topik yang melibatkan berbagai nuansa emosi ini, baca buku saya, *Leadership is Male/ Kepemimpinan adalah bagi Pria*). "Perempuan" yang dimaksud di sini merujuk pada Hawa, yang "tergoda dan jatuh ke dalam dosa" (1 Tim. 2:14), dan jelas mewakili semua perempuan karena kata "ia" yang muncul berikutnya di kalimat itu dalam naskah aslinya adalah "mereka" (dan sebagai perkecualian, tidak berlaku pada Maria, ibu Yesus). Kata kuncinya tentu saja adalah "diselamatkan", yang kadang terbatasi hanya pada makna jasmaninya: "diamankan keluar dari bahaya persalinan". Namun, makna jasmani ini tidak sesuai dengan "jatuh ke dalam dosa" yang muncul di ayat sebelumnya, yang darinya si perempuan "diselamatkan". Di sisi lain, "diselamatkan karena melahirkan anak" tentu adalah keselamatan oleh perbuatan yang lahir dari upaya keras sekaligus kemarahan, karena saya tahu dari para bidan bahwa banyak perempuan menjerit kepada Tuhan selama proses persalinan. Menurut saya, "melahirkan anak" di sini perlu dipahami secara umum sebagai fungsi utama dalam kehidupan, yang sama sekali tidak lebih rendah atau lebih ringan daripada pelayanan pengajaran yang Paulus larang atas perempuan. Meski demikian, fungsi alamiah itu sendiri tidak dapat menyelamatkan mereka, kecuali dilanjutkan sampai genap dengan terus berpegang pada iman, kasih, dan kekudusan. Sekali lagi, bagi Paulus, keselamatan itu bersyarat. Dalam konteks orang-orang yang "murtad" (meninggalkan iman) (1 Tim. 4:1), Paulus mendesak Timotius untuk tekun membaca, memberitakan, dan mengajarkan kitab suci kepada jemaatnya, sambil mengawasi dirinya agar kehidupannya sesuai dengan perkataannya, "karena dengan berbuat demikian engkau akan menyelamatkan dirimu dan semua orang yang mendengar engkau," (1 Tim. 4:16). Jelaslah, Timotius pun belum sepenuhnya "selamat", dan dapat "menyelamatkan" dirinya sendiri! Kali ini pun Paulus membahas keselamatan dalam makna penuh dan finalnya, yang sepenuhnya sesuai dengan ajaran Tuhannya tentang "barangsiapa yang bertahan sampai kesudahannya akan diselamatkan".

Selain itu, ada pula petunjuk-petunjuk relevan lainnya tentang pemikiran Paulus ini. Orang percaya dapat menjadi "murtad dan lebih buruk dari orang yang tidak beriman" jika tidak memelihara seluruh keluarga dan seisi rumahnya (1 Tim. 5:8). Seorang janda Kristen yang "hidup mewah dan berlebih-lebihan, ia sudah mati selagi hidup", karena hawa nafsunya itu telah mengalahkan pengabdian hidupnya (1 Tim. 5:6). Bahkan, "beberapa janda telah tersesat mengikut Iblis" (1 Tim. 5:15).

Sebagian telah meninggalkan iman dan murtad melalui jalur "cinta akan uang", yang adalah "akar dari segala kejahatan". Orang-orang kaya harus diajar untuk "mempertahankan" atau "memegang erat" kehidupan kekal dengan kesungguhan yang sama, hingga menjadi kaya dalam perbuatan baik, murah hati dan bukannya serakah, dengan mencari kehidupan yang sejati karena itulah yang akan bertahan pada waktu yang akan datang. Keyakinan mereka haruslah terletak di dalam Tuhan, bukan harta. Ada upah yang lebih besar tersedia bagi rasa cukup daripada keinginan akan milik orang lain (semuanya ini terdapat dalam 1 Tim. 6:3-19).

Bahkan, "omongan kosong yang tidak suci" dan "pertentangan dari pengetahuan" pun dapat membuat orang percaya "menyimpang dari iman" (1 Tim. 6:20-21). Kata kerja yang digunakan mengandung makna penyimpangan yang tidak diniatkan serta tidak disadari. Paulus sama sekali tidak pernah berbicara tentang orang-orang yang dia maksud itu sebagai "aman untuk selamanya, syukur kepada Tuhan" atau hanya berisiko dibatalkan bonus ekstranya di surga kelak. Sebaliknya, nada bicara dan penggunaan kata-katanya menunjukkan kesedihan dan ketakutan yang jauh lebih kuat, bahwa mereka yang termasuk orang-orang yang telah "diselamatkan" pada awalnya bisa jadi tidak tiba pada titik "selamat" final itu pada akhirnya.

2 Timotius - Ada banyak "perkataan yang dapat dipercaya dalam surat-surat penggembalaan, yang memiliki ciri-ciri amsal atau kata-kata bijak yang merangkum hikmat kehidupan yang nyata. Mungkin perkataan semacam ini lazim digunakan oleh para pengkhotbah awal untuk menanamkan ingatan sekuat mungkin bagi diri mereka sendiri maupun para pendengar. Paulus pun menggunakannya untuk mengingatkan pembaca suratnya.

Salah satunya (2 Tim. 2:11-13) menggunakan kata "jika" dan kita telah belajar betapa signifikannya penggunaan kata penghubung kecil ini. Yang sama pentingnya adalah kata "kita" yang berulang, yang jelas menunjukkan bahwa yang dimaksud adalah orang percaya, termasuk dirinya sendiri. Yang ketiga adalah yang patut kita perhatikan sekarang: "... jika kita menyangkal Dia, Dia pun akan menyangkal kita." Pada setiap perkataan bijaknya, bagian pertama berisi sesuatu dalam masa kini dan bagian keduanya adalah tentang masa mendatang yang merupakan konsekuensinya ("jika kita bertekun, kita pun akan ikut memerintah dengan Dia"). Inilah kemungkinan yang dekat sekali bahwa murid yang pernah menjadi milik Kristus bisa saja akan disangkal oleh-Nya pada hari kitab kehidupan dibuka. Perkataan yang dikutip Paulus ini hampir sama persis dengan perkataan Yesus sendiri: "Tetapi barangsiapa menyangkal Aku di depan manusia, Aku juga akan menyangkalnya di depan Bapa-Ku yang di sorga," (Mat. 10:33, ditujukan kepada dua belas rasul).

Timotius diberi tahu bahwa mereka yang biasa berdebat dan menentang para pengajar yang telah dikenal di dalam Gereja itu telah terjatuh ke dalam "jerat Iblis yang telah mengikat mereka pada kehendaknya" (2 Tim. 2:26). Dia harus "dengan lemah lembut dapat menuntun orang yang suka melawan, sebab mungkin Tuhan memberikan kesempatan kepada mereka untuk bertobat ...

Indikasi dalam Alkitab

dengan demikian mereka menjadi sadar kembali, karena terlepas dari jerat Iblis" itu. Iblis tidak boleh tetap menawan mereka.

Orang-orang jahat dan penyesat akan berlaku makin jahat (2 Tim. 3:13), tetapi Timotius harus terus bertekun dalam apa yang telah dia pelajari dari kitab suci, yang telah dikenalnya sejak masa kanak-kanaknya dalam asuhan ibu serta neneknya. Sebab "segala tulisan yang diilhamkan Allah memang bermanfaat untuk mengajar, untuk menyatakan kesalahan, untuk memperbaiki kelakuan dan untuk mendidik orang dalam kebenaran," (2 Tim. 3:16). Namun, sebelum semuanya itu, adalah wajib dan esensial bagi Timotius sendiri untuk "kamu hidup berpadanan dengan keselamatan". Kata "kamu" di sini bermakna pribadi. Timotius harus diselamatkan, secara sepenuhnya dan sampai akhir (sama seperti maksud ayat 1 Tim. 4:16).

Titus dan Filemon - tidak mengandung materi yang relevan untuk topik pembelajaran kita.

vi) Ibrani - Tujuan penulisan surat tanpa nama penulis ini menjadikannya kitab yang paling relevan dalam Perjanjian Baru untuk pembelajaran kita. Kemungkinan, surat Ibrani ditulis kepada jemaat di Roma (Ibr. 13:24) dan tentu untuk orang-orang percaya Yahudi. Inilah satu-satunya surat yang membahas secara menyeluruh masalah murtad atau undur dari iman. Saat itu kekristenan merupakan agama yang ilegal (*religio illicita*) di wilayah kekaisaran Romawi, maka orang Kristen dapat diserang dan pihak yang menyerang menikmati kekebalan hukum. Saat surat ini ditulis, penganiayaan telah dimulai. Orang-orang Kristen dihina di hadapan umum dan dijebloskan ke penjara, dan properti mereka disita (Ibr. 10:33-34). Meskipun dalam pergumulan itu mereka "belum sampai mencucurkan darah" (Ibr. 12:4), ancaman mati menjadi martir telah membayangi di hadapan. Pada masa sebelumnya, mereka telah "bertahan dalam perjuangan yang berat" (Ibr. 10:32), tetapi kekejaman yang meningkat itu menyebabkan mereka goyah dan bertanya-tanya bagaimana diri dan keluarga mereka akan sanggup menghindari penderitaan

SEKALI SELAMAT, TETAP SELAMAT?

yang akan datang.

Bagi orang percaya Yahudi, ada jalan keluar yang senantiasa siap digunakan, yaitu kembali ke sinagoge asal mereka. Namun, jalan keluar ini tidak tersedia bagi orang percaya Yunani. Yudaisme merupakan *religio licita* dan dengan demikian para penganutnya dilindungi oleh hukum. Apalagi, mereka pun menyembah Tuhan yang sama, karena Bapa Yesus adalah Tuhan sesembahan Abraham, Ishak, dan Yakub. Masalahnya hanya satu. Untuk dapat diterima kembali di dalam sinagoge, mereka harus menyangkal iman mereka di dalam Kristus di hadapan umum!

Inilah krisis yang melatarbelakangi penulisan surat Ibrani, yang setiap bagiannya berusaha mendorong agak murid-murid dari kalangan Ibrani itu terus berjalan bersama Kristus, berapa pun harga yang harus dibayar, dan tidak kembali undur ke Yudaisme. Penulisnya menggunakan segala retorika yang dapat digunakannya, argumentasi dan permohonan, teguran lembut sekaligus peringatan yang serius, logika dari pandangan rabi sekaligus ledakan kata-kata emosional. Surat ini merupakan karya hebat persuasif manusia sekaligus hasil inspirasi Roh Kudus.

Penulisnya, siapa pun itu (kandidat yang diperkirakan di antaranya adalah Stefanus dan Priskila), menjalin eksposisi positif dengan teguran negatif.

Kita tidak memiliki keleluasaan waktu dan ruang untuk meneliti detail-detail argumen tentang ketidakmemadaian dan keusangan Yudaisme atau keunggulan dan sifat permanen pengenalan akan Yesus Sang Anak Allah, imam menurut imamat Melkisedek, penulis sekaligus penuntas iman kita dan bukan hanya teladan iman seperti para pahlawan iman dalam Perjanjian Lama. Yang paling menarik bagi kita adalah nasib yang digambarkan bagi mereka yang, setelah pernah mengenal Kristus sebagai Tuhan dan Juru Selamat mereka, berbalik meninggalkan Dia di bawah tekanan musuh.

Kita akan memulainya dengan teks yang telah dikenal luas, yang sering digunakan dalam upaya penginjilan: "... bagaimanakah kita

Indikasi dalam Alkitab

akan luput, jikalau kita menyia-nyiakan keselamatan yang sebesar itu, ...?" (Ibr. 2:3). Dalam terjemahan Alkitab bahasa Inggris New International Version, istilah yang digunakan adalah "jika kita mengabaikan", mungkin untuk menegaskan penerapannya bagi orang-orang berdosa. Namun, kata "kita" di sini merujuk pada orang percaya saja, yang mengalami bahaya "menyimpang" dari injil yang telah mereka dengar dan terima (Ibr. 2:1). Dan jika setiap pelanggaran dan ketidaktaatan di bawah perjanjian yang lama ("firman yang dikatakan dengan perantaraan malaikat-malaikat") mendatangkan hukuman yang adil, demikian pula pelanggaran di bawah perjanjian yang baru akan ditangani dengan serius (Ibr. 2:2). Perhatikan bahwa keduanya menggunakan dasar yang sama. Para pelanggar akan menjadi jauh lebih bersalah lagi karena membuang keselamatan yang telah diberikan atas mereka dan disahkan dengan berbagai tanda, keajaiban, mukjizat, serta karunia yang dibagi-bagikan oleh Roh (Ibr. 2:4). Telah menyaksikan semua ini lalu menyatakan semua ini tidak benar adalah masalah serius.

Seperti Paulus, penulis surat Ibrani suka menggunakan kata "jika" (atau kata-kata lain yang bermakna prasyarat dalam Alkitab terjemahan bahasa Indonesia). "... rumah-Nya [rumah Tuhan] ialah kita, jika kita sampai kepada akhirnya teguh berpegang pada kepercayaan dan pengharapan yang kita megahkan," (Ibr. 3:6). "Karena kita telah beroleh bagian di dalam Kristus, asal saja kita teguh berpegang sampai kepada akhirnya pada keyakinan iman kita yang semula," (Ibr. 3:14). Dia menunjukkan perlunya ketekunan ini dari contoh ketidaksetiaan nenek moyang bangsa Israel. "Demikianlah kita lihat, bahwa mereka tidak dapat masuk [Kanaan] oleh karena ketidakpercayaan mereka," (Ibr. 3:19). Tragedi yang sama ini juga dapat terjadi pada murid-murid Kristus. "Waspadalah, hai saudara-saudara, supaya di antara kamu jangan terdapat seorang yang hatinya jahat dan yang tidak percaya oleh karena ia murtad dari Allah yang hidup," (Ibr. 3:12). Perhatikan bahwa adalah tidak mungkin orang meninggalkan

Kristus tetapi tetap mempertahankan Allah.

Kanaan adalah lambang, bayangan, seperti sabat mingguan, yang mewakili "perhentian" (istirahat) sesungguhnya yang Tuhan ingin untuk berikan bagi orang-orang yang susah payah menanggung beban berat (yang digenapi dengan undangan Kristus sendiri, "Marilah kepada-Ku, semua yang letih lesu dan berbeban berat, Aku akan memberi kelegaan kepadamu," Mat. 11:28). Namun, "... mereka yang kepadanya lebih dahulu diberitakan kabar kesukaan itu, tidak masuk karena ketidaktaatan mereka," (Ibr. 4:6). Ini bisa saja terjadi lagi. "Sebab itu, baiklah kita waspada, supaya jangan ada seorang di antara kamu yang dianggap ketinggalan," (Ibr. 4:1). "Karena itu baiklah kita berusaha untuk masuk ke dalam perhentian itu, supaya jangan seorang pun jatuh karena mengikuti contoh ketidaktaatan itu juga," (Ibr. 4:11). Maka, "baiklah kita teguh berpegang pada pengakuan iman kita" (Ibr. 4:14).

Banyak istilah dalam gaya bahasa ini ("jatuh", "teguh berpegang") lazim digunakan pula oleh para penulis Perjanjian Baru lainnya. Contoh kegagalan banyak orang memasuki Kanaan sebagai peringatan bagi orang Kristen pun banyak muncul di bagian-bagian lain dalam Perjanjian Baru (Paulus menuliskannya dalam 1 Korintus 10, demikian pula Yudas). Gagasan ini bukan satu-satunya atau pertama kali muncul di dalam surat Ibrani, meskipun di sini pesannya lebih jelas dan mendapat penekanan yang lebih kuat.

Namun, perikop berikutnya yang akan kita amati memang membawa gagasan ini lebih lanjut daripada sebelumnya (sehingga dianggap sebagai "masalah" terbesar oleh para pendukung paham SSTS yang "merusak" pesan mereka). Kira-kira pada pertengahan surat Ibrani, inti atau pokok gagasan yang menentukan arah seluruh isi surat menjadi jelas. Ini adalah bagian yang berisi salah satu dari dua peringatan paling serius dalam seluruh surat, yang menjabarkan dengan gamblang nasib mereka yang menyangkal iman kepada Kristus (Ibr. 6:1-12; para pembaca sangat disarankan untuk membaca seluruh perikopnya). Kita perlu dua pokok gagasan penting yang memberikan klarifikasi dalam mengamati bagian kontroversial ini.

Pertama, surat ini ditujukan kepada orang percaya/Kristen, yaitu "mereka yang pernah diterangi hatinya, yang pernah mengecap karunia sorgawi, dan yang pernah mendapat bagian dalam Roh Kudus, dan yang mengecap firman yang baik dari Allah dan karunia-karunia dunia yang akan datang". Deskripsi demikian dalam konteks lain apa pun tentu sangat meneguhkan asumsi perujukannya pada orang-orang yang telah mengalami kelahiran baru. Penggambaran yang serupa pun muncul di bagian-bagian lain dalam Alkitab (referensi silang menunjukkan Ibr. 10:32; Ef. 2:8; dan Gal 3:2), sehingga memang penerapannya tidak perlu dipertanyakan. Upaya-upaya untuk menggunakan penggambaran yang demikian untuk merujuk pada orang yang belum percaya adalah hal yang konyol (seperti orang yang berkilah "mengecap bukan berarti pasti menelan", seperti pada undangan "kecaplah dan lihatlah betapa Tuhan itu baik"!). Sebenarnya, segala bentuk rasionalisasi aneh semacam ini terpatahkan oleh konteksnya. Seluruh perikop ditujukan para "bayi" rohani, yang masih memerlukan susu padahal seharusnya sudah cukup dewasa untuk mengonsumsi makanan keras (Ibr. 5:13-14; sekali lagi, pembagian pasal ini memang telah merusak konteksnya). Setiap bayi pasti telah melalui proses dilahirkan. Maka, tidak perlu lagi kita meletakkan "dasar kepercayaan kepada Allah, yaitu ajaran tentang pelbagai pembaptisan, penumpangan tangan, kebangkitan orang-orang mati dan hukuman kekal" (Ibr. 6:1-2). Semua itu telah disampaikan seluruhnya dan dengan lengkap, meskipun mungkin belum matang sepenuhnya. Selain itu, orang-orang ini adalah orang-orang percaya yang sama, yang sedang mengalami bahaya maut. Yang kedua, penulis surat ini bukan membahas apakah mereka dapat kehilangan keselamatan. Dia tidak menganggap topik itu perlu dibahas! Dia justru sedang membahas apakah, jika mereka telanjur kehilangan keselamatan, mereka dapat memperolehnya kembali. Jawabannya adalah mutlak tidak bisa. Memperoleh kembali keselamatan yang hilang adalah tidak mungkin, "... yang murtad lagi, tidak mungkin dibaharui sekali lagi sedemikian, hingga mereka bertobat," (Ibr. 6:6). Pertanyaannya, yang menghapuskan kemungkinan pertobatan itu adalah kondisi subjektif mereka sendiri atau dosa objektif yang mereka lakukan? Apakah mereka kini telah menjadi tidak mampu berubah, atau mereka mampu berubah tetapi perubahan mereka tidak akan diterima oleh Tuhan? Sifat dosa merekalah yang menghapuskan kemungkinan kembalinya keselamatan, yaitu apa yang telah mereka lakukan terhadap Kristus, bukan dampaknya atas kondisi mereka sendiri. Mari ingat latar belakangnya, bahwa kembali masuk sinagoge berarti memutuskan hubungan dengan Kristus secara publik, lalu kembali mengidentifikasi diri dengan orang-orang yang telah menyalibkan Kristus dan "menghina-Nya di muka umum" (Ibr. 6:6). Menyangkal dan meninggalkan iman di dalam Kristus yang sedemikian nyata secara publik tidak dapat dipulihkan kembali. Banyak pihak berusaha menjelaskan bahwa "kehilangan" ini harus memenuhi syarat-syarat tertentu hingga menjadi permanen (misalnya, Alkitab bahasa Inggris NIV menambahkan catatan kecil bahwa pertobatan tidak mungkin lagi "selama" sikap seperti itu tetap dipertahankan!). Namun, ayat-ayat berikutnya meneguhkan makna yang jelas ini.

Sebagai ilustrasi, digunakan kiasan dari konteks pertanian. "Sebab tanah yang menghisap air hujan yang sering turun ke atasnya, dan yang menghasilkan tumbuh-tumbuhan yang berguna bagi mereka yang mengerjakannya, menerima berkat dari Allah; tetapi jikalau tanah itu menghasilkan semak duri dan rumput duri, tidaklah ia berguna dan sudah dekat pada kutuk, yang berakhir dengan pembakaran," (Ibr. 6:7-8; inilah nasib yang sama dengan nasib ranting-ranting yang tidak tetap melekat pada pokok anggur dan tidak menghasilkan buah, Yoh. 15:6). Berkat maupun kutuk pada dasarnya tersedia bagi tanah itu; keduanya diberikan oleh Tuhan. Tuhan ingin menerima imbal hasil yang layak dari orang-

orang yang telah diberi-Nya perkenan.

Kemudian, demi melunakkan efek kejut yang timbul di antara para pembaca suratnya, sang penulis menambahkan bahwa "kami [rekan-rekannya sesama rasul?] yakin, bahwa kamu memiliki sesuatu yang lebih baik, yang mengandung keselamatan" (Ibr. 6:9). Tambahan ini tidak boleh dipandang sebagai dalih bahwa murtad dan kehilangan kemungkinan bertobat tidak akan pernah bisa terjadi pada siapa pun. Keyakinan sang penulis itu terbatas pada kasus yang ada, dan kata "yakin" merupakan versi singkat dari "kami telah diyakinkan" (apakah ada orang yang telah melaporkan kabar bahwa situasi sebenarnya tidak separah yang ditakutkan?).

Apa pun itu, nasihat yang menjadi kesimpulan akhirnya menjelaskan bahwa keamanan kekal terletak di tangan mereka sendiri. "Tetapi kami ingin, supaya kamu masing-masing menunjukkan kesungguhan yang sama [dalam perbuatan, kasih, dan pertolongan terhadap umat Tuhan, yang telah mereka tunjukkan sebelumnya] untuk menjadikan pengharapanmu suatu milik yang pasti, sampai pada akhirnya [gagasan yang akan kita lihat juga dalam 2 Petrus], agar kamu jangan menjadi lamban, tetapi menjadi penurut-penurut mereka yang oleh iman dan kesabaran [secara harfiah, kata aslinya berarti "bertahan lama dalam penderitaan"] mendapat bagian dalam apa yang dijanjikan Allah," (Ibr. 6:11-12). Lagi-lagi, ketekunan dan warisan menjadi kesatuan dua hal yang tak terpisahkan.

Sebagai batasan tegas, peringatan ini hanya ditujukan untuk dosa ekstrem menghina Kristus di muka umum dengan menyangkal iman kepada-Nya, yang banyak disebut sebagai "murtad". Dari sini, kita beralih ke peringatan lain yang dapat dikatakan jauh lebih serius, karena mencakup tidak hanya satu dosa tertentu tetapi setiap dosa secara umum!

Alkitab bahasa Inggris NIV memberi judul perikopnya (Ibr. 10:19-31) "Panggilan untuk Bertekun" (dalam Alkitab Terjemahan Baru bahasa Indonesia, "Ketekunan"). Perikop ini dimulai dengan tiga nasihat: "... marilah kita menghadap Allah dengan hati yang tulus ikhlas dan keyakinan iman yang teguh..." "Marilah kita teguh berpegang pada pengakuan tentang pengharapan kita ..." "Dan marilah kita saling memperhatikan supaya kita saling mendorong dalam kasih dan dalam pekerjaan baik."

Lalu, muncullah bagian yang paling kerasnya: "Sebab jika kita sengaja berbuat dosa [dengan kala kini berkelanjutan dalam tata bahasa penulisannya], sesudah memperoleh pengetahuan tentang kebenaran, maka tidak ada lagi korban untuk menghapus dosa itu. Tetapi yang ada ialah kematian yang mengerikan akan penghakiman dan api yang dahsyat yang akan menghanguskan semua orang durhaka," (Ibr. 10:26-27). Mungkin orang berpikir sang penulis hanya menyatakan bahwa mereka yang telah mendengar injil lalu menolaknya akan masuk neraka. Ini bukanlah maksudnya, yang akan tampak ketika kita mempelajarinya lebih cermat. Tidak ada bagian apa pun dalam seluruh surat ini yang ditujukan kepada orang non-percaya. "Kita" dalam ayat-ayat ini adalah "kita" dalam ayat-ayat sebelumnya. Maka, "pengetahuan" tentang kebenaran pun termasuk pengalaman diselamatkan oleh kebenaran itu.

Sang penulis bermaksud menujukan peringatannya kepada para anggota umat Tuhan, dan ini diteguhkan ketika dia menggunakan contoh paralel dari hukum Taurat Musa, yang menurutnya pelanggar harus dieksekusi mati "tanpa belas kasihan". "Betapa lebih beratnya hukuman yang harus dijatuhkan atas dia, yang menginjak-injak Anak Allah, yang menganggap najis darah perjanjian yang menguduskannya [perhatikan bahwa ini hanya dapat berarti orang yang telah "dikhususkan" dengan cara menerima injil], dan yang menghina Roh kasih karunia?" (Ibr. 10:29). Kecaman yang sangat keras ini dikhususkan bagi orang-orang kudus yang telah mengkhianati panggilan mereka (ref.: Ibr. 6:6).

Sang penulis berefleksi pada luasnya pengetahuan tentang Perjanjian Lama, dan ini berarti hampir pasti dirinya sendiri adalah "orang Ibrani". Di perikop ini, dia berefleksi pada hukum Taurat Musa dalam kitab Imamat, yang mengatur banyak persembahan korban untuk menebus dosa-dosa yang "tidak disengaja" tetapi tidak tersedia bagi dosa-dosa "keangkuhan yang seenaknya", yang secara sengaja direncanakan dan dilakukan. Tidak heran, dia menutup kesimpulan suratnya dengan: "Ngeri benar, kalau jatuh ke dalam tangan Allah yang hidup," (Ibr. 10:31; ayat yang secara efektif dinetralkan oleh banyak pengkhotbah yang menambahkan: "... tetapi lebih ngeri lagi kalau kita jatuh keluar dari tangan Allah"). Nasihat yang terakhir pun disampaikan: "Sebab itu janganlah kamu melepaskan kepercayaanmu, karena besar upah yang menantinya. Sebab kamu memerlukan ketekunan, supaya sesudah kamu melakukan kehendak Allah, kamu memperoleh apa yang dijanjikan itu," (Ibr. 10:35-36).

Kemudian, dia membahas situasi mereka yang gagal bertekun. "Tetapi orang-Ku yang benar akan hidup oleh iman [Hab. 2:4, sekali lagi, "iman" berarti "setia untuk penuh iman"] dan apabila ia mengundurkan diri, maka Aku tidak berkenan kepadanya," (Ibr. 10:38). Penulis surat Ibrani mengungkap pengalamannya berlayar dan menggunakan beberapa istilah pelayaran: "sauh" (jangkar) (Ibr. 6:19), "hanyut dibawa arus" (Ibr. 2:1), dan kali ini, "mengundurkan diri", yang merupakan istilah teknis untuk menurunkan layar, mengurangi kecepatan kapal sampai berhenti, membiarkan kapal terombang-ambing oleh arus dan angin tanpa jangkar, sehingga hampir pasti terbawa sampai karam menghantam batu karang. Kemungkinan inilah yang ada di dalam pikiran sang penulis, seperti yang tampak pada ayat berikutnya: "Tetapi kita bukanlah orang-orang yang mengundurkan diri [menurunkan layar] dan binasa [kandas, karam], tetapi orang-orang yang percaya dan yang beroleh hidup [arti harfiah penulisnya adalah "tetap beriman sampai memperoleh hidup menjadi milik"]. Perhatikan bahwa dalam seluruh penggambaran ini, yang dimaksud adalah orang yang sama: "orang-Ku yang benar ... apabila ia mengundurkan diri". Sebagian penerjemah yang tidak bertanggung jawab, yang meyakini bahwa orang benar yang hidup oleh iman tidak mungkin mengundurkan diri, telah mengubah bagian "apabila ia" menjadi "apabila orang" (Beza, penerus John Calvin, melakukan perubahan ini; lihat Bab 4).

Makna pasal 10 dalam surat Ibrani ini jauh lebih serius daripada pasal 6. Dosa *apa pun*, yang secara sengaja dan dari kehendak terus dilakukan setelah diakui dan diampuni, mendatangkan potensi bahaya. Tanpa ketekunan moral, tidak akan ada warisan yang diterima.

Dari bagian yang keras bernada negatif ini, surat Ibrani beralih ke contoh positif, nasihat dan dorongan semangat, meskipun nada negatif masih kadang disuarakan.

Dalam daftar pahlawan iman Israel, yang pada tiap kasus menunjukkan iman dengan perbuatan mereka (seperti Yakobus, Ibrani mengajarkan bahwa "iman tanpa perbuatan adalah mati"), ada penekanan pada ketekunan mereka: "Dalam iman mereka semua ini telah mati..." (Ibr. 11:13). Para pahlawan iman itu tidak hidup cukup lama sampai menerima warisan yang dijanjikan, tetapi mati dalam iman bahwa suatu hari kelak warisan itu akan menjadi milik mereka, dan iman itu benar. Namun, hanya bersama-sama dengan orang-orang percaya Kristenlah warisan itu sempurna menjadi milik mereka (Ibr. 11:40). "Karena kita mempunyai banyak saksi, bagaikan awan [kerumunan] yang mengelilingi kita, marilah kita ... berlomba dengan tekun dalam perlombaan yang diwajibkan bagi kita. Marilah kita melakukannya dengan mata yang tertuju kepada Yesus, ..." (Ibr. 12:1-2). Kita perlu "Ingatlah selalu akan Dia, yang tekun menanggung bantahan yang sehebat itu terhadap diri-Nya dari pihak orang-orang berdosa, supaya jangan kamu menjadi lemah dan putus asa" (Ibr. 12:3). Sementara sebagian besar tekanan yang melemahkan itu akan datang dari manusia, ada pula yang datang dari Tuhan, yang mendisiplin dan menghajar anak-anak kepunyaan-Nya karena Dia mengasihi mereka dan ingin mereka mencapai kondisi terbaik mereka. Disiplin seorang bapa

Indikasi dalam Alkitab

menghasilkan "buah kebenaran yang memberikan damai" (Ibr. 12:11). Inilah tantangan pendewasaan, waktu untuk "kuatkanlah tangan yang lemah dan lutut yang goyah" (Ibr. 12:12); panggilan untuk "Berusahalah ... kejarlah kekudusan, sebab tanpa kekudusan tidak seorang pun akan melihat Tuhan" (Ibr. 12:14).

Di sinilah letak pernyataan paling tegas dalam Perjanjian Baru tentang kebutuhan mutlak akan kekudusan, seperti halnya dengan pengampunan, untuk mencapai tujuan akhir bertemu pandang dengan Tuhan sendiri (ref.: "mereka akan melihat wajah-Nya": Why. 22:4). Ayat ini sendiri saja sudah cukup untuk menghapuskan pandangan Alfa SSTS. Langsung setelahnya, ada kemungkinan mengerikan akan "menjauh dari kasih karunia Allah", dengan membiarkan akar pahit merusak dan menguasai. Salah satu contohnya yang jelas adalah Esau, yang kehilangan kasih karunia Tuhan karena menukarkan "warisan" masa depannya dengan kepuasan instan untuk kebutuhan jasmaninya. Meskipun setelah itu dilanda penyesalan dan duka, dia tidak lagi mampu mengubah kembali hasilnya dan jadi terus membuat pilihan yang salah.

Mengabaikan peringatan di bumi saja berbahaya, apalagi mengabaikan peringatan dari surga. Konsekuensinya adalah maut (Ibr. 12:25). Tidak akan ada jalan keluar untuk lolos dari konsekuensi itu. Apakah sang penulis sedang menyatakan bahwa suratnya ini merupakan peringatan kenabian dari Tuhan sendiri? Dia mengingatkan para pembacanya bahwa Tuhan tidak pernah berubah sejak zaman Musa; Tuhan tetaplah "api yang menghanguskan" (Ibr. 12:29, mengutip Ul. 4:24), senantiasa harus disembah "dengan takut dan gentar" (yang nyaris terlupakan sepenuhnya dalam ibadah-ibadah santai pada masa sekarang).

"Kata-kata nasihat" ini (Ibr. 13:22) ditutup dengan serangkaian instruksi yang dengan cepat sambung-menyambung; jangan terseret arus pengajaran yang sesat, tetaplah memelihara persembahan korban pujian, jangan lupa untuk terus berbuat baik.

Setiap orang yang membaca surat ini secara keseluruhan untuk pertama kalinya, tanpa prasangka apa pun, hampir tak mungkin gagal menyimpulkan bahwa orang percaya dapat kehilangan segala sesuatu yang pernah mereka temukan di dalam Kristus. Para pendukung SSTS pun harus mengakui bahwa surat ini berisi bagian-bagian "bermasalah" yang tampaknya menentang teori mereka. Penjelasan buatan mereka untuk mencocokkan pesan surat ini dengan teori mereka sedikit atau banyak menumpulkan peringatan-peringatan serius yang ada, dengan mengurangi atau bahkan menghilangkan aspek-aspek yang mereka takutkan akan terjadi kelak (lihat komentar kesimpulan dalam bab ini).

vii) Yakobus - Surat yang sangat praktis ini, yang mengandung keterkaitan dengan kitab Amsal maupun isi Khotbah di Bukit, tampaknya ditujukan kepada orang-orang percaya Yahudi di "diaspora" (yang tersebar di luar wilayah negerinya).

Ketika kita dicobai, kita tidak boleh mempersalahkan Tuhan (yang tidak pernah mencobai siapa pun) maupun Iblis jika kita jatuh ke dalam dosa. Akar penyebabnya terletak di dalam keinginan kita sendiri yang jahat (Yak. 1:12-16). Jika godaan itu berpadu dengan keinginan jahat kita sendirilah kita akan terpikat dan terseret. Rantai sebab-akibat yang tak dapat dihindari pun mulai berputar. Apabila keinginan itu telah dibuahi, ia melahirkan dosa; dan apabila dosa itu sudah matang, ia melahirkan maut. Perhatikan bahwa dosa tidak langsung berakibat maut. Maut adalah akibat akhirnya. Kita tidak boleh tertipu tentang hal ini. Akibat akhir dari dosa yang telah matang, termasuk pada orang percaya, adalah "maut" (kematian rohani, bukan jasmani, karena semua tubuh jasmani memang harus mati).

Maka, Yakobus menasihati para pembacanya untuk "buanglah segala sesuatu yang kotor ... dan terimalah dengan lemah lembut firman yang tertanam di dalam hatimu, yang berkuasa menyelamatkan jiwamu" (Yak, 1:21-22). Dia berpikir tentang proses keselamatan dalam aspek masa sekarang dan masa depan, bukan titik mulanya di masa lalu. Mendengar firman saja tidak berguna, tetapi "bertekun di dalamnya ... sungguh-sungguh melakukannya" akan menghasilkan perbedaan (Yak. 1:23-25).

Kita akan kembali mengamati bagian penting tentang iman dan perbuatan (dalam pasal 5). Secara sekilas, perlu kita catat bahwa iman bukanlah sesuatu yang kita pikirkan atau ucapkan, melainkan sesuatu yang kita lakukan. Iman tanpa perbuatan adalah mati, seperti mayat, yang tidak sanggup menyelamatkan dirinya sendiri, apalagi menyelamatkan orang lain (Yak. 2:14-26).

Dalam pasal terakhir, kita membaca tentang kasus "saudara" Kristen yang menyimpang dari kebenaran, yang dengan demikian layak disebut "orang berdosa" lagi (Yak. 5:19-20). Sesama orang percaya yang membuat domba tersesat itu berbalik kembali ke kumpulannya (ref.: Mat. 18:12-14) akan "menutupi banyak dosa", yang dapat dipahami sebagai demikian karena membawa orang yang sesat itu diampuni dan dilupakan dosanya, sehingga "menyelamatkan jiwa orang itu dari maut". Sekali lagi, dosa pada orang percaya dapat membawa hukuman terberat jika tidak dibereskan sebelum terlambat (ref.: Yak. 1:15).

viii) 1 Petrus - Tidak ada bagian di dalam surat ini yang berkaitan dengan topik kita. Hal ini tidak mengherankan, karena ini merupakan surat mula-mula yang ditulis untuk orang-orang yang baru saja menjadi percaya.

ix) 2 Petrus - Sebaliknya, surat ini ditulis jauh setelah surat 1 Petrus, untuk murid-murid generasi kedua.

Mereka didesak untuk "berusahalah sungguh-sungguh, supaya panggilan dan pilihanmu makin teguh", yang, dengan kata lain yang lebih sederhana, berarti panggilan dan pilihan mereka itu belum cukup teguh tanpa usaha dari pihak mereka. Mereka dapat meneguhkan panggilan dan pilihan itu dengan "sungguh-sungguh berusaha" untuk menambahkan kepada iman mereka kebajikan, pengetahuan, penguasaan diri, ketekunan, kesalehan, kasih akan saudara-saudara, dan kasih akan semua orang. Semua ini bukan hanya akan menjadikan kehidupan mereka efektif dan produktif, melainkan juga memastikan bahwa mereka "tidak akan pernah tersandung" serta mereka akan "dikaruniakan hak penuh untuk memasuki Kerajaan kekal, yaitu Kerajaan Tuhan dan Juru Selamat kita, Yesus Kristus" (2 Ptr. 1:5-11). Dipanggil dan dipilih oleh Tuhan memberi kita kesempatan untuk mendapat tempat di dalam Kerajaan-Nya, tetapi kita pun perlu melakukan bagian kita untuk memastikan kita menerima tempat itu. Perikop ini sulut sekali untuk diartikan secara berbeda.

Tuhan telah melakukan segala sesuatu yang mungkin untuk memampukan kita menerima warisan janji-janji-Nya, selain memaksa kita menerima semuanya itu di luar kehendak kita sendiri. "Karena kuasa ilahi-Nya *telah* menganugerahkan kepada kita segala sesuatu yang berguna untuk hidup yang saleh oleh pengenalan kita akan Dia, ..." (2 Ptr. 1:3). Adalah tanggung jawab kita untuk memanfaatkan segala anugerah itu. Jika kita tidak memanfaatkannya, panggilan dan pilihan kita tidak akan teguh.

Dalam perikop yang sangat paralel dengan surat Yudas (lihat berikut ini), para pembaca diingatkan bahwa Tuhan tidak akan membiarkan orang yang bersalah, siapa pun itu, dari malaikat-malaikat surga sampai penghuni Sodom dan Gomora (2 Ptr. 2:4-6). Pada saat yang sama, Tuhan pun sanggup "menyelamatkan" orang-orang yang saleh (seperti Lot) dari kehancuran sekelilingnya.

Latar belakang penggunaan contoh ini adalah penyebaran ajaran sesat yang menyusup ke dalam gereja, yang mendorong perilaku demikian, yang sebenarnya malaikat atau seisi kota pun tidak luput dari hukuman Tuhan. Para pengajar sesat itu adalah orang-orang yang pernah ditebus pula, tetapi berbalik kembali ke kehidupan lama mereka, yang tanpa ragu membenarkan perilaku mereka itu atas nama "kebebasan" Kristen dan kemerdekaan dari hukum (yang secara teknis dikenal dengan sebutan "antinomianisme", yang berarti "tanpa hukum"). Mereka bagaikan mata air yang telah kering, yang pernah memancarkan air yang menyegarkan orang-orang yang minum dari situ.

Petrus mengemukakan beberapa pengamatan yang sangat signifikan tentang orang-orang semacam itu, yang juga berlaku

Indikasi dalam Alkitab

pada orang percaya lain yang mengikuti mereka di jalan yang salah itu. "Sebab jika mereka, oleh pengenalan mereka akan Tuhan dan Juru Selamat kita, Yesus Kristus, telah melepaskan diri dari kecemaran-kecemaran dunia, tetapi terlibat lagi di dalamnya, maka *akhirnya keadaan mereka lebih buruk daripada yang semula*. Karena itu bagi mereka adalah lebih baik, jika mereka tidak pernah mengenal Jalan Kebenaran dari pada mengenalnya, tetapi kemudian berbalik dari perintah kudus yang disampaikan kepada mereka," (2 Ptr. 2:20-21). Bagaimana mungkin keadaan mereka ini dapat menjadi lebih buruk daripada yang semula jika SSTS itu benar? Bukankah menurut SSTS mereka akan tetap masuk surga, meskipun mungkin tanpa menerima upah apa pun? Tidak. Orang yang telah memulai perjalanan kekristenan tetapi kembali berbalik ke dalam kehidupan lamanya *memang* keadaannya menjadi lebih buruk, karena dia akan dihakimi dan dihukum jauh lebih berat daripada orang yang belum pernah mengenal jalan keselamatan. Tuhan itu adil dan keadilan menuntut agar kita diadili berdasarkan pengetahuan yang kita miliki tentang benar dan salah. Orang-orang yang belum pernah tahu akan diperlakukan dengan lebih lunak daripada mereka yang sudah tahu (ref.: Luk. 12:47-48).

Guru-guru palsu ini berusaha meningkatkan kredibilitas dengan mengutip ayat-ayat kitab suci dan mengaku-ngaku menjelaskan bagian-bagian yang sulit, khususnya di dalam surat-surat Paulus, yang "orang-orang yang tidak memahaminya dan yang tidak teguh imannya, memutarbalikkannya menjadi kebinasaan mereka sendiri" (2 Ptr. 3"16). Perhatikan bahwa pada saat penulisan surat 2 Petrus itu surat-surat Paulus sudah digolongkan sebagai "kitab suci", sejajar dengan Perjanjian Lama, dan ada bagian-bagian di dalamnya yang "sukar dipahami"! Nasihat penutupnya pun tepat dan sesuai: "Tetapi kamu, saudara-saudaraku yang kekasih, kamu telah mengetahui hal ini sebelumnya. Karena itu waspadalah, supaya kamu jangan terseret ke dalam kesesatan orang-orang yang tak mengenal hukum, dan *jangan kehilangan peganganmu yang teguh,*" (2 Ptr. 3:17).

x) Yudas - Surat ini ditulis oleh Yudas, adik tiri bungsu kedua Yesus, yang tentu saja lebih suka menyebut dirinya dengan nama pendek saja. Isinya membahas situasi yang sangat mirip dengan yang dijabarkan dalam surat 2 Petrus. Apakah kedua penulis surat itu membahas masalahnya bersama-sama sebelum menulis kepada kawanan jemaat masing-masing?

Yudas juga mengingatkan para pembacanya bahwa Tuhan tidak akan membiarkan malaikat yang memberontak maupun kota yang fasik seperti Sodom dan Gomora. Namun, Yudas menarik pokok pesannya menjadi lebih relevan dengan memulai daftar penghakiman itu dengan pesan pengingat bahwa "Tuhan menyelamatkan umat-Nya dari tanah Mesir, namun sekali lagi membinasakan mereka yang tidak percaya" (Yud. 1:5). Mereka yang pernah "diselamatkan" pun "dibinasakan", dan tidak sampai mewarisi tanah perjanjian. Inilah kali ketiga peristiwa kritis dalam sejarah Perjanjian Lama digunakan sebagai peringatan kepada orang-orang percaya dalam Perjanjian Baru (yang lainnya terdapat di 1 Kor. 10 dan Ibr. 4).

Guru-guru palsu menyesatkan ajaran, cara hidup, karakter, dan percakapan di dalam gereja. Sebagian anggota jemaat masih ragu akan ajaran mereka, tetapi sebagian lainnya terjatuh ke dalam jeratnya. "Menyelamatkan mereka dengan merampas mereka dari dalam api" sebelum terlambat adalah hal yang sangat genting dan mendesak (Yud. 1:23). Syukurlah, sejumlah besar jemaat telah melihat bahwa penyesatan yang menyusup itu berbahaya dan mendatangkan perpecahan. Mereka ini dinasihati agar tetap tinggal di dalam kasih Tuhan, membangun diri di dalam iman yang kudus dengan berdoa dalam Roh (Yud. 1: 20-21), serta, yang terutama, memandang kepada Dia "yang berkuasa menjaga supaya jangan kamu tersandung dan yang membawa kamu dengan tak bernoda dan penuh kegembiraan di hadapan kemuliaan-Nya" (Yud. 1:24).

xi) Wahyu - Meski Rasul Yohaneslah yang menulis kitab

ini, isinya tidak kita pelajari bersamaan dengan injil dan surat-suratnya, karena kitab Wahyu tidak mencerminkan pikirannya atau ingatannya sama sekali. Isi kitab Wahyu diberikan oleh Tuhan kepada Yesus, yang kemudian meneruskannya melalui Roh Kudus kepada para malaikat, yang kemudian menyampaikannya kepada Yohanes. Dalam kelemahannya saat dikurung di penjara isolasi, Yohanes menerima serangkaian gambaran audio-visual dan diperintahkan untuk menuliskan segala sesuatu yang didengarnya dan dilihatnya itu. Hal ini menjelaskan betapa berbedanya gaya serta kosakata yang digunakan dalam kitab Wahyu (bayangkan saja jika Anda mencoba menuliskan catatan yang lengkap sambil menonton sebuah film). Yohanes tenggelam dalam pengalamannya menyaksikan dan mendengar segala yang dinyatakan baginya itu sampai sebelas kali, hingga dia harus diingatkan kembali untuk mencatat.

Memang, itu semua merupakan wahyu (arti harfiahnya, "penyingkapan") tentang Yesus Kristus (Why. 1:1), yang ditentukan-Nya untuk dituliskan menjadi suatu kitab atau kumpulan surat. Yang disingkapkan adalah pikiran Yesus sendiri, bukan pikiran Yohanes. Yohanes hanyalah *"amanuensis"* bagi Yesus (kata yang berarti "sekretaris", yang didikte untuk menuliskan surat; ref.: Roma 16.22).

Demikian itulah *cara atau proses* penulisan kitab Wahyu; namun, yang lebih penting adalah *alasan* penulisannya. Alasan penulisan ini amat sangat serupa dengan alasan penulisan surat Ibrani - termasuk latar belakang kondisi penganiayaan yang segera terjadi, tetapi kali ini terhadap tujuh jemaat di Asia. Yohanes telah menderita karena dibuang, "oleh karena firman Allah dan kesaksian yang diberikan oleh Yesus" (Why. 1:9). Hampir pasti, kitab Wahyu ditulis pada waktu sangat dekat menjelang akhir abad pertama, ketika Domitianus naik takhta sebagai kaisar kerajaan Romawi lalu memerintahkan agar setiap warga kerajaan mempersembahkan korban bakaran dan doa kepada dirinya sendiri setahun sekali, dengan perkataan:

"Kaisar adalah Tuhan". Tanggal ibadah paksa tiap tahun yang pelanggarannya dijatuhi hukuman mati ini disebut "Hari Tuhan", yaitu sebutan yang sama yang digunakan saat "Wahyu" diberikan (Why 1:10 menggunakan kata "Tuhan" sebagai kata sifat, bukan kata benda; dengan artikel penentu yang bersifat empatik dan hari Minggu yang dalam seluruh Perjanjian Baru selalu dirujuk sebagai "hari pertama dalam sepekan").

Situasi ini membuat anggota-anggota jemaat Gereja mula-mula berhadapan dengan ujian terbesar dalam hal kesetiaan terhadap Yesus - menyangkal Dia atau mati bagi Dia. Wahyu ditulis untuk mempersiapkan para anggota jemaat ini menghadapi krisis yang akan datang itu, yang harus dihadapi oleh ketujuh jemaat tanpa keberadaan satu pun rasul dari masa kehidupan Yesus di bumi, karena mereka semua telah mati.

Maksud ini dituliskan di bagian inti kitab Wahyu: "Yang penting di sini ialah ketekunan orang-orang kudus, yang menuruti perintah Allah dan iman kepada Yesus," (Why. 14:12). Panggilan ini secara signifikan muncul tepat di tengah-tengah masa menjelang yang terburuk, yaitu "penganiayaan besar", atau kesusahan besar; berlawanan dengan angan-angan yang meluas bahwa Gereja akan "diangkat" ke surga sebelum semuanya ini terjadi (untuk mengikuti pembahasan lengkap tentang topik ini serta berbagai pertanyaan utama lain mengenai isi kitab Wahyu, lihat buku saya yang berjudul *When Jesus Returns*/Saat Yesus Datang Kembali).

Orang-orang kudus bukan saja dipanggil untuk "bertahan", melainkan untuk "menang", sama seperti Tuhan dan Raja mereka menang. Kata "menang" ini merupakan kunci pemahaman seluruh kitab Wahyu, yang muncul di seluruh kitab dari awal sampai akhirnya. Kitab Wahyu ditulis untuk orang-orang percaya biasa (bukan para pengajar teologi!) dan untuk tujuan yang sangat praktis: membawa orang percaya menjadi pemenang. Namun, tentu ada godaan di dalam kita untuk kalah, selain serangan dari luar. Kompromi dalam iman dan perilaku di dalam Gereja harus dikalahkan lebih dahulu sebelum tekanan penganiayaan di dunia dapat dikalahkan. Maka, surat kepada ketujuh jemaat tentang kondisi mereka masing-masing saat itu pun disampaikan, sebelum prediksi kesusahan masa mendatang dinyatakan.

Dorongan semangat yang positif untuk menang disampaikan dalam bentuk upah yang dijanjikan - makan dari pohon kehidupan di surga Tuhan, memerintah bersama Kristus, diberi pakaian putih, tidak terluka oleh kematian kedua, dan lain-lain, Sayangnya, ada asumsi dan pengajaran yang beredar luas bahwa semua ini merupakan warisan bagi semua orang percaya, terlepas dari apakah mereka menang atau tidak. Apakah memang benar Yesus sedang mengingatkan mereka tentang hal-hal yang secara otomatis akan mereka peroleh? Sebaliknya, makna yang jelas dari upah yang dijanjikan ini adalah semuanya akan diberikan *hanya* kepada orang-orang percaya yang menang, yaitu yang bertekun dalam pergumulan dan menang atas semua musuh yang berniat merampas masa depan mereka.

Makna ini diteguhkan secara khusus oleh dua pernyataan: "Barangsiapa menang ... Aku tidak akan menghapus namanya dari kitab kehidupan." Jika ada makna dalam bahasa (dan memang ada), implikasinya adalah mereka yang tidak menang, yaitu yang kalah, berhadapan dengan bahaya nama mereka dihapuskan. Sebelumnya kita telah memperhatikan (dalam Bab 3) bahwa nama manusia memang bisa "dihapuskan" dari "kitab kehidupan". Bahkan, dapat dikatakan pula bahwa seluruh sasaran kitab Wahyu adalah menjaga agar nama-nama orang percaya dalam kitab itu, yang akan dibuka pada hari penghakiman tetap tidak dihapuskan; sedangkan siapa pun yang namanya tidak ada di dalam kitab itu akan dilemparkan ke dalam lautan api (Why. 20:15).

Berikutnya, maksud penulisan juga tertulis menjelang akhir kitab Wahyu. Setelah mengumumkan hadirnya langit dan bumi yang baru, tempat tidak akan ada lagi kematian, ratap tangis, atau penderitaan (Why. 21:1-4), jelas ditulis bahwa "Barangsiapa menang, ia akan memperoleh semuanya ini..." "Tetapi orang-

orang penakut, orang-orang yang tidak percaya, orang-orang keji, orang-orang pembunuh, orang-orang sundal, tukang-tukang sihir, penyembah-penyembah berhala dan semua pendusta, mereka akan mendapat bagian mereka di dalam lautan yang menyala-nyala oleh api dan belerang; inilah kematian yang kedua," (Why. 21:7-8). Perhatikan bahwa yang akan menerima warisan itu dan menghuni alam semesta yang telah diciptakan kembali menjadi baru itu adalah mereka yang menang saja, bukan semua yang percaya. Biasanya, daftar orang-orang yang gugur dan dilemparkan ke neraka diremehkan menjadi daftar orang berdosa yang belum diselamatkan, tetapi praktik semacam ini adalah kesalahan yang mendasar. Seluruh kitab Wahyu ditujukan kepada orang-orang percaya yang merupakan anggota ketujuh jemaat. Surat-surat untuk mereka itu (Why. 2-3) menyingkapkan bahwa penyembahan berhala dan amoralitas pun telah mencemari kumpulan persekutuan mereka. Krisis yang akan segera datang antara mati bagi Kristus atau menyangkal Kristus pun menjelaskan alasan dosa penakut menjadi yang pertama dan pendusta menjadi yang terakhir dalam daftar pelanggaran di dalamnya.

Peringatan tegas ini, bahwa orang percaya yang berkompromi terhadap dosa akan mendapat konsekuensi akhir di neraka, bersumber dari mulut Yesus sendiri dan sejalan dengan fakta bahwa sebagian besar peringatan-Nya tentang neraka pun ditujukan kepada murid-murid-Nya sendiri (lihat komentar-komentar sebelumnya tentang Injil Matius). Dalam kitab Wahyu pun ada dua peringatan serupa lagi yang muncul. "Tetapi tidak akan masuk ke dalamnya [ke dalam "Yerusalem baru"] sesuatu yang najis, atau orang yang melakukan kekejian atau dusta, ..." (Why. 21:27; apakah bagian terakhir ini termasuk penyangkalan Kristus di muka umum?). "Tetapi anjing-anjing dan tukang-tukang sihir, orang-orang sundal, orang-orang pembunuh, penyembah-penyembah berhala dan setiap orang yang mencintai dusta dan yang melakukannya, tinggal di luar," (Why. 22:15). Petrus pun merujuk pada orang percaya yang kembali ke kehidupan lamanya yang cemar dengan kata-kata yang mirip, "Anjing kembali lagi ke muntahnya, ..." (2 Ptr. 2:22).

Ayat ketiga dari terakhir dalam kitab Wahyu, sekaligus dalam seluruh Alkitab, merupakan rujukan terakhir tentang kemungkinan orang kehilangan warisan masa depannya. "Dan jikalau seorang mengurangkan sesuatu dari perkataan-perkataan dari kitab nubuat ini, maka Allah akan mengambil bagiannya dari pohon kehidupan dan dari kota kudus, seperti yang tertulis di dalam kitab ini," (Why. 22:19). Ini merupakan Firman kepada orang percaya. Terlepas dari fakta bahwa orang non-percaya lebih mungkin mengabaikan kitab ini daripada mengubah-ubah isinya, kata-kata "mengambil bagiannya" hanya berlaku untuk orang yang sebelumnya telah memiliki bagian itu. Kita menyelesaikan pengamatan kita akan Alkitab pada titik "perkataan terakhir" yang tidak terbantahkan ini. Pola yang konsisten pun muncul dalam Perjanjian Lama maupun Perjanjian Baru, dalam tulisan setiap penulis maupun sebagian besar kitab Perjanjian Baru. Deretan bukti kebenaran ini menggentarkan dan tidak mungkin kita abaikan. Mereka yang tidak sepakat dengan temuan-temuan kita ini harus memberikan "penjelasan" versi mereka sendiri. Sebenarnya, ada dua penalaran yang mereka lontarkan, yang berusaha memaknai seluruh pesan dalam Alkitab ini secara berbeda. Yang pertama cukup sederhana, sedangkan yang kedua sangat samar.

Penjelasan pertama yang *sederhana* adalah bahwa semua peringatan ini sesungguhnya ditujukan kepada orang-orang non-percaya yang menipu diri sendiri maupun menipu orang lain bahwa mereka adalah orang percaya. Dengan kata lain, bahaya kehilangan keselamatan hanya diperingatkan terhadap mereka yang memang belum pernah menerima keselamatan! Mereka belum pernah mengalami "regenerasi" atau "kelahiran baru".

Ini mengasumsikan bahwa Gereja mula-mula berisi orang-orang Kristen "nominal" atau yang "mengaku-ngaku percaya" ("Kristen KTP"), seperti Gereja pada masa sekarang. Namun, rasionalisasi yang muncul kemudian adalah perbedaan antara

SEKALI SELAMAT, TETAP SELAMAT?

Gereja yang "terlihat" yang berisi gabungan orang percaya dan non-percaya dengan Gereja yang "tak terlihat" yang berisi hanya orang percaya yang telah lahir baru, yang sebenarnya tidak pernah muncul dalam seluruh Perjanjian Baru. Sering dijelaskan bahwa gandum dan ilalang tumbuh bersama, padahal Yesus sendiri jelas mengajarkan bahwa "ladang" tempat tumbuhnya gandum dan ilalang itu adalah "dunia", bukan Gereja (Mat. 13:38).

Faktanya adalah sama sekali tak ada konteks yang mengandung indikasi sedikit pun bahwa peringatan-peringatan ini ditujukan kepada orang-orang yang belum "teregenerasi" atau dimaksudkan untuk menyingkapkan keberadaan mereka. Seluruh kitab dalam Perjanjian Baru, kecuali tiga kitab, ditulis untuk orang-orang yang telah mengenal "Jalan" itu dan telah memulai melangkah di dalam Jalan itu.

Solusi mudah untuk semua "perikop bermasalah" ini memang memuaskan bagi mereka yang mencari cara mudah untuk mengabaikan dan meniadakan peringatan itu. Kebanyakan orang yang serius mempelajari Alkitab mengakui bahwa peringatan-peringatan itu ditujukan kepada orang-orang kudus, bukan orang-orang berdosa. Isinya adalah argumen yang jauh lebih rumit dan kadang mencengangkan.

"Penjelasan" kedua, yang *samar*, adalah bahwa semua peringatan ini bersifat hipotesis atau pengandaian. Bahaya-bahaya yang ditulis itu bisa saja tidak akan benar-benar terjadi. Peringatan yang ada bersifat "eksistensial". Isinya berpengaruh pada masa sekarang, meskipun mungkin realitasnya tidak akan terjadi di masa depan.

Dengan kata lain, Tuhan menyampaikan peringatan-peringatan ini untuk menakut-nakuti kita semua agar bertekun, meskipun Dia sendiri tahu Dia tidak akan pernah menolak kita. Sebagian orang bahkan melanjutkan argumen ini dengan berkata bahwa semua orang yang benar-benar telah mengalami regenerasi akan menangkap dan menuruti peringatan yang ada, sehingga tidak mungkin akan ada yang terhilang. Peringatan-peringatan itu hanyalah berfungsi secara esensial dalam memicu "ketekunan orang kudus".

Masalah satu-satunya dengan penjelasan ini adalah, ini berarti Tuhan adalah pendusta! Dia menakut-nakuti kita agar hidup kudus, dengan ancaman-ancaman yang tidak nyata. Apalagi, setelah kita sadar bahwa ancaman Tuhan itu tidak akan pernah Dia laksanakan atas kita, peringatan-Nya akan kehilangan pengaruh sama sekali. Orang-orang kudus diperingatkan bahwa mereka dapat kehilangan keselamatan padahal mereka tidak mungkin kehilangan keselamatan!

Kedua versi penjelasan ini, baik yang sederhana maupun yang samar, didasarkan pada penyesatan besar-besaran, mengenai manusia maupun mengenai Tuhan. Para pembaca harus memutuskan apakah Tuhan Sang Kebenaran itu akan membiarkan kebingungan yang sekacau itu muncul dalam Firman-Nya. Sebaliknya, kita sebenarnya harus berasumsi bahwa Tuhan sungguh-sungguh dalam Firman yang Dia katakan, dan Dia berfirman sesuai maksud-Nya.

Nah, kita telah melihat *bagaimana* orang berusaha menjelaskan sesuai keinginan mereka untuk menghilangkan bukti-bukti kebenaran yang telah kita temukan tadi. Pertanyaan yang lebih menarik dan lebih penting sebenarnya adalah *mengapa* mereka menjelaskan sedemikian itu. Terlepas dari jawaban yang jelas (siapa pula yang rela diberi tahu bahwa dia bisa jadi kehilangan keselamatan?), kita perlu menyadari bahwa SSTS merupakan keyakinan yang dipegang erat dan dipandang sebagai bagian dari doktrin ortodoks Kristen, dan memang demikianlah yang terjadi di sepanjang sejarah Gereja. Memang sulit diterima bahwa begitu banyak orang telah salah paham. Dibutuhkan keberanian untuk mempertanyakan kembali tradisi, tetapi hanya kebenaranlah yang akan memerdekakan orang.

Selanjutnya, kita akan membahas sejarah ini.

4

TRADISI HISTORIS

Siapa pun akan mudah menyatakan bahwa doktrin mereka adalah berdasarkan Alkitab saja, tetapi pada praktiknya hal ini cukup sulit. Kita semua pasti mendapat pengaruh, entah positif maupun negatif, dari berbagai aliran pemikiran di sepanjang dua puluh abad sejarah Gereja. Kebenaran Tuhan mudah sekali terkontaminasi oleh tradisi manusia, karena memang diteruskan dari satu generasi manusia ke yang berikutnya.

Demikian pula, SSTS pun punya sejarah tersendiri. Berapa lama perdebatan tentang SSTS ini telah berlangsung? Kebanyakan orang berasumsi bahwa SSTS barulah menjadi kontroversi selama empat ratus tahun terakhir. Asumsi ini adalah karena ada dua sisi dalam pembahasannya, yang kita kenal sebagai paham Calvinis ("keselamatan tidak bisa hilang") dan paham Arminian ("keselamatan bisa hilang"), yang disebut demikian dari dua tokohnya masing-masing dari abad ke-16. Sebenarnya, akar-akar SSTS dapat ditemukan seribu tahun sebelum itu, dan kita akan melihatnya bersama-sama.

Namun, kita harus berjalan kembali lebih jauh lagi ke masa lampau, yaitu ke abad-abad pertama perluasan yang dilakukan oleh para bapa Gereja, yaitu masa yang disebut "zaman patristik". Naskah-naskah yang masih terjaga dari zaman itu tidak membahas SSTS sama sekali. Di tengah-tengah jemaat saat itu, jelas SSTS bukan merupakan masalah yang perlu dibahas. Meski demikian, ada bukti tak langsung yang menunjukkan garis potensi kelanjutan arah paham mereka jika SSTS menjadi isu.

Yang pertama, ada masalah *baptisan*. Jemaat mula-mula itu meyakini hal yang sama dengan yang diyakini para rasul dalam hal manfaat sakramen baptisan untuk membasuh orang dari dosa (ref.: Kis. 2:38; 22:16; Ef. 5:.26; 1 Ptr. 3:21; Kredo Nikea, 325 M, mengakui "satu baptisan bagi penghapusan dosa"). Ini menimbulkan pertanyaan tentang cara menghapus dosa yang dilakukan setelah baptisan. Karena inilah, sebagian orang memilih untuk menunda dibaptis selama mungkin, bahkan ketika ancaman kematian telah mendekat (Kaisar Konstantin, contohnya). Yang paling dipentingkan adalah "mati dalam kondisi di dalam kasih karunia". Dalam konteks ini, timbullah perbedaan antara dosa "maut" (yang tidak dapat diampuni setelah baptisan) dan dosa "ringan" (yang dapat diampuni setelah baptisan). Dengan kata lain, ada dosa-dosa yang sangat serius, yang dapat membatalkan efek baptisan sehingga membatalkan keselamatan pula. Karena baptisan tidak dapat diulang, kehilangan ini tidak dapat dipulihkan kembali.

Yang kedua, ada realitas *penganiayaan*. Selama tiga ratus tahun yang pertama, Gereja dilanda gelombang kekejaman yang resmi dilancarkan, yang menghasilkan "pasukan martir yang mulia". Pada praktiknya, yang muncul adalah efek sebaliknya dari yang diinginkan: Gereja bertumbuh lebih pesat dan tersebar makin luas. Benarlah, "darah para martir adalah benih Gereja". Meski demikian, tidak semua orang kudus saat itu "setia sampai mati". Di bawah tekanan penyiksaan dan ancaman hukuman mati, sebagian orang kudus menyangkal Tuhan dan menolak kembali iman mereka. Ini menimbulkan masalah yang nyata saat gelombang penganiayaan surut dan mereka yang telanjur "murtad" itu ingin kembali berkomitmen pada kekristenan.

Gereja mula-mula mempraktikkan disiplin, seperti dalam Perjanjian Baru. Disiplin itu mencakup soal penerimaan masuk serta pengusiran keluar orang dari kelompok persekutuan jemaat, khususnya dalam Perjamuan Kudus Tuhan. Dosa maut yang dilakukan setelah baptisan serta deklarasi murtad di hadapan umum di bawah penganiayaan pun diganjar dengan disiplin berat: ekskomunikasi (yang bersangkutan diusir/diasingkan dari jemaat). Gereja saat itu sering terbelah dalam pendapat tentang kemungkinan pertobatan serta pemulihan dalam hal itu.

Yang sangat signifikan adalah tidak pernah sama sekali ada indikasi bahwa orang yang telah melakukan dosa maut setelah baptisan atau menyangkal iman di bawah tekanan itu pada awalnya memang belum pernah sungguh-sungguh "lahir baru". Secara universal, diasumsikan bahwa orang-orang itu telah kehilangan keselamatan yang sebelumnya mereka miliki, lalu tidak lagi menjadi bagian dari umat pilihan Tuhan. Perubahan atas semua ini barulah terjadi pada abad kelima. Ketika itu, Kaisar Konstantin telah menyatakan iman Kristen, lalu kekristenan menjadi agama "resmi" kerajaan, sehingga menghapuskan semua agama lainnya, termasuk Yudaisme. Yang dianiaya pun menjadi penganiaya! Gedung-gedung megah didirikan sebagai tempat ibadah Kristen. Gereja menguasai seluruh dunia (setidaknya tampaknya demikian).

Sebenarnya, itulah saat dunia menguasai Gereja, dengan mengalirkan masuk segala jerat dan perangkap kerajaan, yang ketika itu sedang mengalami keruntuhan parah dan segera akan tumbang untuk selamanya.

Kehidupan biara muncul sebagai bentuk protes terhadap turunnya standar moral dan kehidupan spiritual. Para biarawan, yang awalnya bersembunyi tetapi kemudian berkumpul dalam kelompok-kelompok, berusaha memulihkan kembali kekristenan "primitif" yang terkandung dalam ajaran Yesus.

Dari latar belakang ini, kita dapat memahami kedua tokoh Kristen tadi terikat erat dalam arena pertarungan teologis yang ada, meski perbedaan mereka muncul dari masalah etika.

Agustinus dan Pelagius

Pelagius adalah biarawan Inggris yang datang ke Roma pada sekitar tahun 400 M dan terperanjat ngeri melihat perilaku "santai" di tengah-tengah jemaat. Dia sendiri menganut paham ortodoks (salah satu karya tulisnya diberi judul *Iman akan Trinitas*). Perhatian khususnya terhadap hal moralitas membawanya menolak kekudusan digantikan dengan partisipasi dalam ritual sakramen, karena perilaku semacam itu menjadikan dosa makin pasti dilakukan.

Pelagius menyuarakan pesan injil tentang "pembenaran *hanya* oleh iman" (dialah yang pertama kali menambahkan unsur kata "hanya" ini terhadap kata-kata Paulus, lalu Martin Luther mengikuti teladannya). Kasih karunia diberikan atas kita pertama-tama dan terutama dalam bentuk pewahyuan, yaitu pencerahan pikiran kita hingga kita memahami betapa Tuhan menghendaki kita untuk hidup (khususnya melalui ajaran dan teladan Yesus). Kasih karunia tidak hanya menunjukkan jalan itu kepada kita; kasih karunia memberikan kita kuasa yang memampukan kita untuk berjalan di jalan itu.

Namun, selanjutnya adalah terserah kita. Pelagius sangat menekankan tanggung jawab moral dan hasilnya; pujian atau posisi bersalah, upah atau hukuman. Dia mengajarkan bahwa Tuhan memerintah hingga tidak ada hal yang mustahil bagi kita, termasuk kesempurnaan. Dengan usaha yang sungguh-sungguh, kita dapat menjadi kudus dan kita harus hidup kudus.

Menerima bahwa berbuat dosa adalah pasti, termasuk pada orang percaya, merupakan wujud kurangnya iman dan lemahnya kehendak. Pelagius telah membaca karya Agustinus yang berjudul *Confessions* (Pengakuan-Pengakuan) dan merasa buku itu bersifat fatalistik dan mendorong paham kekalahan, karena menggunakan pandangan yang pesimistis terhadap sifat dasar manusia. Kita bisa menjadi kudus, jika kita memilih untuk menjadi kudus, menetapkan pikiran dan kehendak kita untuk hidup kudus.

Tentu mudah bagi kita untuk melihat bagaimana dan mengapa Pelagius salah dalam pemikirannya ini. Dalam kerinduan terdalamnya untuk menyaksikan Gereja yang kudus, dia menggugah jemaat untuk melakukan usaha moral, lalu mengembangkan pandangan yang terlalu mengagungkan kekuatan kehendak manusia, meskipun dia menganggap tekad pribadi sebagai pemberian oleh kasih karunia yang diberikan kepada semua manusia, baik orang percaya maupun orang nonpercaya. Semua orang dapat memilih untuk melakukan yang benar dan hidup benar.

Ini berarti ada penyangkalan akan dosa asal yang diwariskan sejak Adam dan Hawa. Pelagius percaya bahwa kita semua dilahirkan tanpa dosa seperti Adam, dan memiliki kebebasan penuh seperti Adam untuk memilih yang baik atau yang jahat. Tidak ada kecemaran, atau bahkan kecenderungan untuk berdosa, yang diwarisi. Dia mengajarkan kebaikan di dalam dunia yang diciptakan ini dan di dalam diri semua manusia di dunia. Dengan demikian, dia menyangkal Kejatuhan, sehingga tidak menganggap ada kebutuhan akan penebusan atau regenerasi. Manusia hanya perlu ditunjukkan apa yang benar dan dibantu untuk melakukan yang benar itu.

Ajaran Pelagius ini menjadi pukulan keras terhadap praktik baptisan bayi, yang pada saat itu secara universal diterapkan sebagai penghapusan dosa warisan Adam (sehingga menyelamatkan si bayi dari neraka). Pelagius percaya bahwa baptisan harus merupakan pilihan pribadi yang sukarela dari orang percaya yang mengambil tanggung jawabnya. Namun, efek paling serius dari penekanan dalam ajarannya adalah mendorong paham keselamatan oleh usaha, bukan oleh kasih karunia melalui iman. Gagasan bahwa kita dapat menyelamatkan diri sendiri dengan usaha moral kita sendiri ini lazim pada kebanyakan agama lain, dan secara khusus di antara lingkungan Pelagius sendiri, masyarakat Inggirs, yang memandang kekristenan sebagai paham "perbuatan baik".

Kesombongan manusia pun dipertahankan dalam pandangan yang terlalu optimistis tentang kesanggupan kita ini.

Yang masih diperdebatkan adalah entah Pelagius sendiri sepenuhnya bersalah terhadap penyimpangan pemahaman injil ini. Saat Roma jatuh, Pelagius pergi ke Sisilia, lalu ke Afrika bagian utara, dan akhirnya ke Palestina. Di Palestina, dia diadili karena tuduhan pengajaran sesat oleh dua sinode, tetapi bebas dari segala tuduhan itu. Dia memutuskan hubungan dengan salah satu rekannya, Celestius, yang meneruskan ajarannya sampai melampaui batasan-batasan ajaran ortodoks.

Kemudian, muncullah Agustinus, uskup Hippo di Kartago, Afrika Utara, yang menolak memisahkan Pelagius dari Celestius dan berusaha habis-habisan untuk waktu lama agar keduanya itu dijatuhi hukuman sebagai pengajar sesat.

Agustinus adalah cendekiawan klasik, yang telah menyerap pemisahan dualistik antara tubuh dan jiwa, daging dan roh, dari paham Platonisme dan Manikheisme. Pergumulan awalnya dengan kehidupan dalam perzinahan serta pertobatan imannya yang tiba-tiba di Milan, yang sebagian besar adalah hasil dari doa ibunya yang saleh, menuntunnya ke pandangan yang terlalu tinggi tentang kasih karunia dan pandangan yang terlalu rendah tentang sifat dasar manusia, yang sejak Kejatuhan telah menjadi sangat rusak sehingga sama sekali tidak mampu mengambil pilihan yang benar.

Kita tentu dapat membayangkan reaksinya terhadap Pelagius. Dia ngeri mendengar bahwa dosa asal perlu disangkal dan penghapusannya melalui baptisan bayi tidak dibutuhkan, bahwa pengampunan hanya tersedia atas dosa masa lalu tetapi tidak tersedia untuk dosa masa depan, bahwa kesempurnaan adalah kemungkinan yang nyata di dalam dunia ini, dan yang terutama, bahwa kasih karunia hanyalah alat bantu yang memampukan kita untuk menjadi kudus. Agustinus menggolongkan ajaran Pelagius sebagai paham humanisme dan paham moralisme, yang sama saja dengan para filsuf penyembah berhala.

Reaksinya ini menjadi berlebihan. Dia melawan gagasan bahwa manusia dapat melakukan segala sesuatu yang benar, lalu mengajarkan posisi ekstrem yang berlawanan bahwa manusia tidak mungkin sama sekali untuk melakukan yang benar. Manusia tidak mampu memilih apa pun yang baik, apalagi mendapatkan keselamatan. Semuanya adalah dari dan oleh Tuhan, yang secara sendirian memilih orang-orang yang Dia akan selamatkan serta yang tidak (ini membuat Agustinus menyangkal prinsip bahwa Tuhan berkehendak agar semua orang diselamatkan, yang tertulis di 1 Tim. 2:4!). Doktrin predestinasi Agustinus ini berarti ada penentuan sejak mula-mula tentang siapa saja yang akan diberi anugerah pertobatan dan iman. Kasih karunia yang demikian tidak dapat dilawan atau ditolak, karena diberikan oleh Tuhan yang Maha Kuasa. Dalam kebijaksanaan-Nya yang tanpa batas, Tuhan telah memutuskan jumlah orang yang akan diselamatkan, yang merupakan kuota yang tetap, dan seorang pun tidak dapat melakukan apa pun untuk mencegah kehendak-Nya itu terjadi.

Karena begitu yakin bahwa Tuhan memaksa orang untuk percaya, tidak heran Agustinus mengajarkan pertobatan paksa (dia menggunakan ayat "... paksalah orang-orang, yang ada di situ, masuk," di Luk. 14:23 untuk membenarkan sikapnya ini), dan kebijakan ini memunculkan berbagai dampak bencana pada abad-abad setelah itu (salah satu contohnya saja, gerakan Inkuisisi - pemberantasan ajaran sesat dan mereka yang dianggap sebagai penganutnya).

Tuduhannya terhadap Pelagius tidak serta-merta diterima oleh Gereja secara keseluruhan. Sekelompok uskup Italia yang dipimpin oleh salah satu pendeta Julius, sempat membela Pelagius di hadapan tuduhan Agustinus. Mereka menolak pandangan Agustinus tentang predestinasi dengan argumentasi bahwa pandangan itu berarti Tuhan tidak adil, karena memilih secara mutlak sebagian orang untuk diselamatkan sedangkan yang lain untuk binasa, tanpa peduli unsur apa pun pada sisi orang-orang itu. Mereka juga keberatan dengan paham Manikheisme-nya yang ekstrem, yang menghakimi hubungan seksual sebagai dosa meskipun dilakukan oleh pasangan menikah yang merupakan orang percaya (karena membiakkan dosa asal!).

Dalam jangka waktu yang cukup lama, Agustinus menjadi lawan yang tangguh bagi para penentangnya ini. Dia membujuk paus saat itu, Inosensius I, agar menyetujui penilaiannya sehingga

SEKALI SELAMAT, TETAP SELAMAT?

Konsili Efesus pada tahun 431 menjatuhkan vonis sesat atas Celestius (dan akibatnya, demikian pula atas tuannya, Pelagius).

Meski demikian, banyak orang masih tidak puas dengan kedua posisi ekstrem yang ada. Paham Pelagius dan paham Agustinus. Ada pula gerakan kebiaraan yang utamanya di Galia Selatan (Prancis) yang berusaha memulihkan keseimbangan yang lebih alkitabiah. Mereka khawatir bahwa pandangan fatalisme dari doktrin predestinasi mutlak akan menghasilkan kemalasan moral dan rohani, sehingga penginjilan kepada orang berdosa dan nasihat kepada orang kudus menjadi tak berguna.

Mereka meneguhkan prinsip tentang dosa asal dan kebutuhan mutlak akan kasih karunia bagi keselamatan. Namun, kehendak bebas tidak sepenuhnya rusak oleh dosa dan pilihan terletak di hati oleh tanggung jawab moral, karena tanpa semua ini penghakiman adalah omong kosong. Titik permulaan iman adalah tindakan dari kehendak bebas manusia, yang secara langsung dan seketika ditopang oleh kasih karunia. Kelanjutannya serta kesesuaian awal terhadap kasih karunia itu pun merupakan keputusan manusia. Atas gagasan dasar inilah, mereka mengritik ajaran Agustinus tentang predestinasi yang kaku, kasih karunia yang tidak dapat ditolak, dan ketekunan yang tidak mungkin gugur. Konsep predestinasi mereka didasarkan pada pengetahuan Tuhan sejak mulanya: Tuhan tahu sejak mulanya siapa saja yang akan percaya dan Dia memilih atau menentukan mereka itu untuk diselamatkan.

Namun, Agustinus menggunakan senjatanya, yaitu penanya. Dia menulis banyak buku melawan kritik-kritik itu, seperti *Grace and Free Will* (Kasih Karunia dan Kehendak Bebas), *Correction and Grace* (Koreksi dan Kasih Karunia), *The Predestination of the Saints* (Predestinasi Orang Kudus), dan *The Gift of Perseverance* (Karunia Ketekunan). Tentu adil jika kita katakan bahwa kontroversi ini menjadi matriks yang kemudian melahirkan isu SSTS.

Kepribadian Agustinus yang sangat menonjol dan tulisan-tulisannya yang produktif tetap bertahan, sehingga para biarawan

Tradisi Historis

Prancis itu ditekan pada sidang Konsili Oranye beberapa tahun setelahnya. Pandangan mereka tidak benar-benar lenyap, dan muncul kembali di tengah-tengah kaum Yesuit. Pada abad ke-16, mereka disebut kaum semi-Pelagius, oleh kaum Lutheran pula, yang menjadi langkah taktis yang cemerlang yang memastikan nasib buruk mereka, meski secara teologis mereka sebenarnya lebih tepat disebut semi-Agustinus, karena pemikiran mereka lebih dekat dengan pandangan Agustinus.

Paham Agustinus menjadi pandangan utama Gereja sepanjang Abad Pertengahan dan selanjutnya terus dibawa oleh kaum Reformasi Protestan (meski ini mengejutkan), dengan dukungan mereka terhadap ajaran dasar Agustinus yang memastikan pengaruhnya sampai saat ini. Dengan demikian, SSTS terus diyakini oleh banyak orang lintas zaman, meski menghadapi banyak tentangan selama 1.500 tahun. Sepertinya SSTS tidak akan mudah atau cepat hilang.

Luther dan Erasmus

Erasmus dari Rotterdam ingin mereformasi Gereja dengan menaklukkan ketidaktahuan melalui pendidikan khusus. Dia dididik oleh kelompok Brethren of the Common Life (Persaudaraan Hidup Sederhana) dan menghabiskan waktu enam tahun sebagai biarawan di Paris, lalu sempat mengunjungi Thomas More di Inggris. Di negara itulah dia mulai menerjemahkan Perjanjian Baru dari bahasa Yunani, bahasa asli penulisannya, karena berusaha mendapatkan pengetahuan yang lebih akurat tentang Alkitab.

Erasmus mempermalukan kaum humanis sekaligus pejabat gereja, menyindir para politisi sekaligus pejabat hukum. Padahal, dia sendiri menerapkan prinsip-prinsip humanisme terhadap urusan gereja. Tujuannya adalah memulihkan kembali kebenaran dan kebaikan pada kekristenan yang "primitif" (yaitu, yang ada di dalam Perjanjian Baru).

Pada awalnya, dia mendukung Martin Luther, sang tokoh

reformasi dari Jerman. Namun, setelah debat yang terkenal di kota Leipzig, Erasmus menyadari bahwa pandangan Agustinus yang dianut Luther tentang kedaulatan Tuhan meniadakan faktor pilihan oleh kehendak manusia. Sejak saat itu, Erasmus menjadi salah satu pengritik gerakan Reformasi dan menulis *Diatribe on Free Will* (Caci-Maki terhadap Kehendak Bebas) pada tahun 1524, dengan menyerang paham "kehendak terikat" yang dikemukakan Luther.

Tanggapan Luther muncul dalam bentuk salah satu karyanya yang paling terkenal, *Bondage of the Will* (Belenggu Kehendak), yang lebih kental lagi dengan paham Agustinus daripada Agustinus sendiri serta lebih Calvinis daripada Calvin sendiri! Karya itu ditulis dengan maksud untuk membuka pemikiran pada tokoh utama gerakan Reformasi Protestan, tanpa termasuk kaum sayap kiri Anabaptis.

Latar belakang Luther sendiri adalah bagian dari ordo Agustinus yang disebut kaum Petapa Erfurt, meskipun guru-gurunya adalah semi-Pelagius (karena mereka mengajarkan bahwa kehendak bebas memulai proses keselamatan melalui pilihan untuk percaya). Lalu, peralihan imannya yang dramatis dan tak terduga membawanya percaya bahwa keselamatan secara eksklusif bergantung pada kehendak Tuhan yang Mahakuasa. Manusia sepenuhnya tidak memiliki kebebasan pilihan dalam dimensi rohani. Doktrin mendasarnya, "pembenaran hanya oleh iman" (kata-kata yang pertama kali dikemukakan oleh Pelagius!) dapat diringkas dengan sangat baik dengan kata-katanya sendiri: "Manusia berdosa adalah jahat dan mati dalam dosanya, dan tidak berkontribusi sama sekali dari kehendaknya sendiri atau minatnya sendiri atau usaha terbaiknya terhadap pembenaran, pertobatan, maupun keselamatannya."

Dia sangat amat memusatkan perhatiannya pada hal pembenaran hingga hanya samar-samar melihat hal pengudusan. Penekanannya pada iman *saja* menyulitkannya untuk melihat ruang bagi "perbuatan" dalam kehidupan Kristen. Karena itulah, dia membenci surat Yakobus yang kosong karena berbahan "jerami" dan mengandung pesan: "Jadi kamu lihat, bahwa manusia dibenarkan karena perbuatan-perbuatannya dan bukan hanya karena iman," (Yak. 2:24).

Luther tidak pernah secara langsung menyebut topik SSTS, tetapi kita dapat menduga posisinya dari sebuah percakapan menarik dengan salah satu rekannya yang juga pakar teologia yang merangkum Pengakuan Iman Augsberg bagi gereja-gereja Lutheran. Pakar itu, Philip Melanchthon, sangat setia pada Alkitab ketika menyatakan: "Hanyalah iman saja yang menyelamatkan, tetapi iman yang menyelamatkan itu tidak sendirian." Dia menyadari bahwa ada "perbuatan-perbuatan iman", bahwa iman terwujud keluar dalam bentuk tindakan nyata, yaitu perbuatan baik.

Luther menanggapi pernyataan ini dalam sebuah surat yang lebih biasa, yang menyatakan bahwa "adalah layak bahwa kita menyadari... Anak Domba yang menanggung dosa dunia; dari titik ini, dosa tidak memutuskan kita dari hubungan dengan-Nya, meskipun dalam satu hari kita berzinah atau membunuh hingga ribuan kali"! Dari bukti ini, kita dapat menyimpulkan bahwa Luther berpegang pada pandangan Alfa SSTS (lihat Bab 1).

Perbedaan ini mengakibatkan semacam perpecahan dalam gerakan reformasi Lutheran. Meski demikian pemisahan antara pengikut Luther dan pengikut Melanchthon tercegah dengan penandatanganan Rumusan Kesepakatan *(Formula of Concord)* pada tahun 1577. Hal ini secara tak langsung mempertahankan posisi Luther dalam hal predestinasi dan penyangkalan kehendak bebas, dengan mengukuhkan penekanan paham Lutheran pada pembenaran alih-alih pengudusan sebagai esensi keselamatan.

Calvin dan Arminius

John Calvin adalah seorang pejabat hukum Prancis. Dia menghasilkan mahakaryanya yang berjudul *Institutes of the Christian Religion* (Ketetapan-Ketetapan Agama Kristen) pada usia 24 tahun, lalu melakukan berulang kali revisi dalam tahun-tahun setelah itu.

Studi teologi yang menyeluruh ini disebut "paham Agustinus yang sistematis". Isinya tentu mengungkapkan rasa berutang yang sangat nyata terhadap sang uskup Afrika Utara, meskipun kehidupan keduanya berselang seribu tahun. Di dalam karya inilah terdapat berbagai penekanan yang sama pada kedaulatan Tuhan serta kehendak-Nya yang tidak mungkin salah, pemilihannya yang bersifat predestinasi, dan kasih karunia-Nya yang tidak dapat ditolak. Namun, dalam dua hal Calvin berbeda jalan dengan mentornya itu.

Pertama, Calvin teguh meyakini bahwa Yesus mati untuk menebus dosa seluruh dunia, bukan hanya bagi mereka yang "dipilih". Dalam komentarnya tentang kitab Markus, dia menulis: "Tanpa perlu diperdebatkan, Kristus datang untuk maksud penebusan dosa seluruh dunia." Kedua, dia tampaknya telah membuka ruang terhadap kemungkinan kehilangan keselamatan. Perhatikan pernyataan berikut dalam karyanya, *Institutes*: "Tetap saja, penebusan kita tidak akan sempurna jika Dia tidak *memimpin* kita terus maju ke tujuan akhir, yaitu keselamatan kita. Demikian pula, tepat pada saat kita menyimpang meski sedikit saja dari Dua, keselamatan kita, yang terletak aman di dalam-Nya, perlahan-lahan memudar dan lenyap. Akibatnya, semua orang yang tidak *kembali meletakkan diri* di dalam Dia *secara sukarela* akan kehilangan seluruh kasih karunia." (penggunaan huruf miring sesuai naskah asli dari penulisnya).

Jelas sekali bahwa tidak semua yang disebut Calvinis lahir dari akar Calvin sendiri, dan yang tidak itu merupakan cercaan terhadap nama dan reputasi Calvin. Sebenarnya, penerapan yang lebih sempit dari prinsip-prinsipnya berakar pada penerus Calvin di Jenewa, Theodore Beza. Tokoh reformasi generasi kedua ini menutup pintu rapat-rapat setelah Calvin meninggalkan paham Agustinus dan menegakkan kembali prinsip "penebusan terbatas" serta "perlindungan atas orang-orang kudus" dalam pernyataan yang kemudian dikenal luas sebagai "teologi Reformed". Ini merupakan contoh khas ketika murid menjadi lebih kaku daripada gurunya. Deduksi logisnya sangat ekstrem, hingga bahkan pasti telah menentukan siapa saja yang akan diselamatkan sejak sebelum ada kebutuhan akan keselamatan itu, yaitu sebelum Kejatuhan (ini lalu dikenal sebagai paham "supralapsarianisme", bagi Anda yang tertarik pada spekulasi teologi!). Pengaruh Beza pun menyebar luas ke mana-mana, khususnya di Eropa Utara.

Lima Dalil yang terkenal dalam paham Calvinis yang ketat disusun di Belanda, sebagai reaksi terhadap ajaran seorang tokoh dari Belanda, Jacob (Yakobus) Arminius. Asumsi yang tersebar dan merupakan kesalahpahaman adalah bahwa Arminius lawan Calvin (padahal sebenarnya, Arminius baru berusia 4 tahun ketika Calvin meninggal dunia). Arminius memang datang ke Jenewa untuk belajar teologi, tetapi dia diajar oleh Beza, yang pandangan kakunya diambil oleh Arminius dengan perkecualian kemudian, terutama dengan mengubah teks Alkitab untuk mencocokkan dengan pesannya (contohnya, di Ibrani 10:28, dia mengubah "orang" menjadi "siapa saja", agar "orang benar" tidak bisa mundur kembali ke posisi binasa).

Saat kembali ke negara asalnya, Arminius menjadi dosen di Leiden, setelah belajar di Basel serta Jenewa. Saat itulah, dia berusaha menentang apa yang dianggapnya sebagai pengaruh Beza yang jahat.

Dari mulai predestinasi, dia membalikkan hal pemilihan dan kasih karunia. Dia mengajarkan bahwa pilihan Tuhan adalah berdasarkan pengetahuan sejak mulanya. Tuhan menetapkan bahwa Dia akan menyelamatkan semua orang yang bertobat, percaya, dan bertekun. Tahu sejak mulanya siapa saja yang akan bertahan dalam proses ini menjadi modal Tuhan untuk menentukan mereka itu untuk kemuliaan.

Kasih karunia itu sendiri tersedia secara universal, tetapi tidak semua orang akan memosisikan diri untuk menerimanya. Kasih karunia yang sejak mulanya itu mengambil inisiatif keselamatan, sehingga memberi manusia kesempatan untuk menerima atau menolak, tetapi tidak pernah memaksa manusia untuk membuat pilihan yang benar (atau yang salah). Maka, dalam hal keselamatan, manusia bekerja bersama dengan kehendak Tuhan.

Kerja sama ini harus terus berlanjut jika manusia ingin tiba pada keselamatan yang penuh pada akhirnya. Artinya, keluar dari kasih karunia itu secara permanen adalah sepenuhnya mungkin. Inti dari pemikirannya ini adalah bahwa kasih karunia Tuhan itu dapat ditolak dan dilawan, baik sebelum maupun setelah manusia menjadi percaya. Kasih karunia itu tidak pernah dipaksakan kepada siapa pun, tetapi bergantung pada respons mereka agar menjadi efektif.

Arminius tidak pernah secara langsung menentang pandangan-pandangan ini semasa hidupnya. Memang, dikatakan bahwa tidak ada orang yang berani menyerang orang kudus yang hidup dalam gaya hidup yang begitu kudus. Dalam jabatan resminya, Arminius ditanyai di hadapan umum, dan salah satu jawabannya menjadi pencerahan: "Pada kesempatan ini saya secara terbuka dan jujus mengakui bahwa saya tidak pernah mengajarkan bahwa orang percaya yang sejati dapat secara permanen dan secara sepenuhnya jatuh menyimpang dari iman, lalu binasa." Namun, dia lalu mendefinisikan "orang percaya yang sejati" sebagai orang yang tetap percaya sampai akhir (Calvin juga membedakan iman yang "sementara" dengan yang "sejati", dengan iman yang "sejati" itu yang "menyelamatkan").

Seperti Calvin, dia menderita karena beberapa penerusnya (Grotius menyerang teori substitusi dosa untuk penebusan dan Episkopius menyebut Bapa saja sebagai Tuhan, sementara Anak dan Roh Kudus bukan Tuhan). Namun, penyebaran ajarannya sendiri tetap saja menjadi ancaman bagi Gereja yang "telah mengalami Reformasi". Pengikut-pengikutnya mengadakan protes massal terhadap paham Calvinis aliran Beza sehingga disebut para Remonstran (dengan gerakan mereka disebut "Remontrans", satu tahun saja dari kematiannya.

Pada tahun 1618, Sinode Dort dipanggil untuk bersidang untuk menangani krisis ini, yang menjadi ledakan di seluruh negeri. Para remonstran dituduh menganut paham semi-Pelagius melalui trik halus "bersalah karena terkait", dengan mengidentifikasikan Arminius dengan Pelagius dan mereka yang telah mengritik Agustinus. Mereka dituduh menghancurkan doktrin penebusan (hukuman dosa tidak dapat dijatuhkan dua kali, dari Kristus dan orang berdosa yang belum bertobat, maka Dia tentu hanya dapat membayar utang dosa mereka yang terpilih) serta doktrin jaminan (tidak ada orang yang dapat sepenuhnya pasti tentang keselamatan akhir).

Untuk melawan kelima "dalil" Arminius ini, Sinode Gereja merumuskan lima pokok prinsip berikut:

Kerusakan total (*Total depravity*)
Pemilihan tanpa syarat (*Unconditional election*)
Penebusan terbatas (*Limited atonement*)
Kasih karunia yang tak dapat ditolak (*Irresistible grace*)
Perlindungan bagi orang-orang kudus (*Perseverance of the saints*)

Dalam bahasa Inggris huruf awal tiap pokok prinsip ini membentuk kata TULIP, sehingga memudahkan kita untuk menjelaskan dan mengingatnya. Kata "tulip" juga berarti hasil khas dari Belanda, negara yang terkenal akan kebun-kebun bunga ini!

Para pendeta di Belanda, Prancis, dan kemudian di Afrika Selatan lalu dipaksa menandatangani daftar prinsip ini. Banyak dari mereka menolak, sehingga dipecat dari jabatan dan diasingkan. Karya-karya Arminius ditekan dan sampai hari ini praktis tidak dikenal di negaranya sendiri, seperti yang saya temukan ketika baru-baru ini berbicara di sebuah konferensi gembala gereja di Soest.

Rumusan Dort itu memegang peran mendasar di Sidang Westminster pada tahun 1646, yang diadakan untuk merancang teks kredo pengakuan iman yang dapat menyatukan gereja-gereja di Inggris dan Skotlandia. Hasilnya lebih menyerupai Beza daripada Calvin, yaitu menekankan predestinasi ganda (penentuan siapa yang diselamatkan dan siapa yang binasa) serta menegakkan hal perlindungan bagi orang-orang kudus sebagai suatu dogma. Pengakuan Iman Westminster pun pada akhirnya tidak diadopsi oleh Church of England (gereja resmi kerajaan Inggris), tetapi diadopsi oleh Church of Scotland (gereja resmi kerajaan Skotlandia), dengan aspek pandangan "Sabat" sebagai hari Minggu yang menghasilkan efek sosial yang sangat kuat. Meski demikian, kebanyakan hamba Tuhan dari golongan Puritan Inggris tetap berpegang erat pada teologi Calvin, dengan perkecualian jelas pada Goodwin saja.

Di sisi lain, Church of England secara khas selalu mengupayakan kompromi, sehingga kadang lalu disebut "Calvinisme moderat". Hukum 39 Pasal, yang harus dianut oleh semua pendetanya, berisi pernyataan berikut, yang sangat relevan dalam pembahasan kita tentang SSTS:

Tidak semua dosa maut yang dengan sengaja dalam kehendak diperbuat setelah baptisan merupakan dosa terhadap Roh Kudus sehingga tidak dapat diampuni. Dalam kasus demikian, penganugerahan pengampunan harus diberikan, seperti layaknya terhadap kejatuhan dalam dosa setelah baptisan. Setelah kita menerima Roh Kudus kita bisa saja menjauh dari kasih karunia yang telah diberikan, lalu oleh kasih karunia Tuhan itu kita dapat bangkit kembali dan memperbaiki hidup kita.

Meski diakhiri dengan harapan baik akan pemulihan, pasal ini jelas menunjukkan adanya kemungkinan dosa yang tidak dapat diampuni pada orang yang telah dibaptis serta kegagalan untuk bangkit kembali dari dosa-dosa yang kurang serius (perhatikan kata-kata "dapat", yang bukan berarti "pasti"). Dari sini, tampaknya dalam aspek ini paham ortodoks Gereja Inggris menganut aliran Arminian. Sebagian orang mungkin berpendapat bahwa penggunaan kata-kata ini bermakna ambigu.

Kedua posisi, yang sayangnya kini sudah melekat dengan sebutan "Calvinis" dan "Arminian" yang sebenarnya tidak sepenuhnya mewakili kedua tokoh itu, tercermin dalam aliran-aliran yang lahir kemudian dari kehidupan Gereja Bebas di Inggris. Kasus yang kemudian perlu dicermati adalah paham Baptis aliran Umum dan Khusus (kadang disebut "Ketat" dan "Kondisi Khusus").

Whitefield dan Wesley

Perbedaan di antara kedua tokoh ini menjadi lebih nyata pada masa kebangunan rohani abad ke-18, ketika George Whitefield dan John Wesley mengambil posisi saling berseberangan tentang SSTS. Pada awalnya, keduanya adalah bagian dari "Kelompok Methodis" yang sama di Oxford, lalu melayani bersama pula, memberitakan injil di ruang-ruang terbuka kepada para pekerja tambang di Bristol. Namun, mereka mengambil jalan yang berbeda tentang topik ini. Wesley disebut Arminian, meskipun dia sendiri mengaku bahwa penekanannya yang kuat terhadap kebutuhan mutlak akan kasih karunia Tuhan bagi keselamatan menempatkan dirinya "hanya berjarak setipis rambut saja" dari paham Calvinis! Memang dia tidak cukup Calvinis, karena khotbah-khotbahnya serta lagu-lagu gubahan saudaranya, Charles (lihat bagian Epilog), jelas mengajarkan bahwa "jiwa yang diampuni dapat jatuh keluar dari anugerah". Keyakinannya bahwa Tuhan telah membangkitkan gerakan Methodis untuk "menyebarkan kekudusan yang Alkitabiah di seluruh negeri" sangat berkaitan dengan hal ini. Bagi Wesley, pengudusan sama pentingnya dengan pembenaran bagi manusia untuk dapat "tiba dengan selamat di tanah surga". Dia menulis dan berbicara dengan tegas menentang pemahaman yang dipandangnya sebagai bahaya yang mengintai dari rasa aman yang palsu serta kebobrokan moral. Dia pun menentang Whitefield, Toplady (penulis lagu "Batu Zaman yang Teguh" - *Rock of Ages*"), serta bangsawan wanita Countess of Huntingdon (yang memiliki kampus perkuliahan sendiri serta jaringan yang terdiri dari banyak gereja).

Para penginjil setelah mereka telah memilih berpegang pada opini yang berbeda-beda. Di Amerika Serikat ada Jonathan Edwards sebagai penganut Calvinis, Dwight L. Moody sebagai penganut Arminian.

Bagaimana jadinya sekarang? Mungkin kebanyakan dari mereka yang pernah mengaku injili percaya paham SSTS. Penting untuk kita ingat bahwa kantor-kantor pusat Aliansi Gereja injili di London diberi nama Whitefield, bukan Wesley. Pengaruh paham kaum Brethren (Persaudaraan), yang sangat meyakini SSTS, menjadi jauh lebih besar daripada jumlah anggota resmi mereka. Warisan yang tertinggal dari teologi Puritan menjadi faktor yang berperan penting, khususnya melalui pelayanan Dr. Martyn Lloyd-Jones di Westminster Chapel (penerusnya, Dr. R.T. Kendall, telah menulis buku berjudul sama dengan buku tulisan saya, tetapi tanpa tanda tanya!). Ini bukan berarti kebanyakan dari kaum injili menerima Lima Dalil Calvinisme. Dr. Jim Packer dari Regent College, Vancouver, Kanada, telah berargumentasi dengan keras bahwa kelima dalil itu membentuk sistem yang utuh dan terintegrasi, dengan masing-masing dalil saling bergantung dan tidak ada satu pun yang dapat dihilangkan tanpa membatalkan yang lainnya. "Kelima dalil itu, meskipun dinyatakan secara terpisah, sebenarnya tidak terpisahkan satu sama lain. Semuanya saling bergantung; kita tidak dapat menolak salah satunya tanpa menolak semuanya. . ." (*Among God's Giants*, Kingsway, 1991, hal. 169). Saya setuju dengan pendapatnya ini - contohnya, perlindungan atas orang-orang kudus bergantung pada kasih karunia yang tidak dapat ditolak. Namun, Clive Calver, Direktur organisasi Evangelical Alliance, mengemukakan pandangannya kepada saya bahwa empat dalil pertama dalam Calvinisme tidak lagi dipegang secara umum oleh para para penganut resminya, khususnya di kalangan usia yang lebih muda. Keinginan kuat bercampur putus asa untuk berpegang pada dalil kelima (perlindungan orang-orang kudus) dapat dijelaskan dengan

Tradisi Historis

mudah di tengah-tengah generasi yang mendambakan rasa aman! Di sisi lain, entah mereka tetap meyakininya setelah menolak doktrin-doktrin lain yang terkait masih perlu kita tunggu buktinya.

Yang jelas, pertumbuhan jumlah penganut aliran injili yang kalah tersalip oleh pesatnya pertumbuhan jumlah penganut aliran Pentakosta, terutama di negara-negara Dunia Ketiga. Sementara kebanyakan dari kaum Pentakosta percaya akan pesan injil dasar yang sama dan juga meyakini kebenaran Alkitab, mereka memberi penekanan khusus pada baptisan Roh dan karunia Roh dalam bentuk pengalaman yang lebih kontemporer.

Kaum Pentakosta biasanya Arminian, karena riwayat kelahirannya memang berasal dari gerakan "kekudusan" pada abad ke-19, sebagai dampak dari kebangunan rohani Wesley pada abad ke-18. Sebagian kecil dari mereka telah mengadopsi teologi "Reformed", tetapi kebanyakan dari mereka tidak mendukung paham SSTS kecuali jika diajarkan SSTS.

Abad 21 ini mungkin akan terus menunjukkan tren menjauh dari paham SSTS, dan buku ini memberi kontribusi kecil terhadap tren ini. Namun, kita harus menunggu perkembangannya dulu. Tradisi yang diagung-agungkan selama berabad-abad tentu tidak mudah ditinggalkan begitu saja, meski dengan hadirnya budaya kontemporer yang memunculkan berbagai perubahan drastis.

Sejarah sepanjang dua ribu tahun ini nyaris tidak mungkin dirangkum dalam satu bab singkat, bahkan jika hanya membahas satu aspek dalam konsep pemikiran Kristen. Para pembaca harus menilai sendiri apakah saya sebagai penulis memberikan catatan yang adil dan utuh atau tidak. Dari sisi saya, saya pun meminta agar kritik yang ada didasarkan pada riset sejarah, bukan preferensi doktrin semata.

Dari penelusuran melintasi abad-abad silam, saya terkejut menemukan kesamaan yang mengagumkan di antara doktrin ini dan banyak doktrin lainnya. Yang muncul di hadapan saya adalah pengaruh Agustinus yang sangat kuat, jauh melebihi pengaruh-pengaruh lainnya. Agustinus telah secara praktis membangun paham Katolik dan Protestan (melalui Luther dan Calvin) sampai hari ini. Sayang, tidak banyak orang menyadari bahwa telah terjadi penyimpangan radikal dari prinsip Gereja mula-mula dan dari Perjanjian Baru ketika Agustinus memindahkan teologinya dari kerangka pikir Ibrani ke kerangka pikir Yunani. Penyimpangan ini terlihat paling jelas dalam sikapnya terhadap "milenialisme", yaitu kepercayaan bahwa masa seribu tahun pemerintahan Kristus di bumi saat ini akan datang di antara titik kedatangan-Nya kembali dan hari penghakiman. Kepercayaan ini didasarkan pada Wahyu pasal 19 dan 20, dan merupakan satu-satunya pandangan yang tercatat dari masa beberapa abad pertama dalam sejarah Gereja. Agustinus memulai pelayanannya dengan keyakinan pra-milenial, tetapi kecurigaannya akan segala sesuatu yang bersifat jasmani dari pengaruh paham Plato membuatnya memindahkan masa seribu tahun dari titik setelah kedatangan Kristus kembali ke "zaman Gereja" sebelum kedatangan-Nya kembali (dengan menyatakan bahwa pasal 20 kitab Wahyu secara kronologis terjadi lebih dulu sebelum pasal 20), selain juga menjadikannya "bermakna rohani". Hal ini meletakkan dasar bagi keyakinan a-milenial, serta bahkan keyakinan pasca-milenial setelahnya, yang kini merupakan posisi "ortodoks" di kebanyakan kelompok dalam Gereja, dengan posisi utama bergantung pada apakah sikap umum yang dipegang lebih pesimistis atau optimistis (lihat penjelasan lebih utuhnya dalam buku saya, *When Jesus Returns/ Saat Yesus Datang Kembali*).

Sejak saat itu, pengharapan Kristen akan masa depan menjadi berpusat pada surga, bukan bumi lagi. Bahkan, "bumi yang baru" ikut menghilang dari isi khotbah-khotbah Kristen. Keyakinan pra-milenialisme dituduh sebagai sesat oleh Konsili yang sama yang kemudian memperlakukan sama terhadap pandangan yang disebut "semi-Pelagius". Ajaran Agustinus begitu mendominasi Gereja sampai-sampai perbedaan apa pun dianggap sesat! Capaiannya itu luar biasa hebat, dan penilaian ini pun masih belum cukup menggambarkannya. Para tokoh Reformasi Protestan siap mempertanyakan kesalahan-kesalahan paham Katolik Abad Pertengahan, tetapi tidak siap mempertanyakan Agustinus dan sidang dewan-dewan yang dipengaruhi oleh gagasannnya.

Mempertanyakan ajaran Agustinus setelah berabad-abad pengaruhnya meluas pun bahkan lebih sulit lagi. Dari perspektif abad ke-20, Agustinus tampak sangat dekat dengan prinsip Perjanjian Baru, sehingga secara luas diasumsikan bahwa dia mewakili ajaran rasuli yang terus berlanjut dan pandangannya merupakan bagian dari warisan Gereja. Adalah sebuah pewahyuan ketika ditemukan bahwa ada jurang perbedaan yang lebar di antara Agustinus dan para rasul mula-mula, bukan hanya dalam hal zaman tetapi lebih-lebih dalam hal pesan dan pemikiran. Dampak perubahan prinsip yang radikal oleh Agustinus dari pemikiran Kristen itu benar-benar menciptakan perbedaan yang nyata. Salah satu contohnya adalah pemisahan antara keyakinan a-milenial, pra-milenial, dan pasca-milenial dalam hal penafsiran terhadap Kedatangan Kristus kedua. Hal ini telah membawa kita pada kesan bahwa semua penafsiran itu benar dan mengizinkan masuknya unsur preferensi untuk kita memilih, atau bahwa topik itu begitu rumit sehingga dogma yang tepat tidak mungkin ditegakkan. Hasil efektifnya adalah topik itu secara keseluruhan disingkirkan sebagai "kurang penting".

Demikian pula halnya dengan topik yang sedang kita bahas sekarang. Penafsiran Agustinus terhadap kasih karunia, predestinasi, kejahatan, dan lain-lain, yang kini terabadikan dalam Lima Dalil Calvinisme, telah memecah orang Kristen menjadi dua golongan besar, yang disebut Calvinis dan Arminian meski sebutan ini kurang tepat. Hal ini telah membawa situasi saling menuduh akan penyimpangan dari Alkitab, bahkan akan kesesatan. Saya pun yakin kondisi yang memprihatinkan ini tidak akan pernah muncul terlepas dari Agustinus.

Mungkin kita semua perlu menyadari betapa banyaknya kita telah dipengaruhi oleh tradisi historis yang paparannya telah kita terima sejak pertama kali menjadi bagian dari Gereja.

SEKALI SELAMAT, TETAP SELAMAT?

Lalu ketika kita membaca Alkitab, kita perlu berjaga-jaga terhadap kemungkinan kita mengambil tradisi-tradisi ini lalu memasukkannya dalam pemahaman Alkitab.

Selain itu, kita juga perlu ingat apa yang kita telah sepakati saat membahas isu-isu yang tentangnya kita memiliki perbedaan pandangan. Sebenarnya, kaum Calvinis sejati, yang secara umum berpegang pada pandangan Omega SSTS, lebih mirip dengan kaum Arminian daripada yang disadari. Keduanya memandang hina terhadap pandangan Alfa SSTS yang naif. Keduanya mengajarkan bahwa hanya orang yang tetap bertekun dalam iman sampai akhirlah yang pada akhirnya akan diselamatkan. Perbedaan terpenting pada titik ini adalah bahwa kaum Calvinis percaya siapa pun yang gagal bertahan bukanlah orang yang baru "setengah diselamatkan", sementara kaum Arminian percaya itulah kondisi sebagian orang, meski tidak semua.

Namun, ada perbedaan-perbedaan serius lainnya yang tidak terkait dengan hal ini yang harus kita pertimbangkan pula. Kita akan membahasnya dalam satu bab khusus.

5

KEBERATAN-KEBERATAN TEOLOGIS

Sekarang, pembaca yang paling tidak paham berbagai perbedaan pun akan bisa menyimpulkan bahwa buku ini menyajikan SSTS dari posisi Arminian! Keberatan Alfa terhadap posisi ini cenderung bersifat psikologis, yaitu sebagai pertahanan naluriah yang melindungi rasa aman emosional. Di sisi lain, keberatan Omega terhadap posisi ini lebih bersifat teologis, dengan tuduhan akan penyimpangan doktrin. Sebagian dari semua ini akan dibahas dalam bab ini, yaitu lima aspek.

Kaum Calvinis menuduh kaum Arminian menurunkan nilai kasih karunia, menyangkal predestinasi, menghancurkan jaminan, dan menuntut perbuatan. Tuduhan-tuduhan ini serius dan perlu dijawab.

Menurunkan nilai kasih karunia?

Salah satu bagian terindah di dalam Perjanjian Baru telah menjadi topik kontroversi, dan ini tragis. Namun, demikianlah yang terjadi. Bahkan sebenarnya, SSTS sering dimaknai sebagai "sekali mendapat kasih karunia, selamanya di dalam kasih karunia".

Kata-kata ini secara khusus dikaitkan dengan Sang Juru Selamat ("kasih karunia dari Tuhan kita, Yesus Kristus"), dan dengan keselamatan ("oleh kasih karunia kamu diselamatkan"). Kita tidak mampu menyelamatkan diri kita sendiri, keluar dari kondisi keberdosaan kita. Kita telah terhilang selamanya, kecuali Tuhan datang menyelamatkan kita, dan inilah yang telah Dia lakukan dengan mengutus Anak-Nya untuk menyelamatkan kita. Saat merenungkan nasib orang berdosa yang tak mungkin dihindari ini, setiap orang percaya secara naluriah akan menyadari bahwa "aku melangkah hanya oleh kasih karunia Tuhan".

Adalah penting untuk ditekankan bahwa baik kaum Calvinis maupun Arminian sepakat akan hal-hal yang baru kita sebutkan ini. Memang Pelagius telah berpendapat bahwa kita hanya perlu kasih karunia pewahyuan awal (ditunjukkan jalan yang benar, lalu kita akan mampu berjalan di jalan itu dengan kekuatan kita sendiri); tetapi Arminius jelas sama seperti Calvin dalam hal kebutuhan kita akan kasih karunia penebusan (dibebaskan dari hukuman dosa karena kehidupan di jalan yang salah lalu diberi kesanggupan untuk hidup di jalan yang benar). Tanpa kasih karunia, kita tak berdaya dan tak punya pengharapan sama sekali. Ada pula kesepakatan dalam hal makna mendasar "kasih karunia": pemberian yang sebenarnya tidak layak diterima, tindakan rahmat yang diberikan cuma-cuma kepada yang membutuhkan. Maka, tidak ada apa pun yang dapat kita lakukan untuk menjadikan diri kita layak menerima pemberian itu. Pihak yang memberikannya sepenuhnya bebas untuk memilih siapa yang akan menerimanya. "Aku akan menaruh belas kasihan kepada siapa Aku mau menaruh belas kasihan," kata Tuhan (Roma 9:15, mengutip Kel. 33:19; kebenaran yang sama disampaikan pula dalam perumpamaan tentang para pekerja kebun anggur di Mat. 20:5). Kasih karunia adalah kebesaran Tuhan, kemurahan hati Tuhan. Keselamatan adalah pemberian yang cuma-cuma (Ef. 2:8).

Perselisihan tentang kasih karunia ini menjadi jelas ketika muncul pertanyaan-pertanyaan praktis: Secara negatif, apakah kasih karunia yang cuma-cuma ini dapat *ditolak*? Secara positif, apakah kita perlu melakukan sesuatu apa pun untuk *menerimanya*? Calvinis menjawab "tidak" untuk kedua pertanyaan ini, sedangkan Arminian menjawab "ya". Calvinis tampaknya tidak dapat membedakan antara melakukan sesuatu *agar layak menerima* suatu pemberian dengan melakukan sesuatu *untuk menerima* pemberian itu, sehingga menyebut keduanya "kontribusi" (kata yang sangat sarat makna) terhadap keselamatan. Jika seorang anak mengulurkan tangan saja untuk menerima sebuah permen, anak itu dianggap melakukan kontribusi untuk menerima pemberian itu; pemberian yang cuma-cuma hanya dapat berarti permen itu dimasukkan ke dalam mulut si anak oleh pemberinya, bahkan didorong masuk ke kerongkongannya sampai tidak dapat dimuntahkan kembali! Dengan demikian, kasih karunia berubah dari pemberian yang sebenarnya tidak pantas diterima menjadi suatu kekuatan yang tidak dapat ditolak. Dalam pemahaman demikian, pilihan manusia tidak berperan sama sekali. Kasih karunia bekerja dengan atau tanpa kerja sama sukarela dari kita. Jika kita diselamatkan dan diamankan sampai tiba pada kemuliaan itu merupakan "ketetapan" Tuhan semata-mata, itu akan terjadi baik kita "memutuskan" untuk mengikutinya atau tidak. Bukankah yang terjadi adalah kehendak-Nya dan bukan kehendak kita? Ini memastikan bahwa keselamatan adalah kasih karunia semata-mata, karena tidak melibatkan keterlibatan peran manusia sama sekali. Tidak ada peran yang perlu, dapat, atau harus kita lakukan sama sekali agar diselamatkan, kecuali mungkin berharap saja supaya kita termasuk dalam golongan yang terpilih untuk menerima keselamatan itu!

Sebagian orang akan menuduh saya mengolok-olok dalam paragraf di atas, padahal saya hanya menyatakan fakta apa adanya, meskipun terlalu gamblang, tentang kepercayaan Calvinis yang sesungguhnya. Memang bisa menjadi olok-olok, khususnya ketika menggambarkan posisi Arminian. Dalam sebuah publikasi (*Rescue*/Penyelamatan, R. Clements, G. Haslam, P. Lewis, Christian Focus Publications, 1995; sebelumnya berjudul *Chosen by God*/ Dipilih oleh Tuhan), yaitu bab tulisannya yang diberi judul "An offer you can't refuse" (Tawaran yang Tak Dapat Ditolak), Roy Clemente melukiskan perbedaan yang ada dengan mengutip situasi orang yang sedang tenggelam. Calvinisme berkata sang penyelamat akan melompat terjun dan menyeret si korban tenggelam, membawanya ke tepi hingga selamat. Namun, baik Arminianisme maupun Pelagianisme (perhatikan bahwa kedua paham ini digolongkan sebagai serupa) berkata kepada si korban tenggelam, "Jika engkau ingin selamat, berjuanglah lebih keras. Usahamu sendiri itu akan membawamu ke tepi. Engkau harus memilih, menggunakan kehendak, dan berusaha," (perhatikan penggunaan kata-kata yang menunjukkan makna energi yang kuat ini: berjuang, menggunakan, berusaha). Mungkin penilaian ini cukup cocok untuk Pelagius, tetapi saya berpendapat kata-kata ini terlalu mengolok-olok untuk Arminius dan paham Arminian. Posisi Arminian lebih tepat digambarkan dengan orang yang melemparkan tali kepada si korban tenggelam sambil berkata: "Pegang tali ini dan jangan lepaskan, terus saja pegang erat sampai aku menarikmu tiba di tepi yang aman." Saya akan mempertahankan pendapat bahwa siapa pun yang diselamatkan dengan cara demikian tidak akan bermimpi dia telah menyelamatkan dirinya sendiri atau bahkan telah "berkontribusi" terhadap penyelamatannya! Tentulah dia sangat amat bersyukur terhadap pihak yang menyelamatkannya.

Sejauh ini, kita telah mengamati pandangan tentang "kasih karunia yang tak dapat ditolak", yang berlaku pada seluruh proses keselamatan dari titik awal sampai akhirnya. Namun, ada pula alternatif kompromi yang mungkin dipercaya secara lebih luas, khususnya oleh kaum injili. Alternatif ini lebih erat terkait dengan pandangan Alfa SSTS. Singkatnya, kasih karunia masih bisa ditolak sampai dengan momen pertobatan, tetapi setelah itu menjadi tidak dapat ditolak. Maka, kehendak manusia dapat menolak kasih karunia atau menerima kasih karunia sehingga diselamatkan, tetapi setelah itu kasih karunia akan mengambil alih kendali dan tetap memegang erat si penerimanya. Alhasil, apa pun yang kita lakukan, kasih karunia itu tidak akan melepaskan kita. Kasih karunia-Nya cukup dan efisien untuk menjaga kita aman sampai akhir.

Inti pertanyaannya pun menjadi apakah kasih karunia itu tidak dapat ditolak, entah sebelum atau sesudah pertobatan. Jawabannya hanya dapat ditentukan dengan mempelajari Alkitab.

Penginjilan para rasul dulu tidak ragu-ragu mengajar orang

apa yang harus mereka lakukan untuk menjadi sepadan dengan kasih karunia Tuhan di dalam Yesus. Orang disuruh, bahkan diperintahkan, tetapi tidak pernah dipaksa, untuk bertobat, percaya, dan dibaptis. Jelaslah bahwa pilihan ada di tangan mereka sendiri, untuk menerima atau menolak injil. Orang yang menolak dituduh menolak kasih karunia. Orang yang bertobat dari dosa-dosanya, percaya di dalam Sang Juru Selamat dan memberi diri dibaptis air tidak menyadari sama sekali bahwa tindakan-tindakan mereka itu telah menjadi "kontribusi" terhadap harga keselamatan mereka, yang menjadikan diri mereka layak menerimanya. Mereka hanya tenggelam dalam kasih karunia yang mereka terima itu.

Di atas semuanya, sama sekali tidak ada petunjuk bahwa mereka terpaksa bertobat, percaya, dan dibaptis karena Tuhan menetapkan untuk mereka melalui hal-hal itu. Dari sini, tawaran injil yang universal yang disampaikan dengan penuh keyakinan itu menjadi tidak masuk akal. Para rasul berasumsi bahwa siapa pun yang mendengar injil adalah orang-orang yang "dipanggil" oleh Tuhan. Yohanes 3:16 tentu selalu menjadi batu sandungan bagi mereka yang berpikir berbeda - "Karena begitu besar kasih Allah akan *dunia ini*, ... supaya *setiap orang* yang percaya ..."

Artinya, kasih karunia dapat ditolak sebelum pertobatan. Bahkan sebenarnya, banyak dari kaum Calvinis yang memang mengajarkan bahwa kehendak manusia telah begitu rusak hingga kebebasannya hanya akan membawa pada pilihan yang jahat dan keputusan yang salah. Secara logis, ini tentu membuat kita "bebas" untuk berkata "tidak" kepada injil, meskipun kita membutuhkan kasih karunia untuk berkata "ya". Ini berarti kasih karunia dapat ditolak.

Lalu, bagaimana dengan setelah pertobatan? Bukankah kasih karunia itu, setelah diterima, pasti mengambil alih kendali? Kita tidak lagi mengendalikan diri kita sendiri. Kita telah menyerahkan kendali hidup kita kepada Tuhan. Sekarang Tuhanlah yang memegang kendali. Dialah yang menjaga kita. Inilah yang menjadi kesimpulan umum tentang hal "diselamatkan". Padahal, ini salah baik menurut Alkitab maupun menurut pengalaman. "Manusia lama" itu memang mati, tetapi dia tidak rela tetap diam saja! Pergumulan dengan dosa bahkan bisa menjadi lebih hebat lagi setelah pertobatan, daripada sebelumnya. Banyak orang yang jatuh kembali, dan banyak yang tidak pernah berhasil bangkit lagi.

Sebagian besar isi Perjanjian Baru ditujukan kepada orang percaya, dan penuh dengan nasihat untuk melanjutkan pertempuran moral dan rohani sampai kemenangan akhir itu diterima. Ada pula peringatan rohani lainnya yang penuh keraguan: "Biarkan saja Tuhan yang mengurus". Para penulis dalam Perjanjian Baru tidak putus-putus mengingatkan pembaca untuk "Berusahalah ... kejarlah kekudusan" (Ibr. 12:14), untuk "berlari-lari kepada tujuan untuk memperoleh hadiah" (Fil. 3:14). Mereka pun tidak sadar potensi merendahkan nilai kasih karunia dalam desakan kepada para petobat ini untuk usaha yang demikian. Mereka tetap percaya bahwa pengudusan pun sama nilainya sebagai pemberian oleh kasih karunia, seperti pembenaran, dan kekudusan sama seperti pengampunan.

Namun, kasih karunia tidak membuat mereka kudus jika mereka tidak menghendaki untuk kudus dan tidak memberikan kerja sama yang sukarela. Ini berarti orang percaya yang telah lahir baru dapat "menyingkirkan kasih karunia Tuhan", ketika berusaha menghasilkan kebenaran dari diri sendiri alih-alih memadankan diri dengan kebenaran Kristus (Gal. 2:21). Jika mereka kembali ke perbuatan hukum Taurat, mereka dapat "gugur (secara harfiah berarti keluar) dari kasih karunia" (Gal. 5:4). Ada titik kasih karunia yang diterima itu menjadi "sia-sia" (2 Kor. 6:1). Orang percaya yang mengizinkan akar pahit tumbuh di hatinya dapat kehilangan [terlewat dari, kekurangan, gagal memperoleh] kasih karunia Allah" (Ibr. 12.15). Tidak ada orang yang mengambil ayat-ayat ini dengan maknanya yang paling jelas dan sederhana yang menyimpulkan bahwa kasih karunia merupakan kekuatan yang tidak dapat ditolak, termasuk setelah kasih karunia itu diterima. Kasih karunia selalu diberikan dengan cuma-cuma, tetapi tidak selalu bebas diterima dan digunakan, meski oleh orang percaya. Kasih karunia ditawarkan, tetapi tidak pernah dipaksakan.

Kaum Calvinis keberatan, karena ini menempatkan kasih karunia pada keleluasaan kehendak manusia sehingga tidak lagi merupakan ekspresi belas kasih Tuhan. Artinya, mereka berkata bahwa kehendak manusia lebih kuat daripada kehendak Tuhan. Keputusan manusia dapat menghalangi ketetapan Tuhan. Kehendak bebas Tuhan dirampas. Tuhan tidak lagi dapat memilih siapa atau berapa banyak yang akan Dia selamatkan. Kasih karunia menjadi tawaran yang "silakan diambil jika berkenan, silakan buang jika tak berkenan", yang bisa diterima atau tidak diterima. Maksud abadi Sang Pencipta menjadi kacau gara-gara ciptaan-Nya.

Inilah kesalahan fatal argumentasi yang hebat ini, yang akan kita ungkap lebih jauh nanti dalam bab berikutnya, yang lebih tepat untuk membahasnya. Namun, logika yang mendasarinya adalah doktrin "pemilihan tanpa syarat", atau dengan kata-kata yang lebih ringkas, predestinasi, yang akan kita bahas sekarang.

Menyangkal predestinasi?

Tidak ada orang yang dapat menyangkal bahwa Alkitab benar mengandung kata yang bermakna predestinasi, meskipun selalu disebut dalam bentuk kata kerjanya, bukan kata benda, dan hanya muncul empat kali (Roma 8:29, 30; Ef. 1:5, 11). Kata yang terkait, "pilihan", biasanya muncul dalam bentuk kata benda, lebih sering terlihat dan artinya "yang dipilih". Dari sini, argumentasi logis pun terbentuk: jika Tuhan Maha Kuasa dan telah menentukan kita sejak semula untuk menjadi orang-orang kudus milik-Nya di surga, bagaimana mungkin kita atau siapa pun, menolak kemahakuasa-an-Nya itu dan mengalahkan ketetapan kekal-Nya? Pertanyaan yang tidak dapat dijawab, bukan?

Meski demikian, begitu kita memilih logika sebagai satu-

SEKALI SELAMAT, TETAP SELAMAT?

satunya metode yang sahih dalam menegakkan doktrin, kita harus tetap menggunakan logika sampai tiba pada titik kesimpulan utama. Logika pun harus dihadapkan pada fakta, dan salah satu fakta yang paling jelas adalah bahwa tidak semua orang, bahkan hanya sedikit orang saja, yang diselamatkan oleh kasih karunia.

Lalu, bagaimana keyakinan akan predestinasi itu menghadapi fakta bahwa kebanyakan orang justru binasa secara kekal? Ada dua jawaban, yang satu versi "keras" dan yang lainnya versi "lembut".

Keduanya dibatasi oleh garis yang tegas, yang disebut "predestinasi ganda" atau "ketetapan reprobasi", atau bahkan "ketetapan yang mengerikan". Secara sederhana, Tuhan sejak semula menetapkan sebagian orang untuk diselamatkan sedangkan sebagian lainnya untuk binasa. Dia memutuskan takdir kekal setiap manusia, terlepas dari kualifikasi atau diskualifikasi mereka masing-masing. Karena Tuhan tidak memberitahukan dasar keputusan-Nya itu, pilihan-Nya setidaknya dapat disimpulkan bersifat sewenang-wenang, atau dalam skenario terburuk, tidak adil. Pujangga Robbie Burns menulis karya satire tentang ajaran Presbiterian di Skotlandia dengan caranya sendiri yang unik:

"O God who pleasest best Thysel',
Sends ane to heaven and ane to hell
A' for Thy glory"
(Oh, Tuhan yang paling suka menyenangkan diri sendiri! Yang menarik satu orang ke surga dan melempar satu orang lain ke neraka, semuanya untuk kemuliaan-Mu sendiri)
"And no for ony good or ill
They've done afore Thee"
(Tanpa sebab, bukan karena perbuatan baik atau perbuatan buruk yang mereka lakukan di hadapan-Mu)

Ini kalau bukan kebenaran yang kacau tentulah olok-olok yang sangat menohok. Garis tipis yang membatasi hanyalah bahwa

Keberatan-Keberatan Teologis

Tuhan memilih orang-orang yang akan diselamatkan, tetapi tidak memilih keputusan apa pun atas orang-orang lainnya. Karena mereka memang orang berdosa dan layak masuk neraka, Tuhan tidak perlu membuat ketetapan predestinasi atas mereka. Tuhan hanya membiarkan mereka menerima nasib mereka sendiri. Semuanya ini diputuskannya dalam keadilan, dengan sebagian orang ditentukan sejak semula untuk menerima belas kasihan-Nya.

Kedua jawaban yang ada kesulitan menghadapi pernyataan mutlak yang tertulis dalam Alkitab - bahwa Allah begitu mengasihi seluruh dunia ini (Yoh. 3:16) dan bahwa Dia berkehendak agar semua manusia diselamatkan (1 Tim. 2;4; "berkehendak" tentu berarti setidaknya "ingin", atau bahkan "memutuskan").

Namun, semua ini bukanlah jawaban yang utama dan tidak dapat kita gunakan untuk menyelesaikan perdebatan tentang konsep predestinasi. Sebaliknya, masalah-masalah ini menolong kita untuk berfokus pada pertanyaan utama tentang apakah kita benar-benar memahami makna "ditentukan sejak semula" oleh Tuhan.

Penafsiran Calvinis didasarkan pada asumsi bahwa predestinasi itu sama dengan predeterminasi (ketetapan sejak semula), padahal keduanya sama sekali tidak sama. Yang satu lazim digunakan untuk objek manusia, sedangkan yang lain bukan manusia; manusia ditentukan sejak semula, hal-hal atau benda ditetapkan sejak awal.

Maka, "predestinasi" mungkin perlu diurai dan dijabarkan untuk menjelaskan makna konotasinya. Sebenarnya, hal ini telah tercatat dilakukan, dalam tiga penjelasan.

Pertama, predestinasi itu bersifat *ramalan*. Artinya, penentuan itu berdasarkan pengetahuan awal sebelum sesuatu terjadi. Karena Tuhan tahu masa depan seperti Dia tahu masa lalu, Dia tahu akhir sejak awal, Dia pun tahu persis siapa yang pada akhirnya akan bertobat dan percaya, sehingga mampu memilih dan menentukan setiap dari mereka itu untuk menerima keselamatan. Inilah penjelasan yang diadopsi oleh Arminius dan banyak pengikutnya, meski mereka ini bukanlah yang pertama; para pengritik Agustinus dari Italia dan Prancis pun telah mengambil posisi pemikiran yang sama berabad-abad sebelumnya. Namun, ada ayat-ayat yang menjadi peringatan tentang pemikiran ini: "Sebab semua orang yang dipilih-Nya dari semula, mereka juga ditentukan-Nya dari semula . . ." (Roma 8:29). Kata "dipilih" dalam Alkitab bahasa Indonesia ini dalam bahasa aslinya bermakna "diketahui". Masalahnya, "diketahui dari semula" bukan sekadar berarti Tuhan "tahu tentang" seseorang, melainkan Tuhan "mengenal" dan "memikirkan untuk membangun hubungan yang intim" dengan orang itu.

Kedua, predestinasi bersifat *korporat*. Predestinasi merupakan pemilihan suatu umat, bukan pribadi lepas pribadi manusia, suatu kelompok dan bukan masing-masing individu. Karena itu, Israel dalam Perjanjian Lama dan Gereja dalam Perjanjian Baru merupakan umat yang telah ditentukan Tuhan sejak semula. Individu hanya menjadi orang pilihan ketika menjadi bagian tak terpisahkan dari suatu kesatuan yang utuh umat itu, seperti Rut dan Rahab menjadi bagian dari umat pilihan Tuhan karena pilihan atau keputusan mereka. Jika mereka terputus dari kesatuan umat itu, entah karena perbuatan mereka sendiri atau karena keputusan umat itu, status mereka sebagai orang pilihan pun terbatalkan. Pemikiran ini berjalan bersisian dengan keyakinan bahwa "pemilihan" yang berlaku atas umat Tuhan itu adalah pemilihan untuk melayani Dia, bukan untuk keselamatan, yaitu penentuan untuk menerima tanggung jawab alih-alih keistimewaan khusus (lihat materi pembelajaran klasik tulisan H.H. Rowley, *The Biblical Doctrine of Election*, Lutterworth, 1950). Pemikiran ini pun memberikan pencerahan penting tentang ayat-ayat seperti "Bukan kamu yang memilih Aku, tetapi Akulah yang telah memilih kamu untuk pergi ..." (Yoh. 15:16; ref.: Yoh. 6:70; keduanya referensi yang jelas tentang pilihan Tuhan atas orang-orang tersebut bagi pelayanan rasuli, bukan bagi keselamatan kekal).

Keberatan-Keberatan Teologis

Ketiga, predestinasi bersifat *bersyarat*. Pilihan yang dibuat itu lebih bersifat umum daripada khusus. Tuhan menetapkan bahwa semua orang yang bertobat dan percaya akan diselamatkan. Mereka yang memberi respons positif terhadap injil lalu dimasukkan dalam kategori "ditentukan sejak semula" ini. Pandangan ini punya kesamaan dengan solusi "korporat" sebelumnya, tetapi perlu berhadapan dengan ayat-ayat yang sepertinya menyiratkan bahwa nama-nama manusia secara individu dapat ditulis dalam kitab kehidupan sejak jauh sebelum mereka ditentukan untuk masuk kategori "selamat", meskipun argumen ini juga dapat dipatahkan dari perspektif "ramalan" tadi. Bagi saya, tampaknya ada pendekatan lain yang lebih sederhana yang menggabungkan beberapa pemikiran ini dengan penelaahan ulang terhadap kata dan konsep "predestinasi". Saya telah tiba pada kesimpulan bahwa Tuhan menentukan seseorang sejak semula berarti Tuhan mempersiapkan suatu takdir untuk orang itu, bukan Tuhan menetapkan suatu takdir secara kaku (saya tiba pada kesimpulan yang mencerahkan ini saat membaca sebuah buku Calvinis tentang SSTS, meskipun saya juga sudah menggunakan definisi ini sejak sebelumnya dalam materi-materi pengajaran saya).

Ada contoh sederhana yang dapat menggambarkan hal ini. Sejak kecil, saya bercita-cita kuat menjadi petani dan peternak. Saya suka menghabiskan waktu liburan di ladang pertanian dan peternakan, bahkan mengungsi ke sana saat Perang Dunia II pecah. Saya berhenti bersekolah pada usia 16 tahun, lalu bekerja di sebuah ladang pertanian dan peternakan di Northumberland dan Yorkshire untuk mengumpulkan pengalaman sebelum mulai berkuliah untuk mendapat gelar Sarjana Pertanian di Newcastle, yang saat itu merupakan bagian dari Universitas Durham. Tanpa saya tahu, ayah saya yang seorang dosen ilmu pertanian, telah memulai proses selanjutnya dan akhirnya memberi tahu saya bahwa dia menemukan sebuah ladang pertanian dan peternakan kecil yang dapat saya sewa setelah lulus kuliah. Sayang, itu terlambat! Bapa Surgawi saya telah memberi tahu saya rencana-Nya, bahwa saya harus menjadi pengkhotbah! Perlu saya tambahkan pula bahwa ayah jasmani saya tidak kecewa, karena memang generasi demi generasi dalam keluarga Pawson telah menjadi pengkhotbah dan/atau petani/peternak sejak John Wesley menyisihkan seorang pria asal Yorkshire bernama John Pawson sebagai salah satu rekan dalam berbagai perjalanan pelayanannya.

Nah, inti pesan yang ingin saya sampaikan adalah ini. Jika saja saya telanjur menerima tawaran menyewa ladang pertanian dan peternakan itu, saya akan dapat berkata selamanya, "Ayah saya telah mempersiapkan hal ini bagi saya. Sebelum saya tahu apa-apa, dia telah merencanakannya dan mempersiapkan segala sesuatunya untuk rencana itu. Dia menentukannya sejak semula bagi saya, dan menentukan saya sejak semula bagi rencana itu, dan saya selamanya bersyukur dan berterima kasih kepada ayah saya karena pandangannya yang jauh ke depan itu." Namun, yang terjadi adalah saya menolak tawaran itu, dan saya tidak dapat berkata bahwa ayah saya juga telah menentukan sejak semula bahwa saya akan menolak. Jika saya menerima, artinya saya telah ditetapkan dalam predestinasi itu. Jika saya tidak menerima, artinya saya tidak termasuk yang ditetapkan dalam predestinasi itu.

Skenario ini terkesan cocok dengan data dalam Alkitab. Mereka yang "selamat" telah secara pribadi ditentukan sejak semula untuk kemuliaan oleh Bapa Surgawi yang penuh kasih itu, yang telah memiliki rencana jauh sebelumnya. Di sisi lain, Alkitab tidak pernah mengaitkan predestinasi dengan orang-orang yang binasa. Inisiatif kasih karunia Tuhan itu dijaga dengan aman. Di atas segalanya, ketetapan ganda atau mengerikan sebagai orang yang telah ditentukan sejak semula untuk menolak Tuhan dan dengan demikian untuk binasa di neraka pun terhindar.

Saya menyadari bahwa penjelasan ini sepertinya terlalu sederhana sebagai solusi atas masalah yang telah membingungkan pikiran begitu banyak orang selama begitu lama. Saya pun tidak menawarkannya sebagai jawaban akhir dalam topik ini. Melakukan yang demikian itu tentu merupakan kesombongan yang samar. Namun, saya akan menyatakan dalam bab berikutnya bahwa pemikiran ini lebih sesuai dengan sifat dan karakter Tuhan seperti yang dinyatakan-Nya tentang diri-Nya, terutama dalam diri Anak-Nya.

Merendahkan perubahan?

Ada dua aspek pada kehidupan kekristenan yang dianggap terancam jika orang Kristen yang bersangkutan tidak percaya SSTS. Aspek pertama bersifat objektif, yaitu pembenaran (justifikasi). Aspek kedua bersifat subjektif, yaitu perubahan terus-menerus (regenerasi).

"Justifikasi" merupakan istilah hukum, yang kita pinjam dari konteks persidangan. Definisinya adalah deklarasi hakim bahwa si terdakwa yang sedang diadili tidak bersalah atas dakwaan dan diperbolehkan meninggalkan persidangan dengan status bebas dan hati nurani yang bersih dari tuduhan. Namun, justifikasi hanya dapat diberikan atas terdakwa yang bersalah jika hukuman yang ditetapkan telah dibayar lunas atau ditunaikan oleh pihak lain. Dengan demikian, baik tuntutan keadilan maupun belas kasihan terselesaikan. Orang yang tak bersalah menanggung hukuman sebagai orang bersalah, sementara orang yang bersalah itu menerima status dibenarkan menjadi tak bersalah. Jika substitusi ini tidak terjadi, terdakwa atau tahanan itu tidak boleh dibebaskan, karena itu akan merupakan tindakan yang cacat hukum. Pada praktiknya, justifikasi atau pembenaran adalah sama dengan pengampunan, walaupun kita tetap perlu ingat bahwa harganya dibayar oleh pihak lain.

Yang telah terjadi adalah dosa kita ditimpakan atas Sang Juru Selamat, yang lalu membayar lunas hukuman maut di salib, sehingga status sebagai orang yang dibenarkan lalu diputuskan atas orang yang berdosa, yang kini dapat mendekat ke takhta kekal dengan "mengenakan jubah kebenaran". Pertukaran yang luar biasa! Dari sudut pandang mana pun, ini sulit disebut adil, tetapi jelas berlimpah kasih karunia.

Nah, sebagian orang akan berargumen bahwa orang yang pernah dinyatakan tidak bersalah oleh Tuhan tentu tidak akan mungkin menjadi bersalah kembali. Bukankah justifikasi adalah perubahan status menjadi benar secara permanen? Mana mungkin orang menjadi "batal dibenarkan" lagi di mata Tuhan?

Kita telah melihat (dalam Bab 2) bahwa pengampunan mencakup dosa masa lalu, bukan dosa masa depan. Penjahat yang pernah dibebaskan bisa saja diseret kembali ke sidang pengadilan jika dia kembali melakukan kejahatannya.

Jawaban sesungguhnya terletak pada *tujuan* pembenaran itu. Yang pertama dan terutama, pembenaran itu dimaksudkan untuk memungkinkan terjalinnya hubungan dengan Tuhan, yang tidak mungkin ada di antara orang berdosa dan Tuhan yang kudus. Kemudian, dalam hubungan itu, ada hal lain yang menjadi terbuka: transformasi/perubahan orang berdosa itu menjadi orang kudus yang sejati. Bahkan, orang berdosa yang telah dibenarkan langsung disebut "orang-orang kudus yang telah dipanggil" (Roma 1:7; penggunaan kata bermakna "untuk kelak" dalam terjemahan bahasa Inggris sepenuhnya merupakan tambahan penerjemah).

Di sisi lain, adalah benar pula bahwa orang-orang kudus dipanggil untuk menjadi kudus. Status benar itu *diputuskan* atas mereka supaya kebenaran itu pun *terimpartasi* menjadi sifat di dalam diri mereka. Menerima pengampunan dimaksudkan untuk diikuti dengan menerima pengudusan. Justifikasi atau pembenaran adalah caranya, dan pengudusan adalah tujuannya. Dalam agama lain apa pun, yang terjadi adalah sebaliknya: kekudusan hidup harus dilakukan dulu supaya orang diterima oleh Tuhan. Kabar baik injil berbeda: Tuhan menerima diri kita sebagaimana adanya kita, tetapi supaya kita hidup kudus.

Menganggap pembenaran merupakan pengganti pengudusan merupakan kesalahan yang berakibat maut, kesalahpahaman ini berakar sejarah dari Agustinus! Dia menggunakan naskah Perjanjian Baru bahasa Latin, bukan bahasa Yunani, sehingga menangkap kata bahasa Latin hasil kesalahan penerjemahan *"justifacere"* (artinya, "menjadikan benar"), padahal kata aslinya dalam bahasa Yunani adalah *"dikaioun"* (artinya, "dinyatakan sebagai orang benar"). Kesalahan penerjemahan ini membawa Agustinus pada kesimpulan: "Tidak ada arti lain dari orang yang dibenarkan selain orang yang telah dijadikan benar [*justi facti*], yaitu dijadikan benar oleh Dia yang membenarkan orang berdosa sehingga menjadi orang benar." Kesimpulan ini secara praktis menyatakan bahwa kebenaran yang statusnya diputuskan dan kebenaran yang diimpartasikan agar menjadi sifat adalah satu hal yang sama, yang diserahterimakan pada saat orang percaya. Lalu, apa lagi yang dibutuhkan untuk memperoleh keselamatan akhir?

Pemahaman yang berlebihan akan pembenaran sebagai sama dengan pengudusan ini diadopsi pula oleh Martin Luther, yang mewariskannya kepada anak-anak gerakan Reformasi. Akibatnya, banyak orang percaya mendapat kesan bahwa mereka telah memiliki seluruh kebenaran yang mereka butuhkan untuk memenuhi syarat masuk surga. Anggapan demikian itu sudah sangat mendekati SSTS, dan Luther sendiri pun tampaknya telah mengadopsi paham SSTS.

Dari puluhan permohonan, nasihat, dan peringatan kepada orang percaya yang termuat dalam Perjanjian Baru, satu saja telah cukup untuk menentang anggapan yang salah itu: "Berusahalah ... kejarlah kekudusan, sebab tanpa kekudusan tidak seorang pun akan melihat Tuhan," (Ibr. 12:14). Perintah untuk kita menjadi kudus sama seperti Tuhan adalah kudus pun sering muncul dalam kedua perjanjian Alkitab (Im. 19:2; 1 Ptr. 1:16). Pembenaran tidak memenuhi tuntutan perintah itu, tetapi memungkinkan kita untuk memenuhinya.

Berikutnya, "regenerasi' merupakan kata yang jarang muncul dalam Perjanjian Baru. Bahkan, kata ini hanya muncul dua kali, yang pertama dalam kaitan dengan pertobatan (baptisan?) pribadi

(Tit. 3:5) dan yang kedua dalam konteks pemulihan seluruh semesta (Mat. 19:28). Jika kita juga memasukkan kata "lahir baru", ada lima referensi dalam Alkitab (bandingkan dengan kata "baptisan Roh Kudus" yang muncul tujuh kali!). Etimologi kata ini sebenarnya sederhana, dan artinya adalah memulai kehidupan baru kembali.

Namun, Gereja telanjur membangun teologi raksasa yang amat sangat kukuh untuk kata ini, sehingga nilai pentingnya secara proporsional menjadi jauh lebih besar daripada penyebutannya yang hanya minim dalam Alkitab. Istilah "lahir baru" telah menjadi alat kerja dasar dalam penginjilan modern, meskipun tidak pernah digunakan dalam konteks ini oleh para rasul sendiri.

Konsep "regenerasi" pun kini digunakan sebagai standar uji untuk teks-teks "sulit" dalam Alkitab, baik dalam Perjanjian Lama maupun Perjanjian Baru.

"Ah, tetapi apakah mereka sungguh-sungguh telah mengalami regenerasi?" dianggap sebagai solusi yang cukup untuk masalah kemurtadan yang berpotensi maupun sudah terjadi. Perjanjian Lama tidak pernah menggunakannya sebagai ukuran saat membahas umat Tuhan yang berbuat dosa. Demikian pula, Perjanjian Baru tidak pernah menganalisis mereka yang undur dari iman dengan ukuran ini. Imanlah yang menjadi standar ukuran dalam segala konteks ini. Kriteria dasarnya bukanlah "apakah mereka sudah pernah sungguh-sungguh mengalami regenerasi atau lahir baru", melainkan "apakah mereka tetap berjalan dalam iman atau telah menyimpang dari iman".

Kita telah melihat bahwa regenerasi tidak mendatangkan keselamatan dari maut (lihat Bab 2). Dalam kasus apa pun, yang pernah lahir dapat mati (tidak ada tanda-tanda tentang reinkarnasi sama sekali maupun dilahirkan kembali berulang kali dalam Alkitab). Mereka yang telah lahir dua kali pun dapat mati dua kali (kita dapat mencatatnya dari kitab Wahyu, bahwa janji kebebasan dari "kematian kedua" hanya diberikan kepada orang percaya yang telah "menang" dan menjadi "kudus", Why. 2:11; 20:6).

Maka, regenerasi mungkin memang tidak dapat berulang dan tidak dapat dibatalkan, tetapi bukan berarti tidak bisa rusak. Regenerasi jelas merupakan titik awal keselamatan, tetapi titik itu sendiri bukanlah jaminan penyelesaiannya. Memahaminya demikian berarti membaca sedikit referensi saja tetapi terlalu berlebihan memaknainya (eisegesis yang baik tetapi eksegesis yang buruk!). Dilahirkan kembali dalam Roh berarti memulai kembali dengan tubuh dan otak yang sama, tetapi dengan "roh" yang telanjur mati dalam pelanggaran dan dosa dan kini hidup kembali dalam Kristus: terhilang lalu ditemukan.

Tinggal di dalam Kristus akan memastikan bahwa kehidupan terus mengalir melalui hubungan sebagai ranting terhadap Sang Pokok Anggur yang Benar, yang membuat ranting itu berkembang dan berbuah. Ranting itu bisa saja layu dan mengering jika tidak tinggal melekat pada pokoknya, dan semua inilah yang dikatakan kepada para murid yang merupakan orang-orang yang telah "dilahirkan dari Allah" (Yoh. 1:12-13 hanya berlaku pada mereka, sama sekali bukan untuk siapa pun yang lain).

Menghancurkan jaminan?

Kita saat ini hidup dalam zaman yang serba tidak pasti. Ada suatu "kegundahan" yang menyebar luas, suatu rasa kecemasan. Kondisi ini menimbulkan suatu pencarian resah akan rasa aman, baik secara emosional, finansial, politik, serta yang terutama, spiritual.

Injil sendiri secara umum ditawarkan sebagai jawaban bagi kebutuhan besar ini, yaitu sebagai obat penawar bagi segala ketakutan ini. Para penginjil sering mengajukan pertanyaan, "Apakah Anda ingin yakin masuk surga ketika mati kelak?" Tidak heran, para "petobat" pun jadi berasumsi SSTS, meskipun mereka mungkin tidak diajarkan SSTS secara teori.

Para pembela paham SSTS berargumen bahwa tentu Bapa Surgawi kita ingin kita sepenuhnya yakin bahwa kasih-Nya tidak akan melepaskan kita. Lagi pula, kalau SSTS salah, bagaimana mungkin orang bisa yakin akan keselamatan dirinya? Tentu tiap orang akan dihantui keraguan dan terus-menerus mempertanyakan apakah dirinya akan berhasil tiba di titik akhir. Mempertanyakan SSTS berarti menghancurkan jaminan.

Ada doktrin yang jelas tentang jaminan dalam Alkitab. Adalah mungkin sekaligus penting bagi orang percaya untuk "tahu" bahwa dirinya kini adalah anak yang telah diadopsi oleh Tuhan. Dalam salah satu kitab Perjanjian Lama, Yehezkiel, termuat kata-kata yang berarti "maka kamu akan mengetahui", yang muncul sebanyak 74 kali. Salah satu kitab Perjanjian Baru, 1 Yohanes, berfokus pada makna yang sama, "supaya kamu mengetahui". Tuhan ingin kita "tahu", bukan hanya berharap atau percaya.

Meski demikian, kita perlu juga bertanya tentang dua hal.

i. Bagaimana kita bisa yakin?
ii. Dalam hal apa kita bisa yakin?

Kita perlu mengamati jawaban-jawaban yang diberikan oleh mereka yang meyakini SSTS. Ada perbedaan antara pandangan Alfa dan pandangan Omega dalam SSTS, maka keduanya perlu kita amati secara terpisah.

Pemahaman Alfa tentang keyakinan ini, seperti dapat kita duga, sebenarnya sederhana saja. Setelah orang menjadi percaya, orang itu dapat sepenuhnya yakin dirinya akan menyelesaikan perjalanan sampai tiba di surga karena itulah yang Tuhan telah janjikan kepada semua orang percaya. Namun, pernyataan sederhana ini pun perlu ditelaah dengan hati-hati, dan di dalamnya kita dapat menemukan dua aspek yang patut dipertanyakan.

Pertama, keyakinan itu berdasar pada *masa lalu*. Dasarnya adalah peristiwa yang mungkin telah terjadi bertahun-tahun sebelumnya. Kata kuncinya adalah "setelah percaya". Bisa saja, "setelah percaya" ini berarti "suatu saat di waktu yang lampau pernah percaya". Tidak ada hal lain apa pun dalam kisah yang berjalan dapat berpengaruh terhadap titik awal itu, sedangkan segala sesuatunya digantungkan pada titik awal itu. Perjanjian Baru tidak pernah menyarankan orang untuk hidup berdasarkan "pernah percaya".

Kedua, keyakinan itu bergantung pada sebuah *logika deduksi*. Secara teknis, logika itu disebut "silogisme", yaitu premis atau pernyataan utama yang diikuti dengan premis atau pernyataan pendukung, lalu darinya ditarik sebuah kesimpulan deduksi. Sederhananya, silogisme memiliki alur:

Alkitab berkata begitu,
maka saya percaya;
selesai.

Janji-janji Tuhan dalam Alkitab menjadi dasar keyakinan itu. Logika menjadi alat yang mengolahnya menjadi rasa aman. Saya percaya kepada Firman Tuhan, maka saya dapat meyakinkan diri saya untuk merasa aman. Kadang, orang lain bisa saja berusaha meyakinkan saya tentang hal yang berbeda. Nah, alur pemikiran ini diikuti dengan konseling yang panjang: "Apakah Anda percaya ayat ini? Kalau Anda percaya, Anda bisa merasa yakin akan masuk surga!" Semua ini paling-paling hanya bisa menjadi saksi *tak langsung* yang memediasi proses mental kita. Pikiran kita akan mudah sekali dilanda keraguan ("bagaimana saya bisa yakin bahwa kepercayaan saya ini cukup kuat sehingga janji ini berlaku atas saya?").

Pendekatan demikian terhadap keyakinan (deduksi tak langsung dalam pikiran, berdasarkan ayat Alkitab dan berdasarkan masa lalu) telah menjadi sangat umum dalam lingkungan penginjilan, tetapi dasar alkitabiahnya sulit sekali ditemukan. Para petobat dalam Gereja mula-mula saja tidak mempunyai Alkitab Perjanjian Baru yang bisa mereka ambil ayat-ayatnya sebagai dasar deduksi pikiran yang menghasilkan rasa aman. Yang mereka punya adalah Roh Kudus!

Di sisi lain, pemahaman Omega tentang keyakinan ini berbeda.

SEKALI SELAMAT, TETAP SELAMAT?

Pemahaman ini mengajarkan bahwa ketekunan itu perlu bagi keselamatan akhir dan hanya orang yang sungguh-sungguh telah lahir barulah yang akan bertekun, sehingga tampaknya orang hanya bisa yakin akan keselamatannya dengan bertekun sampai titik terakhir! Maka, pengajaran Calvin pun dapat dituduh sebagai menghancurkan jaminan, dan demikian pula dengan pengajaran Arminius. Sebenarnya, seperti yang akan kita lihat, keduanya sangat mirip, lebih mirip daripada yang mereka sendiri sadari.

Calvin mengajarkan yang disebutnya "keyakinan iman". Iman yang sejati ("yang menyelamatkan", berlawanan dengan "yang sementara") membawa kesaksian asli yang intuitif. Karena iman adalah karunia pemberian Tuhan, keyakinan di dalam diri pun merupakan unsur yang terkandung di dalam pemberian itu. Orang yang menerimanya "tahu" saja bahwa dirinya termasuk "orang-orang pilihan", yang telah dipilih oleh Tuhan.

John Wesley sebagai penganut paham Arminian sangat kuat dalam hal keyakinan ini, dan demikian pula yang tampak pada lagu-lagu gubahan saudaranya, Charles Wesley. Namun, dia membedakan beberapa jenis keyakinan. Ada keyakinan umum bahwa dosa telah diampuni, tetapi ada pula keyakinan khusus akan ketekunan. Ada orang-orang yang dapat diberi pengetahuan khusus sejak hidupnya bahwa mereka akan termasuk yang berhasil tiba di titik akhir.

Sekali lagi, kedua sisi perdebatan ini tidak berseberangan terlalu jauh sebenarnya, meskipun memang ada perbedaan. Sisi yang satu berkata semua orang yang percaya pasti akan bertekun. Sisi yang lain berkata sebagian orang yang percaya akan gagal bertekun.

Yang penting untuk kita perhatikan adalah bahwa logika cenderung akan menghancurkan jaminan dalam pemahaman Omega SSTS ini. Masalahnya, kehidupan ini lebih dari sekadar logika. Baik kaum Calvinis maupun Arminian menemukan keyakinan sebagai hal yang intuitif, atau naluriah, bukan hasil logika deduktif. Keyakinan ini bagi mereka bukan muncul secara tak langsung dari pemikiran yang masuk akal maupun kesaksian langsung roh.

Yang lebih dekat dengan konsep Perjanjian Baru sebenarnya adalah yang terakhir ini, yaitu sumber keyakinan kita terletak di dalam Roh Tuhan yang ada di dalam diri kita, bukan ayat-ayat Alkitab yang ada di luar diri kita. Salah satu pernyataannya dapat kita kutip di sini, "Demikianlah kita ketahui, bahwa kita tetap berada di dalam Allah dan Dia di dalam kita: Ia telah mengaruniakan kita mendapat bagian dalam Roh-Nya," (1 Yoh. 4:13) dan "Roh itu bersaksi bersama-sama dengan roh kita, bahwa kita adalah anak-anak Allah," (Roma 8:16).

Dari kedua ayat ini saja kita sudah bisa menangkap banyak pengertian tentang keyakinan. Keyakinan adalah pekerjaan Roh Kudus di dalam diri kita, meskipun memang ada ekspresinya ke luar (Roma 8:15 merujuk pada seruan yang keluar tanpa dapat kita tahan-tahan, "Ya Abba, ya Bapa," dari Roh Yesus sendiri dan dari doa-Nya sendiri melalui mulut kita!). Inilah kesaksian langsung roh kita; yang mungkin sama sekali tidak melibatkan pikiran manusiawi kita, yang lebih kita rasakan daripada hasil dari yang diajarkan kepada kita. Yang terutama, keyakinan adalah berdasarkan masa sekarang, bukan masa lalu, serta merupakan hal yang berlangsung terus-menerus alih-alih pengalaman sekali saja (Roma 8:16 menggunakan kata kerja "bersaksi" dalam kala tata bahasa masa kini yang sedang berlangsung dan belum selesai). Semua ini jelas berbeda dari pandangan "Alfa" yang dijelaskan tadi dan yang lazim di kalangan para penginjil.

Bagaimana kita bisa yakin? Kita telah menjawab pertanyaan itu: oleh Roh Kudus. Ketika kita hidup dipimpin oleh Roh Kudus dan berjalan di dalam Roh Kudus, kita akan menikmati kesaksian Roh Kudus yang terus-menerus, yaitu keyakinan pasti di dalam batin bahwa Tuhan beserta kita. Namun, Perjanjian Baru juga memuat beberapa poin untuk memeriksa kepastian ini, sehingga kita dapat menjadi yakin bahwa keyakinan batin kita itu tidak salah jalan. Yang termasuk di dalamnya adalah hati nurani yang bersih, kasih kepada saudara-saudari seiman di dalam Kristus, serta berhenti dari kebiasaan dosa (1 Yohanes memuat daftar komprehensif bukti-bukti ini). Ini semua merupakan konfirmasi di luar atas kesaksian di dalam, bukti objektif atas keyakinan batin yang subjektif. Dalam keterkaitan ini tidak ada "ayat Alkitab".

Selanjutnya, kita juga perlu menjawab pertanyaan kedua: dalam hal apa kita dapat yakin? Kita telah melihat bahwa keyakinan yang benar adalah berdasarkan pengalaman masa sekarang, bukan peristiwa masa lalu, tetapi bagaimana kaitannya dengan masa depan?

Banyak orang ingin keyakinan yang lebih daripada masa sekarang; mereka ingin tahu secara intuitif bahwa mereka ada di dalam Tuhan dan Tuhan ada di dalam mereka. Mereka berusaha mencari jaminan tentang masa depan itu, yang sebenarnya adalah jaminan yang *melawan diri mereka sendiri*! Mereka ingin merasa pasti bahwa apa pun yang terjadi, apa pun yang mereka lakukan dalam masa sekarang, masa depan mereka tetap aman secara mutlak.

Saya sendiri tidak berhasil menemukan jaminan yang semacam ini di dalam Alkitab. Dalam daftar orang-orang dan hal-hal yang tidak sanggup memisahkan saya dari kasih Tuhan di dalam Kristus Yesus serta yang tidak dapat melepaskan saya dari tangan-Nya, tidak ada "diri saya sendiri" (lihat Lampiran I). Tidak ada satu pun ayat Alkitab yang menjanjikan bahwa saya tidak akan pernah terpisah dari Kristus oleh ulah diri saya sendiri. Justru, banyak ayat yang jelas menyatakan kemungkinan yang sebaliknya ("Kamu lepas dari Kristus, jikalau kamu ...", Gal. 5:4). Keyakinan oleh diri sendiri bukanlah karunia Roh Kudus! Maka, dalam hal apa saya bisa yakin?

Orang percaya bisa yakin tentang hubungan saat ini antara dirinya dengan Tuhan, bahwa dia sedang berjalan dengan Tuhan, pada jalan yang lurus dan sempit yang menuju pada kehidupan itu. Orang percaya bisa tahu pasti bahwa dirinya sedang dalam "Jalan" itu, baik jalan keselamatan maupun jalan menuju surga.

Keberatan-Keberatan Teologis

Orang percaya dapat tenang karena mengetahui bahwa berjalan di jalan ini adalah arah yang pasti untuk mencapai tujuan yang benar itu. Tidak ada alasan sama sekali untuk ragu atau resah di jalan iman, pengharapan, dan kasih ini. Prospek masa depannya cerah. Kemuliaan telah menanti di depan sana. Orang percaya yang sedang dalam perjalanan ini dapat bersukacita dan berkata, "Kita sedang berjalan menuju surga."

Apa lagi yang bisa kita minta? Apa lagi yang seharusnya kita minta? Apa dampaknya jika kita diberi jaminan itu terhadap diri kita sendiri? Yang lebih penting lagi, apakah Alkitab memberi keyakinan itu kepada kita? Kita telah mendapati (dalam Bab 3) bahwa Perjanjian Baru secara konstan menggunakan kata "jika": "jika kamu bertekun, jika kamu bertahan, jika kamu tetap teguh, jika kamu menang".

Maka, tidak heran bahwa keyakinan dan ketekunan saling terkait erat dalam pengalaman hidup Kristen. Jika orang percaya menyerah pada godaan dosa, salah satu hal yang rusak pertama kali sebagai dampaknya adalah keyakinan ini. Melalui celah itulah keraguan dan ketakutan menyusup masuk ("apakah dosa yang telanjur kuperbuat ini tidak dapat diampuni?"). Ini karena kita telah mendukakan Roh Kudus, yang adalah sumber keyakinan kita. Rasa bersalah (yang nyata maupun imajiner, secara moral maupun psikologis; dan semua ini penting untuk dikenali perbedaannya) akan membuat kita terlalu sensitif terhadap pertanyaan apa pun tentang rasa aman ini. Ini seperti kata sang pujangga, Shakespeare, "Nurani kitalah yang menjadikan kita semua pengecut."

Obat penawar bagi rasa bersalah adalah pengampunan, yang selalu tersedia bagi mereka yang merdeka untuk mengakui kebutuhan ini (1 Yoh. 1:9). Dengan hubungan yang dipulihkan, keyakinan pun kembali. Lebih cepat kita menyerahkan dosa dan ketakutan kita kepada Tuhan, lebih baik hasilnya. Simson menemukan jalannya kembali kepada Tuhan dan keyakinannya ini, meski sebelumnya telanjur kehilangan Roh Kudus dan terpuruk sebagai orang yang hancur sepenuhnya. Jika Anda ingin merasa aman tentang masa depan, tetaplah melekat pada Kristus.

Kaum Calvinis mungkin merasa ngeri membaca beberapa paragraf terakhir ini, karena isinya bagi mereka terkesan menekankan usaha manusia saja dan mengajarkan bahwa hasil akhir tergantung pada diri kita sendiri serta kitalah yang harus terus-menerus berusaha. Bagi mereka, ini terasa sebagai keselamatan oleh perbuatan, yang berlawanan dengan keselamatan melalui iman. Saya berharap mereka membaca buku ini sampai akhirnya sebelum mengajukan tuduhan dan keberatan ini, tetapi kini ada beberapa hal yang perlu dikemukakan dulu.

Menuntut perbuatan?

Yang perlu dinyatakan secara jelas adalah bahwa keselamatan itu "bertolak dari iman dan memimpin kepada iman" (Roma 1:17). Keselamatan "bukan hasil pekerjaanmu: jangan ada orang yang memegahkan diri" (Ef. 2:9).

Namun, iman dan perbuatan memang bisa bercampur aduk dalam pikiran manusia. Contoh yang paling nyata adalah gagasan umum bahwa Tuhan ingin kita menghasilkan sebanyak-banyaknya perbuatan baik dari kemampuan kita sambil memohon kepada-Nya untuk mengampuni perbuatan jahat kita ("Lakukan yang terbaik dan serahkan sisanya ke tangan Tuhan").

Contoh yang lebih samar adalah perpaduan pembenaran oleh iman dengan pengudusan oleh perbuatan. Dalam pemikiran Paulus, ini berarti memulai dalam Roh lalu mengakhiri dalam daging (Gal. 3:3).

Perbuatan daging atau perbuatan hukum Taurat merupakan musuh injil dan menjauhkan kita dari kasih karunia, yaitu satu-satunya kuasa yang dapat menyelamatkan kita. Keduanya adalah buah dari agama, yang bersifat "usaha diri sendiri" dan mempertahankan kesombongan manusia. Tuhan ingin melihat kebenaran di dalam diri kita, tetapi kebenaran yang Dia inginkan itu adalah kebenaran-Nya sendiri, bukan kebenaran diri kita.

Keberatan-Keberatan Teologis

Dia tidak menuntut kebenaran dari diri kita, tetapi menawarkan kebenaran itu bagi kita di dalam Kristus.

Semua ini benar, tetapi belum merupakan seluruh kebenarannya. Jika tidak berhati-hati, kita bisa menjadi "alergi" terhadap segala bentuk atau wujud perbuatan ini, lalu rasa alergi itu membutakan kita terhadap pernyataan-pernyataan positif Perjanjian Baru tentang perbuatan.

Pertama-tama, kita memang tidak diselamatkan *oleh* perbuatan, tetapi jelas kita diselamatkan *untuk* perbuatan baik (Ef. 2:10). Kita memang tidak perlu berusaha melakukan apa yang kita pikir akan diperkenan Tuhan, tetapi kita harus melakukan perbuatan baik yang telah Dia persiapkan bagi kita. Maka, "perbuatan" jenis yang benar ini berperan sangat penting dalam kehidupan Kristen. Apa yang Tuhan kerjakan di dalam kita itu perlu kita kerjakan ke luar melalui kehidupan kita (Fil. 2:12-13).

Namun, ada pula keterkaitan yang lebih erat lagi di antara iman dan perbuatan. Yesus sendiri menerima bahwa iman adalah sebuah "perbuatan" (Yoh. 6:29). Saudara-Nya, Yakobus, benar-benar menyulut kontroversi dengan menulis, "Jadi kamu lihat, bahwa manusia dibenarkan karena perbuatan-perbuatannya dan bukan hanya karena iman," (Yak. 2:24). Pernyataan ini telah dianggap kontradiksi langsung terhadap ajaran Paulus oleh mereka yang mengidap fobia terhadap "perbuatan" (Salah satunya, Luther, yang menepis surat Yakobus dengan menyebutnya "surat yang tidak berguna karena tidak murni"). Padahal, Paulus membahas pekerjaan hukum Taurat, yang dilakukan orang untuk memperoleh keselamatan, sedangkan Yakobus membahas perbuatan iman, untuk menerima keselamatan itu. Yakobus menegaskan pernyataan penting bahwa iman adalah aktif, bukan pasif; maka iman adalah urusan perbuatan dan bukan hanya perkataan. Percaya perlu diwujudkan dalam tindakan, yang termasuk mengambil risiko kecewa jika sosok yang dipercaya itu terbukti tidak layak dipercaya. Dengan mengutip tindakan Abraham dan Rahab (sama seperti pasal 11 dalam kitab Ibrani yang merinci daftar banyak nama tokoh iman lainnya), Yakobus mengemukakan gagasan yang sahih bahwa pernyataan iman tanpa perbuatan nyata adalah sama tak bergunanya seperti mayat, yang mati dan tidak dapat "menyelamatkan". Sebelumnya, dia telah mengamati bahwa kasih tanpa perbuatan nyata pun tidak dapat menolong siapa pun (Yak. 2:16).

Baik iman maupun kasih, keduanya perlu diekspresikan dalam wujud tindakan agar dampaknya menjadi efektif. Lalu, Paulus juga membahas "iman yang bekerja [dalam Alkitab bahasa Inggris versi NIV: "iman menyatakan dirinya"] oleh kasih" (Gal. 5:6). Kata kerja "bekerja" berarti aktivitas praktis, yaitu lawan dari ketiadaan aktivitas yang teoretis, serta terkait dengan kata "energi"!

Nah, mengapa perlu ada begitu banyak kontroversi seputar kata "perbuatan"? Setidaknya, ada dua alasan.

Satu, penambahan kata "saja" pada kata "iman". Pelagius adalah orang pertama yang melakukannya, tetapi Luther menjadikan kalimat dengan tambahan kata "saja" ini slogan utama dalam prinsip Reformasi Protestan: "oleh iman saja". Kita telah memahami bahwa rekannya, Melanchthon, pun berkomentar, "Iman tidak sendirian saja," komentar yang kemudian diadopsi pula oleh Calvin. Sebenarnya, satu-satunya penggunaan kata "saja" dalam konteks terkait dengan iman dalam Perjanjian Baru adalah di ayat yang telah dikutip Yakobus, yaitu ketika oleh empati dia menyatakan bahwa orang dibenarkan oleh perbuatannya dan bukan "oleh iman saja" (Yak. 2:24; tentu saja, yang dimaksudkannya adalah "iman" dalam pikiran dan perkataan, yang tanpa perbuatan).

Alasan kedua, yang lebih besar pengaruhnya, adalah penetapan definisi kata "perbuatan" sebagai *"aktivitas manusia apa pun"*, yang bukan merupakan aktivitas Tuhan. Perluasan makna yang demikian ini tidak sesuai dengan makna aslinya dan secara serius membatasi diskusi yang sungguh-sungguh. Definisi ini gagal membedakan antara perbuatan yang dilakukan untuk menjadikan diri layak memperoleh keselamatan dengan perbuatan yang dilakukan untuk menerima atau memadankan diri dengan keselamatan itu. Semua aktivitas manusia dianggap sebagai "kontribusi" terhadap keselamatan. Manusia lalu menjadi penerima keselamatan yang pasif. Iman bukanlah perbuatan; iman adalah pemberian (Efesus 2:8 adalah ayat yang sering digunakan sebagai bukti argumen ini, meskipun kata "iman" di ayat itu sebenarnya diterjemahkan dari kata yang bermakna "itu", dan kata "itu" tersebut dalam tata bahasa penulisannya merujuk pada "diselamatkan", bukan "iman"). Tuntutan tindakan pertobatan yang diserukan oleh Yohanes Pembaptis serta Rasul Paulus (Luk. 3:8; Kis. 26:20) pun pada dasarnya dianggap sebagai inisiatif Tuhan, bukan tindakan manusia. Jelaslah, jika kita ingin mempertahankan prinsip kasih karunia, kita dapat dan harus bertahan sama sekali tidak melakukan apa pun untuk menerimanya. Menyarankan baptisan air sebagai unsur esensial dalam menanggapi injil dan menjadi murid Yesus pun dituduh sebagai mengajarkan keselamatan oleh perbuatan!

Lalu, di manakah titik akhir dari semua ini? Jawaban atas pertanyaan "apa yang harus saya lakukan agar diselamatkan?" seharusnya adalah "tidak ada sama sekali!". Bahkan penggubah lagu Calvinis pun, Toplady, menulis lirik yang berarti "Dengan tangan hampa 'ku datang, hanya pada saliblah 'ku berpegang" dan kata-kata "berpegang pada salib" itu dituduh sebagai kontribusi manusiawi terhadap keselamatan (saya juga merujuk kembali pada ilustrasi saya tentang posisi paham Arminian yang menyuruh orang yang tenggelam untuk berpegang pada tali yang dilemparkan kepadanya).

Syukurlah, tak banyak dari kaum Calvinis yang menerapkan logika yang sama ketatnya dengan teori itu dalam praktik hidup mereka, sehingga mereka tetap siap menyerukan kepada para penganut paham itu untuk bertobat, percaya, dan dibaptis. Namun, seharusnya tidak perlu ada celah perbedaan antara hal yang kita percayai dan hal yang kita khotbahkan. Celah perbedaan semacam itu berarti berpura-pura, atau mungkin bahkan munafik.

Saya sendiri percaya dan mengkhotbahkan keselamatan oleh iman, oleh iman yang terus berkelanjutan dan oleh oleh iman yang terus-menerus dikerjakan, sehingga memastikan aliran kasih karunia yang menyelamatkan itu tanpa henti. Saya percaya bahwa ini merupakan pernyataan yang akurat tentang ajaran yang ada di dalam seluruh Perjanjian Baru, termasuk dalam surat Paulus kepada orang-orang Roma.

Dalam bab ini, kita telah melihat, meski secara singkat saja, beberapa keberatan yang bangkit menentang mereka yang menyangkal SSTS, terutama oleh mereka yang mempertahankan posisi Omega atau Calvinis.

Para pembaca buku ini mungkin kaget karena sebenarnya kita bahkan belum tiba pada titik inti perselisihan ini. Di balik itu semua, ada ketidaksepahaman yang radikal tentang sifat Tuhan sendiri serta kondisi manusia. Perbedaan yang nyata ini membutuhkan pembahasan dalam satu bab tersendiri.

6

KONTRADIKSI-KONTRADIKSI YANG MENDASAR

Sampai saat ini, banyak pembaca mungkin telah menyadari bahwa SSTS merupakan isu yang jauh lebih rumit daripada yang kita pikirkan sebelumnya. Sebagian mungkin menerka-nerka tingkat kerumitan itu. Namun, kita sama sekali belum bertemu dengan perbedaan paham terdalam yang mendasari perdebatan yang ada. Dari satu sudut pandang, perdebatan ini dipandang sebagai variasi dari pertentangan kuno yang membingungkan antara predestinasi melawan kehendak bebas. Banyak orang menganggapnya sebagai paradoks yang tak terpecahkan, yang melampaui jangkauan pikiran manusia yang terbatas oleh waktu. Hanya kekekalanlah yang akan menyelesaikan perdebatan ini, menurut mereka, maka tidak perlu dan tidak berguna jika kita membahasnya. Alkitab tidak bersikap demikian. Alkitab justru secara konstan menghadapkan kita dengan dialektika tentang kedaulatan Tuhan dan tanggung jawab manusia. Keduanya memang benar. Namun, keduanya pun tidak boleh dilebih-lebihkan sampai menghilangkan sisi sebaliknya. Sulit, tetapi kita perlu menyeimbangkan keduanya secara tepat dan akurat.

Yang dipertaruhkan di sini adalah pemahaman kita akan sifat Tuhan dan sifat manusia. Humanisme terlalu memandang rendah Tuhan (jika Tuhan memang ada, Dialah yang bertanggung jawab atas segala kejahatan) dan terlalu meninggikan manusia (manusia pada dasarnya baik dan tidak sepenuhnya bertanggung jawab atas kejahatan yang diperbuatnya). Cukup adil jika kita menyimpulkan bahwa paham Calvinis, setidaknya dalam versi yang sangat ekstrem, salah karena posisi sebaliknya: terlalu meninggikan

SEKALI SELAMAT, TETAP SELAMAT?

Tuhan (!) dan terlalu memandang rendah manusia. Mari kita amati tuduhan ini.

Pandangan yang terlalu rendah tentang manusia
Hal mendasar yang didapat dari analisis alkitabiah tentang situasi nyata kita adalah sifat manusia telah "jatuh". Kejatuhan asal nenek moyang pertama kita telah terwariskan ke seluruh keturunan dalam wujud kerusakan tata laku. Seperti Raja Daud, kita semua telah "dikandung dalam dosa" (Mzm. 51:5). Ini bukanlah tuduhan moral terhadap hubungan seksual, seperti yang diasumsikan oleh banyak orang, melainkan kesadaran dan pengakuan yang blak-blakan tentang reproduksi manusia, yang pada dasarnya reproduksi pendosa. Bayi tidak terlahir dalam kondisi netral secara moral, dengan potensi yang sama besarnya untuk kebaikan maupun kejahatan. Bayi dan anak harus diajar untuk taat (padahal tidak perlu diajar untuk tidak taat); harus diajar untuk jujur (padahal tidak perlu diajar untuk berbohong); harus diajar untuk bersikap baik (padahal tidak perlu diajar untuk bersikap kejam); harus diajar untuk bersikap sopan (padahal tidak perlu diajar untuk bersikap kasar). Mereka biasanya belajar berkata "tidak" lebih dulu sebelum belajar berkata "ya" (sampai-sampai ada seorang ibu yang pernah bercerita kepada saya tentang anak lelakinya yang masih kecil, yang punya masalah "*won't-power*", yaitu kehendaknya untuk menolak ini-itu terlalu keras, bukannya "*willpower*", yaitu kehendaknya kurang kuat untuk melakukan ini-itu!).

Seberapa cemar kita ini? Seberapa jahat diri kita? Apa dampak dari dosa manusia pertama kepada kita?

Pada titik inilah kita harus mempertanyakan doktrin yang disebut "kerusakan total". Jika doktrin ini diterapkan tanpa kualifikasi pikiran, hati, dan kehendak, pemahamannya berarti kita sama sekali tidak mampu memikirkan pikiran yang baik, merasakan keinginan yang mulia, atau memilih untuk melakukan perbuatan yang baik apa pun. Tentu ini absurd jika dipandang dari pengalaman manusia. Yesus saja mengakui bahwa "jika kamu yang adalah bapa yang jahat saja tahu memberikan yang baik kepada anak-anakmu..." (Luk. 11:13).

Jika doktrin itu berarti kita memiliki perpaduan unsur baik dan jahat yang tak dapat diperbaiki, termasuk meski dengan usaha terbaik kita tanpa sama sekali kebanggaan diri atas pencapaian kita, makna ini tampaknya lebih mendekati kebenaran. Dengan makna yang sama, diukur dengan standar kesempurnaan Tuhan, kita tidak mampu melakukan apa pun yang baik karena kita telah "kehilangan kemuliaan Allah" (Roma 3:23); tanpa memperhitungkan seberapa jauh kita telah terpisah dari kemuliaan itu, karena itu tidak relevan.

Bahkan, kita tak berdaya untuk memulihkan diri kembali dari kondisi ini. Hanya orang-orang yang telah berusaha secara habis-habisan untuk hidup benar dan baik sepanjang waktu dengan fokus yang terjaga penuhlah (misalnya, Saulus dari Tarsus, Martin Luther, dan John Wesley) yang dapat menghargai betapa tak bergunanya segala usaha itu. Faktanya tak berubah, tidak ada seorang pun yang pernah berhasil menyelamatkan diri sendiri dari dosanya. Bisa saja satu-dua kebiasaan buruk dihentikan dengan tekad yang kuat, dengan bantuan dan dukungan pihak lain, tetapi akan ada kebiasaan buruk lainnya yang muncul sebagai gantinya. Kebanyakan orang akan menerima bahwa usaha semacam ini tak berguna, lalu menyerah. Lagi pula, bukankah tidak ada orang yang sempurna?

Alkitab menggambarkan keadaan manusia dengan amat sangat realistis. Kelemahan para pahlawan terbesar dalam Alkitab diungkap dengan terang-terangan. Hanya Yesus sendirilah tokoh Alkitab yang tetap tidak bercacat dan tidak bernoda dosa atau kelemahan.

Dari latar belakang inilah tawaran keselamatan oleh kasih karunia diberikan. Dari pihak manusia, ini tidak mungkin; tetapi dari pihak Tuhan, ini menjadi mungkin. Manusia sendiri telah dijatuhi vonis hukuman mati, karena Tuhan dalam kekudusan-

Nya harus menetapkan batas waktu untuk kejahatan, yang bukan ada dengan sendirinya melainkan merupakan sikap dan hasil dari diri manusia.

Kabar baiknya, manusia dapat memenuhi syarat untuk memperoleh "kehidupan kekal", bukan dengan pencapaian moralnya sendiri melainkan dengan menerima kebenaran Tuhan melalui percaya dan taat kepada Anak-Nya, Tuhan Yesus Kristus, yang kelahiran, kehidupan, kematian, kebangkitan, dan kenaikan-Nya menjadikan pemberian ini tersedia.

Ini semua memang benar sejauh ini. Semua orang Kristen ortodoks bersepakat tentang semua ini. Namun, ketidaksepahaman muncul ketika ada pertanyaan tentang bagaimana pemberian ini (kebenaran yang memenuhi syarat untuk kehidupan kekal) disampaikan oleh Tuhan dan menjadi layak diterima oleh manusia.

Para pendukung paham "kerusakan total" berkata manusia sama sekali tidak punya pilihan dalam hal ini. Dosa telah merusak kehendaknya sampai begitu parah dan dia tidak mampu memilih untuk diselamatkan. Pilihan itu diambil sepenuhnya oleh Tuhan. Manusia baru akan bertobat dan percaya ketika Tuhan memutuskan untuk menyelamatkan dia dan melakukan penyelamatan itu. Sederhananya, manusia bertanggung jawab atas penolakannya terhadap injil, tetapi tidak mungkin mengambil tanggung jawab untuk menerima injil. Manusia menerima injil hanya oleh keputusan Tuhan saja.

Sejalan dengan pengertian ini, "perlindungan atas orang-orang kudus" pun merupakan tanggung jawab Tuhan sepenuhnya, yang terjadi oleh kehendak-Nya yang berdaulat sempurna dan kuasa-Nya yang tak terbatas. Agar berimbang, kita akan membahas versi moderatnya pula, yang mungkin lebih umum. Paham versi moderat ini percaya bahwa manusia secara alamiah masih bebas memilih untuk menolak atau menerima injil, tetapi begitu dia menerima injil, tanggung jawab pun diserahkan kepada Tuhan, yang dengan demikian akan menggunakan kedaulatan kuasa-Nya untuk memastikan perlindungan mutlak atas si manusia.

Baik dalam versi ekstremnya (Tuhan sepenuhnya bertanggung jawab atas siapa yang akan menerima injil dan dilindungi keselamatannya) maupun versi moderatnya (manusia bertanggung jawab untuk menerima injil tetapi Tuhan bertanggung jawab untuk melindungi keselamatan manusia yang menerima injil), tanggung jawab manusia dalam paham ini dikurangi nilainya, atau bahkan dihilangkan sama sekali. Kita perlu menyadari implikasi moral dari paham ini.

Tanggung jawab adalah kemampuan untuk berespons. Tanggung jawab adalah berdasarkan kemampuan untuk mengambil pilihan di antara berbagai pilihan yang ada, yaitu kebebasan kehendak untuk mengambil keputusan. Jika seseorang tidak punya pilihan dalam tindakannya, orang itu tidak mungkin dianggap bertanggung jawab.

Keadilan didasarkan pada tanggung jawab. Konsep upah untuk perbuatan baik dan hukuman untuk perbuatan jahat adalah berdasarkan asumsi bahwa ada pilihan yang dibuat, entah yang benar atau yang salah. Penghakiman menjadi pelanggaran moral jika pihak yang dihakimi atas sesuatu tidak mampu melakukan yang sebaliknya.

Pada masa ini, permohonan perkecualian semacam ini makin sering muncul di pengadilan. Ahli-ahli psikologi dan sosiologi mengajarkan agar kita berpikir bahwa tindakan kita telah ditentukan sejak awal oleh garis keturunan, lingkungan, dan situasi. Tertuduh yang sedang dibela digambarkan sebagai korban yang tak berdaya, pasien yang membutuhkan perawatan, alih-alih penjahat kriminal yang layak dihukum. Penderitaan oleh hukuman lalu hanya dapat dibenarkan jika bersifat merehabilitasi si penerima hukuman atau mencegah kejahatan yang dihukum itu mengenai korban lain. Hukuman sebagai retribusi yang langsung pun dianggap sebagai konsep kuno yang usang.

Teologi liberal cemar karena disusupi oleh pemikiran semacam ini, yang menghilangkan penekanan pada penghakiman dan secara khusus pada neraka, yang sebenarnya merupakan retribusi akhir yang utama. Yang kadang terlupakan adalah bahwa teologi yang jauh lebih konservatif, khususnya aliran "Reformed", sebenarnya pun mempertanyakan hal yang sama tentang tanggung jawab manusia.

Jika saya sebagai manusia telah rusak total sebagai akibat dari dosa Adam sehingga saya sama sekali tidak mampu membuat pilihan apa pun yang benar, dan jika Tuhan sepenuhnya bertanggung jawab untuk setiap pilihan benar yang saya buat, bagaimana mungkin Tuhan lalu meminta pertanggungjawaban saya dalam penghakiman-Nya? Inilah "kontradiksi mendasar" besar pertama yang akan kita perhatikan dalam bab ini.

Mana mungkin orang non-percaya dihakimi atas dosanya jika dia tidak memegang tanggung jawab untuk dosa itu, karena kehendaknya tidak bebas dan dia tidak punya pilihan sama sekali? Nurani kita seharusnya menentang ketidakadilan semacam ini. Namun, nurani yang sama pun justru memberi tahu kita bahwa kita bertanggung jawab atas dosa kita, bahwa kita punya pilihan dan kita telah memutuskan melakukan pilihan yang salah. Rasa bersalah dan malu sudah tertanam bersama dengan pengetahuan nurani kita bahwa kita sebenarnya dapat membuat pilihan yang berbeda. Kita telah mengecewakan diri kita sendiri.

Mana mungkin orang percaya dihakimi, baik untuk menerima upah maupun hukuman, kecuali jika dia memang bertanggung jawab atas mempergunakan atau menyalahgunakan kasih karunia itu? Tentu saja, banyak orang percaya yang tidak ingin dihakimi, tetapi Perjanjian Baru jelas menyatakan hal ini. "Sebab kita semua [orang percaya] harus menghadap takhta pengadilan Kristus, supaya setiap orang memperoleh apa yang patut diterimanya, sesuai dengan yang dilakukannya dalam hidupnya ini, *baik ataupun jahat*," (2 Kor. 5:10; lihat juga Roma 14:10-12 dan 1 Kor. 4:1-5). Kita dibenarkan oleh iman, tetapi akan dihakimi menurut perbuatan kita. Menganggap bahwa penghakiman ini hanya untuk tujuan upah adalah mengabaikan unsur "jahat" dalam ayat itu. Menganggap bahwa hukuman terberat yang dapat dijatuhkan atas orang percaya adalah kehilangan "bonus" upah di surga adalah mengabaikan semua peringatan serius yang ada di dalam Perjanjian Baru (lihat Bab 3).

Alkitab mengungkapkan sosok Tuhan yang adalah kebenaran, yang menghakimi dengan keadilan yang sempurna, memberi upah atas yang baik dan memberi hukuman atas yang jahat. Tuhan tidak pilih kasih; Dia memperlakukan dosa secara sama pada orang percaya maupun orang non-percaya.

Ini berarti manusia sepenuhnya bertanggung jawab atas tindakannya, berdasarkan pilihan yang dibuatnya dari kehendaknya sendiri.

Syukurlah, Tuhan juga penuh rahmat; Dia bersedia mengampuni dosa, dan untuk itu Anak-Nya telah membayar kompensasi penuh dengan menyerahkan diri-Nya untuk melunasi retribusi dan menjadikan kita umat-Nya yang kudus, yang layak untuk hidup kekal dalam semesta baru yang diciptakan-Nya kembali. Namun, Dia hanya dapat melakukan semua ini bagi orang yang bersedia menerimanya dan diubahkan-Nya. Pilihannya ada di tangan setiap orang, bukan di tangan Tuhan, maka setiap orang akan mempertanggungjawabkan sepenuhnya pilihan yang dibuat, atau tidak dibuat, oleh dirinya. Kita tidak dilewatkan dari kewajiban pertanggungjawaban ini.

Memercayai yang sebaliknya berarti menetapkan pandangan yang terlalu rendah terhadap manusia, yaitu menganggap manusia setara dengan binatang, yang sepenuhnya dikendalikan oleh kondisi genetiknya. Manusia diciptakan menurut citra Tuhan, maka manusia menentukan jalannya sendiri alih-alih ditentukan oleh pihak lain. Peristiwa Kejatuhan telah merusak hingga citra Tuhan ini cacat pada manusia, bukan hilang. Citra Tuhan masih ada pada diri manusia, dan bisa dipulihkan. Citra Tuhan dalam diri manusia masih mampu memilih berespons kebaikan, baik kebaikan manusiawi maupun kebaikan Tuhan.

Saya pernah membantu beberapa penjahat melewati

persidangan kasus-kasus mereka, termasuk pada kasus paling serius dengan tuduhan pembunuhan. Dalam membantu mereka, saya selalu mendorong mereka untuk mengakui bahwa mereka bertanggung jawab atas kejahatan mereka itu (bukan berdalih semacam "saya terkena pengaruh buruk dari teman-teman" melainkan mengaku "saya telah memilih teman-teman yang salah"; atau bukan berdalih "saya tidak mampu menahan dorongan perbuatan itu" melainkan mengaku "waktu itu saya ingin melakukan perbuatan itu"). Saya mendesak mereka untuk benar-benar mengambil posisi sebagai manusia sepenuhnya dan mengakui kesalahan mereka. Alhasil, di persidangan mereka diperlakukan sebagai manusia pula dengan berbagai cara. Mereka menerima belas kasihan yang sebenarnya tidak layak mereka terima ketika mengakui dengan adil apa yang layak mereka terima. Mereka menjadi manusia yang bertanggung jawab ketika menerima tanggung jawab. Tuhan memperlakukan kita sebagai manusia, yang bertanggung jawab atas diri kita sendiri.

Kita semua adalah "keturunan Allah" (Kis. 17:28), anak-anak-Nya, meskipun belum semua dari kita telah menjadi "putra-putri-Nya yang dewasa" (kata *"son"* yang merujuk pada arti anak Tuhan dan konsep adopsi dalam Perjanjian Baru dalam bahasa asli penulisannya mengacu pada praktik bangsa Romawi yang secara sah dan di mata hukum menjadikan seorang anak rekan atau mitra dewasa dalam pekerjaan sang ayah, sedang sebelumnya anak tersebut belum dianggap dewasa dan masih berada dalam pengawasan penjaganya, *"paidagogos"*; Gal. 3:25). Anak sama sekali bukan boneka atau benda mainan. Anak bukanlah barang; anak adalah manusia.

Pemahaman ini membawa kita ke isu mendasar lainnya; "orang tua" macam apakah Tuhan itu kepada umat manusia dan "Bapa" macam apakah Dia kepada anak-anak yang diadopsi-Nya? Seluruh perdebatan teologis bermuara pada pemahaman si pendebat tentang siapa dan apa itu Tuhan (kata "teologi" berarti ilmu mengenai Tuhan). Tidak terkecuali, topik SSTS.

Pandangan yang terlalu tinggi tentang Tuhan

Pada masa banyak orang memandang terlalu rendah terhadap Tuhan dan perlu "membesarkan" Dia, mungkin terkesan menghina atau bahkan menghujat jika saya berkata kita bisa saja memandang terlalu tinggi terhadap Dia! Padahal, dalam keinginan tulus untuk meninggikan Tuhan, kadang sebagian orang memosisikan Dia terlalu jauh di awang-awang, sama sekali tak bersentuhan dengan dan terkena pengaruh dari urusan manusia, serta tanpa interaksi sedikit pun dengan manusia. Tuhan dijadikan jauh sekali dari sifat manusia, "tidak boleh dipertanyakan dalam segala hal", tidak bisa didekati untuk kita membawa permohonan atau argumentasi maupun tidak bisa kita pahami.

Tuhan dianggap sebagai teka-teki abstrak yang maha rumit dan bersifat mutlak: Maha Kuasa (mampu melakukan apa pun), Maha Hadir (ada di mana-mana), dan Maha Tahu (tahu segala sesuatu). Sebenarnya, dari sudut pandang pewahyuan dalam Alkitab, ketiga sifat ini perlu mengandung syarat atau catatan khusus; dan Alkitab sendiri tidak memuat satu pun dari ketiga istilah sifat ini.

Dalam hal ke-mahakuasa-an, ada banyak hal yang Tuhan tidak dapat lakukan, kadang karena hal itu secara logis tidak masuk akal (misalnya, menggambar lingkaran yang berbentuk bujur sangkar), tetapi biasanya karena hal itu secara moral tidak sesuai dengan karakter-Nya (misalnya, berdusta). Saya sendiri pernah membuat daftar hal yang Tuhan tidak dapat lakukan dan dalam waktu singkat sudah ada 30 hal dalam daftar itu. Saat menemukan betapa banyaknya hal yang saya dapat lakukan dan pernah lakukan padahal Tuhan tidak dapat lakukan, saya jadi tersungkur malu, bukannya sombong!

Dalam hal ke-mahahadir-an, yang lebih tepat dikatakan adalah bahwa Tuhan dapat hadir di mana pun yang Dia pilih untuk hadir. Tuhan tidak hadir selama tiga jam terakhir kehidupan Anak-Nya di bumi, yaitu saat di kayu salib (seruan pedih Yesus itu bukanlah perasaan manusiawinya secara pribadi saja, melainkan sungguh-

sungguh lolongan yang mencari-cari keberadaan Tuhan, seperti diindikasikan oleh gerhana matahari total yang berlangsung lama). Tuhan juga tidak akan pernah berkunjung ke neraka, meskipun neraka adalah ciptaan-Nya juga. Mengatakan "Tuhan ada di mana-mana" sangat dekat dengan kesalahan pengertian yang disebut panenteisme ("Tuhan *ada di dalam* segala sesuatu") dan pada akhirnya panteisme ("Tuhan *adalah* segala sesuatu').

Dalam hal ke-mahatahu-an, jelas sekali dalam Alkitab bahwa Tuhan yang tahu ketika burung pipit "hinggap" (bukan "jatuh") ke tanah dan jumlah helai rambut yang ada pada kepala tiap manusia, yang merupakan pengetahuan akan *masa sekarang*, juga sangat tahu *masa depan* secara mendetail. Tuhan tahu apa yang Dia akan lakukan menurut niat-Nya dan Dia tahu setiap kemungkinan tindakan yang dapat dilakukan manusia, tetapi apakah Dia tahu pasti yang mana dari semua kemungkinan itu yang akan dilakukan manusia? Hal ini dapat diperdebatkan. Kalau benar demikian, Tuhan tentu tidak akan kecewa, karena kecewa berarti menghadapi respons yang tidak sesuai ekspektasi (lihat Zef. 3:7 dan Mat. 1:22). Ada masalah-masalah besar yang sedang dipertaruhkan di sini.

Yang pertama, jika seluruh masa depan sepenuhnya diketahui secara mendetail, bisa disimpulkan bahwa Tuhan sendiri pun tidak mungkin menganggap masa depan itu bukan hasil dari ditentukan sejak semula. Masa depan menjadi tidak lagi terbuka atau fleksibel, dan tidak ada lagi ruang untuk pilihan yang bebas. Masa depan menjadi tertutup dan tetap secara kaku (simak diskusi yang amat bermanfaat tetapi melelahkan pikiran tentang implikasi ini dalam buku *Predestination and Freewill*/Predestinasi dan Kehendak Bebas, karya David dan Randall Basinger, Eds., terbitan Inter-Varsity Press, tahun 1986).

Lalu yang lebih serius lagi, pemikiran semacam ini menempatkan Tuhan di luar dan melampaui waktu. Meski orang Kristen sering berasumsi bahwa waktu dan kekekalan merupakan dua entitas yang sama sekali berbeda, ini sebenarnya merupakan pemikiran Yunani, bukan Ibrani. Dalam pemikiran Ibrani, "kekal" dan "selamanya" adalah satu hal yang sama. Waktu adalah konsep yang linier, bergerak satu arah dari masa lalu melalui masa sekarang menuju masa depan dan terus dalam kekekalan. Lebih jauh lagi, Tuhan ada di dalam waktu, atau yang lebih tepat, waktu ada di dalam Tuhan. Dia adalah Tuhan yang dulu, yang sekarang, dan yang akan datang (lihat buku *Christ and Time* - Kristus dan Waktu, karya Oscar Cullmann, terbitan Student Christian Movement, tahun 1951, yang merupakan studi klasik tentang topik ini). Tuhan sendiri tidak dapat mengubah masa lalu setelah terjadi (ini merupakan salah satu batas pada ke-mahakuasa-an-Nya); tetapi Dia dapat mengubah dampaknya pada masa sekarang dan Dia dapat mengubah masa depan. Dia sedang mengerjakan maksud abadi-Nya dalam kerangka waktu. Sejarah adalah kisah-Nya.

Namun, apakah Dia memegang kendali yang sepenuhnya atas segalanya yang terjadi dalam kerangka waktu historis? Ada perbedaan amat besar di antara keduanya, yang sangat terkait dengan perbedaan besar dalam hal pemahaman akan Tuhan sendiri.

Tuhan yang memegang kendali *penuh* mengeluarkan ketetapan terlepas dari faktor atau pengaruh luar apa pun. Dia lalu mengarahkan dan membuat ciptaan-Nya agar sesuai dengan ketetapan-Nya itu. Dalam dimensi manusia, ini berarti memaksakan kehendak-Nya kepada pihak lain, memaksa pihak lain melakukan apa yang telah diputuskan-Nya untuk dilakukan, mentang-mentang Dia memiliki kekuasaan yang berdaulat untuk itu. Fakta bahwa ketetapan-Nya penuh kebaikan tidak mengubah fakta bahwa "kasih karunia" itu "tidak dapat ditolak". Tuhan pun menjadi diktator sejati (atau "penguasa mutlak" dalam definisi kamus bahasa Inggris Oxford), yang memanipulasi manusia menurut rencana-Nya, tanpa memedulikan keinginan manusia. Dialah satu-satunya "orang" di seluruh semesta ini yang memiliki kehendak bebas. Maka, dalam hubungan-Nya dengan manusia,

SEKALI SELAMAT, TETAP SELAMAT?

Tuhan sama jahatnya dengan seorang ahli hipnotis massal!

Agama yang berdasarkan gambaran yang demikian akan sosok Tuhan menaruh sikap tunduk dan menahan diri sebagai kualitas moral yang utama. Determinisme melahirkan fatalisme dan pasivisme, bukan aktivisme ("biarlah kehendak-Mu yang jadi", dengan penekanan pada unsur "*-Mu*" atau "*Engkau*", bukan pada unsur "*jadi*"). Saya mendapati suasana semacam ini ketika tinggal di wilayah Arab, tetapi yang mengagetkan, juga di sebuah konferensi hamba Tuhan Skotlandia ("Tuhan mengirim kembali orang-orang ke dalam gereja kami pada saat yang Dia kehendaki"). Dalam urusan ini, rupanya Calvinisme dan Islam tidak terlalu jauh berbeda!

Namun, gambaran Tuhan dalam Alkitab agak berbeda. Tuhan memegang kendali secara keseluruhan atas sejarah, tetapi secara sukarela Dia menetapkan batas-batas terhadap praktik kuasa-Nya dengan cara menciptakan makhluk ciptaan yang memiliki kehendak bebas yang relatif, meski tidak mutlak. Makhluk ciptaan Tuhan itu mampu memilih untuk hidup harmonis atau tidak dengan kehendak-Nya. Mereka bebas pula untuk menjadi pemberontak jika mereka berkehendak dan memilih demikian, meski Dia tetap mempertahankan hak untuk menetapkan batas waktu kerusakan yang dapat mereka kerjakan sekaligus memutuskan nasib akhir mereka dalam kekekalan. Dengan demikian, Tuhan telah menempatkan diri-Nya dan semua ciptaan-Nya untuk sesaat di dalam kehendak makhluk ciptaan-Nya. Ini merupakan olok-olok yang hina bagi orang-orang yang ingin menyembah Tuhan yang tidak akan merendahkan diri-Nya sedemikian rupa.

Mengapa pula Tuhan merendahkan diri? Karena Dia adalah "kasih" dan karena Dia adalah "Bapa" (kedua makna dan sifat ini sama sekali tidak ada dalam 99 nama Allah). Saat saya ditanya mengapa Tuhan menciptakan umat manusia padahal tahu bagaimana jadinya kelak jika Dia memberi manusia kebebasan untuk memilih, saya menjawab, "Tuhan sudah punya satu Anak

Laki-Laki, dan Dia begitu menikmati hubungan dengan pihak lain itu, sehingga Dia ingin mempunyai keluarga yang lebih besar lagi." Inilah mengapa tujuan yang paling mendasar dari keberadaan umat manusia adalah untuk "mencari Tuhan ... menjamah Dia dan menemukan Dia" (Kis. 17:27), dan kewajiban pertama manusia adalah "mengasihi Tuhan Allah-mu dengan segenap hatimu dan dengan segenap jiwamu dan dengan segenap akal budimu" (Mat. 22:37; Yesus sedang mengutip Ulangan 6:5).

Namun, ada satu sifat kasih yang khas: tidak bisa dipaksakan. Tidak ada orang yang bisa dipaksa untuk mengasihi orang lain, jika kasih itu tidak tumbuh dari dalam hatinya. Kasih jauh lebih erat kaitannya dengan kehendak, yaitu keputusan sukarela untuk memberikan diri bagi kesejahteraan dan kebahagiaan pihak lain, memberkati pihak lain itu dengan apa pun yang diingininya. Dalam daftar yang saya buat tentang hal-hal yang tidak dapat Tuhan lakukan, yang paling menonjol adalah "Tuhan tidak dapat memaksa siapa pun untuk mengasihi Dia". Setiap orang yang pernah mengalami cintanya bertepuk sebelah tangan tentu dapat membayangkan rasa sakit di hati Tuhan saat Dia melihat apa yang anak-anak-Nya perbuat satu sama lain dan saat Dia mengalami akibat perbuatan mereka kepada-Nya.

Memang menakjubkan bahwa Sang Pencipta surga dan bumi yang Maha Kuasa mengizinkan hal semacam ini terjadi, tetapi inilah kebenarannya. Kita sebagai manusia telah menyia-nyiakan kasihnya, memberontak terhadap kehendak-Nya, melanggar hukum-hukum Nya, mengabaikan perkataan-Nya, menolak Anak-Nya, membangkitkan kemarahan-Nya, dan layak menerima hukuman-Nya. Kita begitu bersikeras menikmati kehidupan tanpa Dia, seburuk apa pun akibatnya atas diri kita sendiri maupun konsekuensinya atas orang lain. Dan, Dia tidak menghentikan kita! Dia mengizinkan semuanya itu terjadi, meski menghancurkan hati-Nya. Banyak hal yang terjadi di dunia ini *bukanlah* merupakan kehendak Tuhan, dan tidak pernah Dia "tetapkan" untuk terjadi.

SEKALI SELAMAT, TETAP SELAMAT?

Benar, Tuhan telah menetapkan tanggal dalam kitab-Nya untuk mengakhiri semua situasi yang tragis ini, dan setelah tanggal itu segala kebebasan memilih dan berkehendak akan ditarik serta pilihan-pilihan yang telah dibuat akan membawa setiap orang pada akhir yang layak. Di sisi lain, Dia pun telah melakukan segala sesuatu yang dapat dilakukan-Nya untuk menyelamatkan kita dari nasib kita sendiri, tanpa memaksakan kehendak-Nya kepada kita. Apa lagi yang sebenarnya Tuhan harus lakukan untuk memperoleh hati kita dan mengubah pikiran kita, sehingga kehendak kita dan kehendak-Nya menjadi selaras? Jika kita terus hidup sampai akhir dan selama-lamanya tanpa Dia, yang adalah kondisi terburuk pada neraka, itu tentulah akibat kesalahan kita sendiri; sama sekali bukan kesalahan pihak lain. Kita sendirilah yang punya pilihan untuk berespons terhadap, atau menolak, kasih karunia-Nya ketika kasih karunia itu menjumpai kita dengan cara apa pun.

Kita sedang melukiskan gambaran yang sangat "manusiawi" tentang Tuhan. Namun, kita memang diciptakan menurut gambar Tuhan, maka seharusnya tidak mengherankan jika Dia lebih mirip kita daripada mirip apa pun lainnya di jagat raya ini. Dan, adalah mungkin untuk di dalam diri manusia "... berdiam secara jasmaniah seluruh kepenuhan ke-Allahan" (Kol. 2:9).

Konsep sosok Tuhan yang sama sekali tidak berubah dan tidak berperasaan lebih dekat dengan filosofi Yunani daripada pengalaman Ibrani. Yahweh, Tuhan atas Israel, dapat secara nyata dipengaruhi oleh permohonan atau argumen manusia. Dia dapat dimohon untuk berubah pikiran oleh doa-doa Musa atau Amos (Kel. 32:9-14; Amos 7:4-6). Alkitab tidak ragu berkata bahwa Tuhan "menyesal" atas "rancangan kebinasaan" yang Dia rencanakan, meski konotasi yang lazim dari kata-kata semacam ini adalah hal yang melanggar moral, atau "berbalik" dari "malapetaka" yang Dia ingin lakukan, yang masih banyak disalahpahami. Fakta bahwa manusia dapat memengaruhi Tuhan hingga berubah pikiran tetap ada.

Kontradiksi-Kontradiksi yang Mendasar

Inilah Tuhan yang mengini respons sekaligus berespons terhadap respons yang diterima-Nya itu. Keputusan-Nya dipengaruhi oleh reaksi manusia. Hubungan-Nya dengan manusia tidak statis, tetapi dinamis. Dia berinteraksi dan bekerja sama dengan manusia ketika hal itu mungkin, serta bereaksi terhadap manusia ketika hal itu tidak bisa terjadi. Dia mungkin "berusaha" mengarahkan manusia, tetapi tidak pernah memaksa manusia.

Gambaran hubungan yang demikian ini telah sangat disalahpahami sebagai hubungan antara penjunan dan tanah liat, yang terlalu sering dikutip untuk mendukung argumen predestinasi sepihak Tuhan *atas* karakter dan nasib akhir manusia, "Kita ini hanya tanah liat di tangan Tuhan; Tuhanlah yang membentuk kita menurut apa pun yang Dia kehendaki atas kita, dan kita sama sekali tidak memegang kendali."

Kunjungan Yeremia ke rumah penjunan sebenarnya memberikan pengamatan yang sangat berbeda. Penjunan memang mengambil inisiatif, dengan harapan untuk membuat vas bunga yang indah. Namun, tanah liat tidak mengikuti tekanan dan bentukan tangannya, sehingga penjunan itu mengubah bentuknya menjadi periuk. Tuhan berkata kepada Nabi Yeremia bahwa tanah liat itu adalah umat-Nya, Yehuda. Dia ingin menjadikan mereka umat yang mulia, yang berlimpah rahmat-Nya, tetapi mereka menolak keinginan-Nya ini. Maka, Tuhan akan menjadikan mereka "bejana" keadilan-Nya, dengan menunjukkan penghakiman-Nya. Saat Tuhan berkata demikian pun, belum terlambat bagi umat-Nya untuk berubah pikiran. Jika mereka bertobat, Tuhan pun akan menyesal (Yer. 18:8). Namun, waktu tinggal sedikit saja dan mereka harus berespons terhadap tawaran-Nya itu cepat-cepat. Tak lama kemudian, Yeremia diperintahkan untuk memecahkan bejana yang tanah liatnya telah mengeras lalu melemparkan pecahan-pecahannya ke Lembah Tofet, tempat umat Tuhan pergi untuk mempersembahkan korban manusia kepada Ba'al (lembah itu lalu dikenal dengan nama Lembah Hinom atau Gehena).

Pola yang sama ini juga dapat kita temukan jauh sebelumnya

SEKALI SELAMAT, TETAP SELAMAT?

dalam kisah Firaun, yang juga dikaitkan dengan analogi penjunan dan tanah liat (dalam Roma 9:17-21). Perikop ini memang secara sekilas tampaknya mendukung keputusan mutlak sang penjunan, yang terlepas dari pengaruh karakter di tanah liat sama sekali. "... Ia menaruh belas kasihan kepada siapa yang dikehendaki-Nya dan Ia menegarkan hati siapa yang dikehendaki-Nya." Namun, apakah pilihan Tuhan itu sepenuhnya sepihak? Apakah nasib akhir kita ini bagai undian saja? Dari sudut pandang kita, apakah kita menjadi orang baik atau orang jahat adalah urusan keberuntungan atau kebetulan? Bagaimana kita bisa percaya Tuhan yang sewenang-wenang dan seenaknya seperti itu?

Mari kita kembali ke Firaun. Alkitab mencatat bahwa hatinya "keras" sepuluh kali. Namun, dari semuanya ini, keras hatinya pada tujuh kali yang awal adalah akibat "penolakannya atas kehendak sendiri untuk mendengarkan suara Tuhan". Ketiga kali yang terakhir, hati Firaun dikeraskan oleh pekerjaan Tuhan.

Inilah pola umum pekerjaan Tuhan dalam menangani manusia dalam seluruh Alkitab. Jika kita memilih untuk hidup kudus, Dia akan bersama kita sepanjang hidup kita (lihat Bab 8). Jika kita memilih untuk hidup dalam dosa, akan ada saat ketika Tuhan menolong kita, baik dengan mengoreksi kita maupun meneruskan pilihan kita. Jika kita tidak mau mengizinkan Dia membentuk kita menjadi bejana rahmat-Nya, Dia akan menjadikan kita bejana penghakiman-Nya. Tanah liat dapat menentukan pilihan, tetapi penjunan akan membuat sesuatu dari pilihan itu. Reaksi ini membawa hasil tindakan yang berbeda, yang dapat dilihat dalam Roma pasal 1, ketika manusia menolak dan menjauhi Tuhan, sehingga Tuhan menyerahkan manusia kepada keinginan hina dan cemar dari sifat dasar mereka yang telah rusak. Akan selalu ada titik ketika berbalik itu tidak lagi mungkin, ketika karakter dan nasib akhir kita tidak dapat diperbaiki atau dipulihkan lagi, ketika Tuhan berkata, "Barangsiapa yang berbuat jahat, biarlah ia terus berbuat jahat; barangsiapa yang cemar, biarlah ia terus cemar; dan barangsiapa yang benar, biarlah ia terus berbuat kebenaran;

barangsiapa yang kudus, biarlah ia terus menguduskan dirinya!" (Why. 22:11, yang benar-benar diucapkan oleh malaikat mewakili Tuhan sendiri).

Tuhan sama sekali tidak senang untuk menyerahkan mereka yang membuat pilihan salah kepada kebinasaan mereka, dan ini sering dinyatakan dalam Alkitab (Yeh. 18:23, 32; 33:11). Tuhan justru bersukacita atas mereka yang membuat pilihan yang benar, bahkan bergirang dengan nyanyian, dan ini juga sering dinyatakan dalam Alkitab (Zef. 3:17; ref.: Luk. 15:7, 10).

Semua ini menegaskan dan menyatakan kesalahan konsep populer bahwa Tuhan tidak berubah sama sekali, "selalu tetap" (memiliki sifat "imutabilitas", dalam istilah teologi). Tentu saja Dia tidak pernah berubah dalam sifat-Nya. Dia sepenuhnya kudus, penuh kasih, adil, dan penuh belas kasihan, sejak dulu, sekarang, dan seterusnya sampai selama-lamanya. Karena itulah, Dia dapat diandalkan dan dipercaya sepenuhnya.

Namun, Tuhan dapat berpikir ulang (Kej. 6:6 adalah contoh klasiknya). Dia dapat menyesali tindakan-Nya dan menyesali niat-Nya (lihat buku karya Brother Andrew yang berjudul *And God Changed His Mind*/Lalu Tuhan Berubah Pikiran, terbitan Marshall Pickering, tahun 1991). Yang terutama, Alkitab tidak ragu untuk menyebut emosi-emosi yang Tuhan rasakan. Itulah esensi terdalam perasaan, yaitu bisa berubah. Jika perasaan kita selalu tetap, itu berarti kita tidak punya perasaan! Demikian pula halnya dengan Tuhan.

Kita telah menyebut betapa Dia bersukacita atas orang-orang yang mengasihi dan melayani Dia. Orang-orang itu pun memiliki kapasitas untuk mendukakan Roh-Nya (Ef. 4:30). Tuhan bisa sedih dan marah. Tuhan dapat merasakan kecemburuan yang menusuk, meskipun bukan oleh iri hati (iri hati adalah mengingini milik orang lain, sedangkan cemburu adalah mengingini apa yang sebenarnya milik diri sendiri).

Banyak sekali dari pengalaman emosional kita pun timbul oleh sikap dan tindakan orang lain, khususnya yang tanpa terduga berkesan positif atau negatif. Demikian pula dengan hati Tuhan. Tuhan tersentuh oleh ketaatan yang sukarela sebagai ekspresi kasih (Yoh. 15:10). Bayangkan perasaan Bapa ketika Anak-Nya berkata, "Bukan kehendak-Ku yang jadi, tetapi kehendak-Mu saja." Bayangkan juga perasaan Bapa keesokan harinya ketika harus meninggalkan Anak-Nya itu untuk menderita dan mati sendirian, harus mengekspresikan kebencian dan kejijikannya terhadap segala dosa, kejahatan, dan kebobrokan yang kini melekat pada Sang Anak. Hari itu tentu terasa begitu panjang, bagai seribu tahun bagi Bapa (2 Ptr. 3:8). Jika kita membutuhkan bukti bahwa Tuhan telah memilih untuk merendahkan diri dengan menaruh diri-Nya di bawah belas kasihan manusia, salib itulah buktinya. Di sisi lain, waktu dan tempat yang sama itu mendemonstrasikan pula kemampuan Tuhan untuk menaklukkan segala yang terburuk yang dapat dilakukan manusia, demi kemuliaan maksud-Nya dan kebaikan manusia.

Namun, Dia tidak akan pernah memaksa manusia untuk menerima kasih karunia-Nya. Pandangan "Alfa" SSTS menganggap Tuhan akan melakukannya, setelah orang percaya kepada-Nya. Pandangan "Omega" SSTS menganggap Tuhan akan melakukannya, baik sebelum maupun setelah orang percaya kepada-Nya. Padahal, Tuhan tidak akan pernah membuat orang mendekat kepada-Nya atau melekat pada-Nya, jika itu bukan pilihan orang itu.

Dia bukan Tuhan yang seperti itu. Dia mengizinkan kita menolak kasih karunia-Nya. Dia menginginkan kerja sama dari kita. Dia ingin bekerja bersama dengan kita. Ada slogan yang meringkas sifat Tuhan ini dengan baik: "Tanpa Tuhan, kita tidak mampu; tanpa kita, Tuhan tidak mau."

Kita bahkan disebut "rekan sekerja Tuhan" (2 Kor. 6:1), baik dalam keselamatan maupun dalam pelayanan kita kepada sesama. "... tetaplah kerjakan keselamatanmu dengan takut dan gentar, ... karena Allahlah yang mengerjakan di dalam kamu baik kemauan maupun pekerjaan menurut kerelaan-Nya," (Fil. 2:12-13).

Kontradiksi-Kontradiksi yang Mendasar

Lalu, apa bagian kita dalam proses yang membawa kita pada keselamatan penuh dan akhir? Bagaimana kita dapat memastikan bahwa "warisan" itu tetap menjadi milik kita?

Catatan: Sejak menulis buku ini, saya jadi memperhatikan sebuah simposium yang sarat manfaat yang tiba pada kesimpulan-kesimpulan serupa (*The Openness of God* - Keterbukaan Tuhan, Pinnock, Rice, Sanders, Hasker and Basinger; Inter-Varsity and Paternoster, 1994).

7

IMPLIKASI-IMPLIKASI PRAKTIS

Tiba waktunya kita turun dari awang-awang kontroversi teologi dan filsafat, ke bumi tempat kita berpijak dan menjalani kehidupan.

Dalam bab ini kita akan mengumpulkan semua petunjuk yang telah kita temukan sejauh ini lalu membawanya ke implikasi praktis dalam kehidupan sehari-hari, yaitu panduan cara hidup yang perlu ada di dalam setiap buku Kristen. Akan ada perintah dan larangan, seperti yang selalu ada dalam buku-buku panduan! Kita akan memulai dengan yang negatif. Yang dimaksud dengan "warisan" adalah pemenuhan keselamatan kita, yang membawa kita pada keadaan kudus dan memperoleh tempat di semesta yang baru.

Kehilangan warisan

Saya dapat membayangkan tentu tidak banyak orang percaya yang *ingin* tahu bagaimana kita bisa kehilangan warisan, tetapi sebenarnya banyak dari kita *perlu* tahu, supaya nasib yang demikian tidak terjadi pada kita. Bagaimana hal ini bisa terjadi?

Kata pertama yang muncul di pikiran kita tentu adalah "murtad" (yang versi bahasa Inggrisnya didefinisikan dalam kamus bahasa Inggris Oxford sebagai "meninggalkan iman"). Tentu ini bukanlah akar penyebabnya, meski sering disebutkan sebagai alasannya. Iman memang bisa saja ditinggalkan, baik secara terang-terangan maupun secara diam-diam, sadar atau tidak sadar, sengaja atau tidak sengaja.

Penyangkalan di muka umum terhadap Kristus di bawah tekanan penganiayaan merupakan bentuk sikap murtad yang

SEKALI SELAMAT, TETAP SELAMAT?

paling jelas. Inilah situasi yang dihadapi orang di banyak negara di dunia dan akan dihadapi semua orang sebelum kedatangan Kristus kembali (Mat. 24:9). Namun, bagi sebagian pembaca, situasi ini mungkin dirasa tidak akan terjadi. Sebagian lainnya menganggap aksi penyangkalan Kristus sebagai hal yang jarang dan jauh di sana, sehingga kemungkinan terjadinya dapat disingkirkan demi menjaga fokus pada hal-hal praktis saja. Sering kali, orang berpendapat bahwa aksi murtad semacam ini adalah satu-satunya penyebab keselamatan hilang, maka kita tidak perlu memikirkan atau membahasnya. Padahal, ada pula kemungkinan-kemungkinan lain. Ada yang disebut "dosa yang tidak dapat diampuni", yang telah mencemari nurani yang lembut oleh berbagai-bagai dosa, mulai dari masturbasi sampai pembunuhan; yang jelas didefinisikan dalam Alkitab. Dosa yang demikian merupakan hujat terhadap Roh Kudus, karena menyebut pekerjaan-Nya sebagai pekerjaan Iblis (ini sebenarnya lebih umum terjadi di kalangan Kristen, bukan orang non-percaya, terutama saat membicarakan tindakan dan pengalaman orang lain alih-alih diri sendiri).

Kita telah menemukan (dalam Ibrani 10) bahwa dosa apa pun dapat menjadi tidak terampuni jika dilakukan dari kehendak yang sengaja dan dilanjutkan terus-menerus setelah diakui dan diampuni. Perilaku demikian menunjukkan tidak adanya pertobatan sejati, karena pertobatan sejati mencakup berhenti melakukan dosa. Seperti dalam pemahaman anak sekolah, pertobatan berarti "cukup menyesal hingga berhenti melakukannya". Tanpa pertobatan, pengampunan adalah tidak mungkin.

Dalam surat yang sama kita juga melihat beberapa peringatan tentang "meninggalkan" dan "menjauh". Kata-kata semacam ini menyiratkan adanya kecerobohan yang tidak sepenuhnya disadari oleh orang yang bersangkutan. Karena itulah, dosa ini dapat menjadi dosa yang paling berbahaya, karena terjadinya tidak disadari. Keyakinan akan SSTS dapat mempercepat pengabaian seperti ini.

Implikasi Praktis

Ada banyak penyebab hingga kita bisa kehilangan warisan, tetapi yang mendasari semuanya itu adalah tidak adanya atau hilangnya iman, yang berarti orang meninggalkan kesetiaannya sekaligus menjadi tak beriman.

Tidak ada sama sekali jaminan di dalam Alkitab bahwa hal demikian tidak mungkin terjadi pada siapa pun dari kita dalam hal iman kita kepada Kristus. Orang-orang yang undur perlu segera diingatkan secara genting bahwa ada titik ketika mereka tidak mungkin berbalik lagi dan hanya Tuhan yang tahu di mana posisi titik itu.

Mempertahankan warisan

Jika akar penyebab kehilangan warisan adalah meninggalkan iman, logika deduksi yang sederhana dapat memunculkan kesimpulan bahwa terus berpegang pada iman adalah penyebab orang berhasil mempertahankan warisan. Satu-satunya hal yang diperlukan adalah "tetap percaya" (Yoh. 3:16; Roma 1:16-17). Paulus pun tidak mengandalkan pengalaman pertobatan awalnya yang dramatis,

"Dan hidupku yang kuhidupi sekarang di dalam daging, adalah hidup oleh iman dalam Anak Allah," (Gal. 2:20). Ketika akhirnya berhadapan dengan kematian, dia sanggup berkata, "... aku telah memelihara iman," (2 Tim. 4:7).

Namun, iman itu jauh lebih dari sekadar keyakinan di dalam hati. Iman adalah percaya *dan* taat. Kita telah melihat bahwa "Jika iman itu tidak disertai perbuatan, maka iman itu pada hakekatnya adalah mati" (Yak. 2:17). Iman yang terus dipegang termasuk perbuatan aktif yang berlanjut.

Hal ini tidak selalu mudah atau mulus. Ada pertempuran dan kita harus berperang, ada perlombaan dan kita harus menang. Dibutuhkan usaha (Ibr. 12:14) dan pergumulan (Ef. 6:12).

Di atas segalanya, pemuridan berarti disiplin. Sebagian dari makna ini akan diberlakukan oleh Tuhan (Ibr. 12:7), tetapi sebagian besarnya merupakan disiplin pribadi kita, baik pada tubuh, yaitu "perangkat" yang mengeluarkan banyak dosa dari dalam diri kita (1 Kor. 9:27) serta pikiran, yang mengandung dan membuahkan banyak dosa (Mat. 5:21-30; obatnya adalah Filipi 4:8-9). Kita harus terus bergerak maju. Menjadi orang Kristen berarti menempuh sebuah perjalanan, melangkah di sepanjang "Jalan" itu, selalu maju, selalu menatap ke depan, dan senantiasa bertekun. Kita tidak bisa menjadi orang Kristen dengan hanya "berdiri di atas janji-janji Tuhan", apalagi hanya duduk-duduk diam sambil menganggap kita sudah aman! Saya pernah membaca berita tentang kematian tragis seorang ahli ilmu gua (speleologi) yang sering menjelajah dan meneliti gua-gua, yang tersesat dalam liang gua yang dalam dan tidak ditemukan sampai akhirnya terlambat. Autopsi yang dilakukan oleh ahli koroner mengungkapkan penyebab kematiannya, yaitu "karena berhenti bergerak; kalau saja dia tetap bergerak tentu dia masih hidup saat ditemukan". Prinsip ini juga berlaku untuk aspek rohani kehidupan, bukan hanya aspek jasmani. Prinsip ini berarti kita perlu "memperhatikan kelancaran saluran kasih karunia", seperti kata-kata hikmat kuno dari masa lampau. Doa dan pembelajaran Alkitab merupakan saluran-saluran kasih karunia pribadi yang paling utama; ibadah bersama, persekutuan, serta perjamuan kudus merupakan saluran-saluran kasih karunia bersama yang paling utama.

Menjaga hubungan dekat dengan Tuhan adalah esensial dalam upaya kita mempertahankan posisi "menerima kasih karunia". Bagi orang percaya yang jatuh ke dalam dosa pun, tersedia jalan pemulihan yang tuntas. Makin cepat dosa itu diakui, makin cepat dosa itu diampuni; darah Kristus pun terus-menerus membasuh kita bersih dari setiap dosa (1 Yoh. 1:7, 9).

Sebenarnya, kebanyakan kitab dalam Perjanjian Baru ditulis untuk maksud yang satu ini: mendorong murid-murid untuk terus berjalan maju, menunjukkan cara memperoleh kekudusan serta pengampunan, sehingga pada akhirnya mereka akan menerima keselamatan yang sepenuhnya. Maka, jawaban yang komprehensif

Implikasi Praktis

terhadap pertanyaan bagaimana cara mempertahankan warisan kita adalah: belajar hidup menurut pengajaran rasul-rasul.

Bab ini sengaja dibuat ringkas, karena "cara hidup kudus" bukanlah topik kita yang sesungguhnya, dan topik itu membutuhkan satu buku tersendiri. Kita hanya akan menggarisbawahi fakta bahwa "tanpa kekudusan tak seorang pun akan melihat Tuhan" (Ibr. 12.14). Nah, kita telah cukup membahas indikasi-indikasi bahwa memperoleh kekudusan membutuhkan waktu dan usaha. Ini adalah tanggung jawab seumur hidup.

Pada titik ini, banyak pembaca mungkin menganggapnya sebagai kewajiban yang terlalu berat untuk dilaksanakan! Kelihatannya kehilangan warisan itu terlalu mudah dan mempertahankannya itu terlalu sulit. Saya pun percaya bahwa kebenarannya memang demikian dan kita semua perlu menyadarinya. Jika sekarang Anda jadi berkata kepada diri sendiri, "Oh, saya tak akan mungkin berhasil," ini pun merupakan penemuan yang penting, karena tanpa penemuan ini Anda memang tidak akan pernah berhasil! Secara manusiawi, ini memang mustahil. Adalah baik jika Anda putus asa dengan diri Anda sendiri. Namun, lalu apa yang harus Anda lakukan?

Nah, bagaimana Anda bereaksi terhadap kesadaran ini merupakan faktor terpentingnya. Kesadaran ini dapat membawa Anda ke dua arah yang berlawanan: kecewa dan putus asa saja dengan diri sendiri, atau bergantung pada Tuhan.

Orang yang ingin berusaha menjadi kudus dengan kekuatannya sendiri pada akhirnya pasti gagal, sama seperti begitu banyak orang lain yang telah melakukannya sebelumnya. Tujuan itu jauh sekali di luar jangkauan kemampuan kita, sehingga kebanyakan orang bahkan tidak akan mencoba tetapi menyerah saja sebelum memulai perjalanan. "Kalau menjadi kudus berarti seperti itu, saya tahu saya tidak akan pernah berhasil." Memang, menjadi kudus adalah "panggilan yang mulia" yang begitu mustahil. Jika khotbah-khotbah penginjilan memberikan penekanan yang sama pentingnya pada kekudusan seperti pada pengampunan, tentu tidak akan sebanyak ini orang yang memutuskan untuk mulai hidup sebagai orang Kristen. Dengan penekanan yang berat sebelah pada pengampunan saja, banyak orang Kristen jadi menyerah saat menemukan makna sebenarnya dari komitmen mereka.

Ya, bab ini, bahkan seluruh buku ini, sangat berpotensi membuat Anda putus asa. Namun, putus asal merupakan reaksi yang berpusat pada diri sendiri, mengasihani diri sendiri, dan bahkan menghancurkan diri sendiri. Ketakutan terbesar saya dalam menulis buku ini bukanlah akan orang-orang yang tidak sepaham lalu bereaksi keras, melainkan orang-orang yang sepaham lalu bereaksi salah! Mudah sekali bagi orang yang tidak yakin akan dirinya untuk menjadi tidak yakin pula akan Tuhan, sehingga berpindah melewati batas dari cemas menjadi gelisah bagai orang gila karena percaya akan hal-hal yang tidak realistis. Saya tidak pernah bermaksud mematahkan semangat murid Yesus; sebaliknya, saya ingin menyimpulkan buku ini pada titik ini, yaitu menyerahkan tanggung jawab ini kepada para pembaca. Entah benar atau salah, saya berasumsi bahwa hanya para pembaca yang membaca sampai bagian inilah yang merupakan murid-murid Yesus dan dengan demikian berpusat pada Tuhan alih-alih pada diri sendiri, setidaknya dalam pemikiran mereka, atau bahkan dalam seluruh kehidupan mereka.

Jika putus asa saja merupakan reaksi yang berpusat pada diri sendiri, bergantung pada Tuhan merupakan respons yang berpusat pada Tuhan. "Bagi manusia hal itu tidak mungkin, tetapi bukan demikian bagi Allah. Sebab segala sesuatu adalah mungkin bagi Allah," (Mrk. 10:27). Putus asa dengan diri sendiri membuka jalan bagi kemungkinan awal yang baru dengan Tuhan. Demikianlah Anda memulai perjalanan saat diselamatkan, dan demikianlah pula Anda akan terus berlanjut dalam proses diselamatkan serta sepenuhnya diselamatkan pada akhirnya suatu hari kelak!

Inilah rahasia seluruh kehidupan Kristen: tetap percaya kepada Tuhan, yang sanggup melakukannya, dan bergantung pada kasih

Implikasi Praktis

karunianya alih-alih pada kekuatan atau kemampuan diri sendiri. Tuhan bukan hanya menuntut kekudusan dari diri kita; Dia menawarkan kekudusan itu bagi kita.

Tentu saja, kita tidak akan pernah mampu mempertahankan kekudusan itu sendiri. Namun, kita bisa "dipelihara dalam kekuatan Allah *karena imanmu*" (1 Ptr. 1:4). Seluruh sumber daya surga tersedia bagi kita, jika kita pun memberi diri untuk menerimanya.

Sekarang, saya hanya perlu mengingatkan Anda akan semua sumber daya itu.

8

BERBAGAI PERTIMBANGAN SUPERNATURAL

Putus asa dengan kemampuan diri sendiri untuk bertekun merupakan hal yang sehat jika membawa kebergantungan yang konstan kepada Tuhan.

Kita telah melihat banyak persamaan paham Calvinis dan Arminian. Keduanya percaya bahwa hanya orang yang tetap bertekunlah yang pada akhirnya akan diselamatkan. Keduanya percaya bahwa bertekun hanya mungkin jika dilakukan dengan bergantung pada kesanggupan Tuhan.

Perbedaannya terlihat ketika kita membandingkan cara-cara praktis bagaimana sumber daya dari Tuhan ini bekerja efektif, yaitu apakah dengan "disuntikkan paksa" ke dalam kita terlepas dari kelemahan kita atau "diimpartasikan" kepada kita karena kita bersedia menerimanya.

Konyol sekali jika kita berkata yang kedua ini menghasilkan sikap "semuanya tergantung saya sendiri". Yang lebih tepat adalah, itu menghasilkan sikap "saya bergantung sepenuhnya kepada Dia". Meski demikian, ketekunan adalah urusan kerja sama, bukan paksaan. Kasih karunia yang menyelamatkan itu bisa ditolak, baik sebelum maupun sesudah proses keselamatan dimulai. Kasih karunia itu diterima, dipadankan, dan diberlakukan secara sukarela.

Namun, dalam bab ini kita akan membahas aset-aset luar biasa yang tersedia untuk memampukan orang percaya "tetap berjalan di sisi yang benar sampai ujung jalan" (diterjemahkan bebas dari lirik lagu yang dipopulerkan oleh Sir Harry Lauder). Salah satu sebutan Tuhan menjadi sangat relevan dalam pembahasan ini. Dialah "Penolong kita" (Mzm. 54:4; Ibr. 13:6). Kata ini jelas menyiratkan bahwa Tuhan tidak akan mengambil seluruh tanggung jawab itu atas nama kita dan dari diri kita, tetapi Dia akan memberikan segala pertolongan yang mungkin diberikan-Nya kepada kita untuk menuntaskan tanggung jawab kita itu. Kita akan mengamati kelima aspek pertolongan-Nya itu.

Kehendak Bapa

"Karena inilah kehendak Allah: pengudusanmu, ..." (1 Tes. 4:3). Ini bukan berarti Dia telah memiliki ketetapan-Nya sejak semula, yang pokoknya harus terjadi (yang ditetapkan-Nya hanyalah Dia "menghendaki agar semua orang diselamatkan", 1 Tim. 2:3). Demikian pula, ini tidak boleh dipandang sebagai tuntutan yang begitu saja diletakkan sebagai beban di atas bahu kita. "Kehendak" menunjukkan keinginan yang kuat, kerinduan di dalam diri Tuhan bahwa kita menjadi seperti diri-Nya, sebuah tekad untuk melakukan segala sesuatu dalam kuasa-Nya untuk meneruskan dan menyelesaikan pekerjaan baik yang telah dimulainya di dalam diri kita, kerelaan untuk memberikan diri-Nya bagi pekerjaan ini - dengan catatan Dia mendapat respons kesediaan kita terhadap inisiatif-Nya itu.

Dia tidak akan pernah memaksakan kehendak-Nya pada kehendak kita dalam hal keselamatan. Dia sepenuhnya memperlakukan kita sebagai manusia yang bertanggung jawab, yang mampu sukarela menyerahkan kehendak pada kehendak-Nya, dengan mengikuti teladan Anak-Nya yang tunggal (Mrk. 14:36). Secara praktis, bagaimana hal ini bekerja?

Yang pertama, Tuhan akan mengizinkan orang percaya berbuat dosa, jika itu merupakan pilihannya sendiri. Dia tidak pernah berjanji untuk mencegah orang percaya berbuat dosa, tetapi Dia telah membuat dosa dapat dihindari oleh kita.

Salah satu janji-Nya kepada kita adalah melatih kita mengendalikan diri terhadap godaan kita masing-masing sebagai orang percaya. "...Dia tidak akan membiarkan kamu dicobai melampaui kekuatanmu. Pada waktu kamu dicobai Ia akan memberikan kepadamu jalan ke luar, sehingga kamu dapat menanggungnya," (1 Kor. 10:13). Ini berarti si penggoda itu juga berada di bawah kendali-Nya yang mutlak (lihat bagian yang berjudul: "Kelemahan si jahat"). Inilah alasan Doa Bapa Kami yang Yesus ajarkan mengandung unsur permohonan: "Janganlah bawa kami ke dalam pencobaan," (Mat. 6:13). "Karena kasih karunia Allah yang menyelamatkan ... mendidik kita supaya kita meninggalkan kefasikan dan keinginan-keinginan duniawi dan supaya kita hidup bijaksana, adil dan beribadah di dalam dunia sekarang ini," (Tit. 2:11-12). Pernyataan yang demikian tidak memberi kita kesempatan untuk berdalih. Alkitab mengakui bahwa orang Kristen pun berbuat dosa (1 Yoh. 1:8), dan dosa bukannya tidak bisa dihindari. Kita tidak harus berdosa, tetapi kita akan terjatuh dalam perbuatan dosa ketika bergantung pada diri sendiri alih-alih kepada Tuhan. Kekudusan adalah mungkin sekaligus perlu.

Upaya maksimal Tuhan untuk meyakinkan kita agar tetap berjalan di "jalan yang sempit dan lurus" itu adalah menghajar kita ketika kita menyimpang darinya. Seperti ayah yang sungguh mengasihi anaknya, Tuhan pun rela menghajar kita dan membuat kita merasa sakit, jika rasa sakit itu membawa kesadaran kembali pada diri kita. Disiplin yang tidak kita inginkan itu adalah bukti perhatian dan kepedulian-Nya yang terus-menerus (Ibr. 12:5-11). Namun, tidak ada jaminan bahwa kita akan menangkap pembelajarannya. Orang yang berdosa dengan sengaja dan penuh kehendak secara terus-menerus bisa saja makin jauh dalam penyimpangan yang dipilihnya sendiri, dan membenci disiplin itu.

Apa lagi yang dapat Tuhan lakukan untuk menyelamatkan kita dari dosa, tanpa menjadikan kita boneka atau wayang di tangan-Nya? Tuhan terlalu mengasihi kita dan tidak ingin memaksa kita. Dia ingin melihat anak-anak-Nya bertumbuh menjadi dewasa, baik dalam diri mereka sendiri maupun dalam hubungan dengan Dia. Ini hanya bisa terjadi dengan memberi mereka tanggung jawab, bukan mengambil tanggung jawab itu dari mereka.

Kehidupan Sang Anak

"Sebab jikalau kita, ketika masih seteru, diperdamaikan dengan Allah oleh kematian Anak-Nya, lebih-lebih kita, yang sekarang telah diperdamaikan, pasti akan diselamatkan oleh hidup-Nya!" (Roma 5:10).

Penekanan yang berlebihan pada salib (ya, hal ini bisa saja terjadi) cenderung menggunakan kata "diselamatkan" sebagai pendamaian yang telah tuntas, padahal di sini Paulus menggunakan kata "diselamatkan" dengan kala tata bahasa waktu lampau, dalam kaitan dengan Yesus yang dibangkitkan, bukan Yesus yang disalibkan. Yang akan "menyelamatkan" kita adalah kehidupan Yesus, bukan kematian Yesus.

"... kami memberitakan Kristus yang disalibkan," (1 Kor. 1:23) sering dikutip untuk membenarkan pemberitaan injil yang berpusat pada salib, padahal jenis kata yang digunakan dalam tata bahasanya berarti "yang pernah disalibkan" dan memberi penekanan pada Kristus yang hidup (ref.: "Anak Domba seperti telah disembelih", yang kini sungguh-sungguh hidup; Why. 5:6). Fakta yang sederhana di sini adalah salib tanpa kebangkitan tidak akan pernah menghapuskan rasa bersalah oleh dosa, apalagi menaklukkan kuasa dosa (1 Kor. 15.17). Keselamatan kita diteruskan di masa sekarang dan akan diselesaikan di masa depan hanya melalui kehidupan-Nya. Namun, ada dua dimensi pada kehidupan Sang Anak pada masa sekarang ini.

Pertama, kehidupan itu sedang berjalan di surga. Dia adalah Tuhan kita yang telah naik dan bangkit. Maka, Dia berada di posisi yang paling memungkinkan untuk menolong kita, yaitu duduk di sebelah kanan Bapa, mewakili kita di takhta kasih karunia. Dia adalah Imam Besar kita yang Agung; kita tidak membutuhkan imam besar yang lain. "Tetapi, karena Ia [Yesus] tetap selama-lamanya, imamat-Nya tidak dapat beralih kepada orang lain. Karena itu Ia sanggup juga menyelamatkan dengan sempurna semua orang yang oleh Dia datang kepada Allah. Sebab Ia hidup senantiasa untuk menjadi Pengantara mereka," (Ibr. 7:24-25). Meski tidak ada orang sama sekali yang mendoakan saya, Yesus mendoakan saya. Petrus tentu terkejut sekaligus terhibur ketika tahu betapa seringnya Yesus maju menghadap Bapa mewakili dirinya, "Simon, Simon, lihat, Iblis telah menuntut [izin] untuk menampi kamu [kata ini berbentuk jamak, maka merujuk pada kedua belas rasul] seperti gandum, tetapi Aku telah berdoa untuk engkau [kata ini berbentuk tunggal, maka merujuk pada Petrus seorang], supaya imanmu jangan gugur," (Luk. 22:31-32). Kita pun bisa merasa tenteram karena memiliki dukungan rohani yang sama.

Tentu saja, ini menimbulkan pertanyaan dalam hal apakah doa, yang sering dipanjatkan Yesus sendiri, dapat menjadi kekuatan yang tidak dapat ditolak, yang digunakan-Nya untuk melibas kehendak manusia (dan apakah ini berarti Yesus memanggil Yudas Iskariot untuk meninggalkan segala sesuatu lalu mengikut Dia tetapi tidak pernah berdoa bagi Yudas Iskariot?). Kita hanya dapat berkata bahwa jika Tuhan menolak untuk memaksakan kehendak-Nya pada manusia, Dia akan sulit sekali membiarkan doa, entah yang langsung dipanjatkan oleh Anak-Nya sendiri atau oleh manusia dalam nama-Nya, untuk disalahgunakan secara demikian. Namun, doa syafaat dapat memiliki dampak yang besar, setidaknya pada pihak Tuhan, dan ini fakta yang tidak dapat disangkal. Tuhan dapat diyakinkan untuk berubah pikiran dan menguban tindakannya, menunda atau bahkan membatalkan penghakiman-Nya yang sepenuhnya dapat dibenarkan (kita telah menyebutkan contoh Musa dan Harun sebelumnya). Demikian pula, adalah sepenuhnya mungkin untuk Tuhan memberi pengaruh pada manusia untuk manusia berubah pikiran sebagai jawaban atas doa (Kis. 16:14). Namun, baik dalam hal kepentingan-Nya maupun kepentingan manusia, integritas kehendak tidak pernah dilanggar.

Kembali ke topik utama kita, Yesus mampu bersyafaat bagi kita karena Dia tinggal di surga. Karena kita ada "di dalam Kristus", kehidupan kita juga ada di surga. "... hidupmu tersembunyi bersama dengan Kristus di dalam Allah," (Kol. 3:3). Surga sudah menjadi alamat rumah kita. Di surgalah hati dan pikiran kita seharusnya berfokus, dan bisa berfokus. Kristus yang telah naik itu adalah sumber keselamatan akhir kita. "Apabila Kristus, yang adalah hidup kita, menyatakan diri kelak, kamu pun akan menyatakan diri bersama dengan Dia dalam kemuliaan," (Kol. 3:4).

Yang kedua, di sisi lain, kehidupan Kristus pun terus berlanjut di bumi. Karena kita ada di dalam Kristus, kehidupan kita juga ada di surga. Karena Kristus ada di dalam kita, kehidupan-Nya juga ada di bumi. Paulus dapat berkata, "... aku hidup, tetapi bukan lagi aku sendiri yang hidup, melainkan Kristus yang hidup di dalam aku. Dan hidupku yang kuhidupi sekarang di dalam daging, adalah hidup oleh iman dalam Anak Allah ..." (Gal. 2:20).

Kristus dapat menggantikan kehidupan kita sekaligus kematian kita. Dia mengambil kematian kita dan menaruhnya atas diri-Nya sendiri, agar kita mengambil kehidupan-Nya dan mengenakannya bagi diri kita sendiri. Dia mengambil dosa kita agar kita memiliki kebenaran-Nya.

Memang kita perlu mencontoh teladan Kristus, seperti buku *The Imitation of Christ* (Menjadi Tiruan Kristus; judul buku karya Thomas à Kempis, yang jelas diambil dari 1 Kor. 11:1), ini sama sekali bukanlah seluruh rahasia keberhasilan kehidupan Kristen. Berusaha menjadi seperti Kristus adalah sangat mustahil (hanya dapat dicapai dalam karya-karya fiksi - lihat novel terkenal karya Robert Sheldon, *In His Steps,* Mengikuti Jejak-Nya, terbitan Zondervan, Grand Rapids, 1990). Jawaban sebenarnya adalah mengizinkan Yesus hidup dengan kehidupan-Nya sendiri di dalam diri kita. Ketika kita tidak mampu sabar, izinkan kesabaran-Nya mengalir melalui diri kita. Ketika kita tidak mampu menyukai seseorang, izinkan kasih-Nya mengalir melalui diri kita. Maka, sesama akan melihat Dia di dalam diri kita.

Dengan demikian kita telah tiba pada pekerjaan Roh Kudus, yang kuasa-Nya merupakan aspek pertolongan supernatural yang ketiga.

Kuasa Roh Kudus

Tuhan bukan hanya berada di pihak kita. Dia ada di sisi kita, dalam pribadi Roh Kudus. Keyakinan kita adalah satu-satunya agama di dunia yang mengajarkan bahwa Tuhan sendiri berdiam di dalam diri penganut-Nya (Yoh. 14:23).

Roh Kudus adalah kuasa, sekaligus sosok pribadi. Roh Kudus adalah kuasa yang menjadikan seluruh semesta kita ini sehingga sebagaimana adanya sekarang. Tuhan memberikan perintah penciptaan-Nya kepada Roh-Nya, ketika Roh itu melayang-layang di atas permukaan bumi (Kej. 1:2-3). Kuasa Roh itulah yang mengemas setiap atom dan menerbangkan bintang-bintang ke garis lintasannya masing-masing.

Itulah kuasa penciptaan baru, sekaligus penciptaan yang semula. Kuasa itu membangkitkan Yesus dari kematian dan dapat menghidupkan tubuh fana kita (Roma 8:11).

Seluruh kuasa yang menakjubkan ini tersedia bagi kita yang telah dibaptis dalam Roh Kudus (Kis. 1:5, 8; kata "dibaptis" sinonim dengan dipenuhi, diurapi, dimeteraikan, dan sederhananya, menerima, dalam Perjanjian Baru).

Kuasa itu membawa kemampuan, baik untuk melakukan maupun menjadi, yang jauh melebihi kemampuan atau kapasitas alamiah kita. Karunia-karunia-Nya (jamak) dan buah-Nya (tunggal) menghasilkan terus-menerus tindakan dan sifat Yesus sendiri di dalam diri kita, yang kini menjadi Tubuh-Nya di bumi, sehingga melalu kita Yesus melanjutkan misi-Nya (Kis. 1:1).

Sekali lagi, kuasa ini tidak bersifat memaksa. Roh Kudus dapat ditolak, dihina, atau didukakan. Karunia-karunia-Nya dapat dibuang, disalahgunakan, atau diabaikan begitu saja. Hanya orang yang berjalan di dalam Roh-lah, yang mengizinkan Dia untuk memimpin dirinya, akan sanggup menghasilkan buah

Roh. Tanpa menghasilkan buah yang matang, kuasa itu menjadi memecah-belah dan merusak (seperti yang terjadi pada jemaat di Korintus). Ini bahkan menjadi lebih berbahaya lagi ketika dipisahkan dari Gereja.

Kasih persaudaraan

Berjalan di dalam Roh merupakan aktivitas yang bersifat korporat pula, dilakukan secara bersama-sama. Menjaga langkah agar sesuai dengan arah Roh Kudus berarti menjaga langkah agar sesuai dengan arah komunitas sesama orang percaya (Gal. 5:25-6:5). Itulah sebabnya, jika satu orang tersandung dan terjatuh, yang lain dapat mengangkatnya dan mengembalikan keselarasan bersama itu. Jika satu orang menanggung beban terlalu berat, yang lain dapat ikut menanggung beban itu.

"Persekutuan" dalam Roh ini merupakan salah satu aset terbesar orang percaya. Kita tidak dipanggil untuk berhasil sendirian. "Bersama-sama" adalah kata kunci dalam kitab Kisah Para Rasul. Kata "kamu" sering sekali disebut dalam bentuk jamak dalam surat-surat dalam Alkitab, karena pesannya ditujukan kepada Tubuh secara korporat. Sayangnya, dalam terjemahan bahasa Inggris aspek jamak ini sering tidak tampak, sehingga ada banyak penafsiran yang bersifat individual (contohnya, ayat di Kol: 1:27 yang berkata, "Kristus ada di tengah-tengah kamu, Kristus yang adalah pengharapan akan kemuliaan!" dalam bahasa Inggris cenderung menimbulkan penafsiran "Kristus ada di dalam dirimu", padahal makna aslinya adalah "Kristus ada di tengah-tengah kumpulanmu bersama"; serta ayat di Luk. 17:21, "Kerajaan Allah ada di antara kamu," yang terkena masalah penafsiran yang sama padahal makna aslinya adalah "Kerajaan Allah ada di tengah-tengah kumpulanmu bersama". Bertahan dalam kehidupan Kristen menjadi jauh lebih sulit lagi jika orang percaya terputus hubungannya dari kasih persaudaraan, meskipun ada kasih karunia khusus yang diberikan jika situasinya berada di luar kendali (misalnya seperti Richard Wurmbrandt, yang sebagai orang Kristen diisolasi dalam sel tahanan sendirian saja). Memisahkan diri oleh kehendak diri sendiri dari sesama orang percaya biasanya mendatangkan bencana. "Janganlah kita menjauhkan diri dari pertemuan-pertemuan ibadah kita, seperti dibiasakan oleh beberapa orang, tetapi marilah kita saling menasihati, dan semakin giat melakukannya menjelang hari Tuhan yang mendekat," (Ibr. 10:25).

Bongkahan arang yang merah membara pun akan segera mendingin dan mati nyalanya jika dikeluarkan dari api. Atau, sebagai gambaran yang lebih tepat lagi, anggota tubuh atau organ tubuh mana pun tak mungkin bisa hidup jika diputuskan dari tubuh yang hidup. Banyak orang Kristen mengalami bencana ini, jatuh dan keluar dari kasih karunia setelah berjalan sendirian.

Gereja yang sejati, sebagai ciptaan Tuhan, juga merupakan salah satu sumber daya rohani kita, pemberian kasih karunia bagi setiap orang percaya dalam pergumulannya.

Kelemahan Iblis

Iblis, pemimpin sepertiga malaikat di surga yang telah memberontak terhadap pemerintahan Tuhan lalu menjadi penguasa jahat dengan kekuatan gelapnya, telah ditentukan untuk memegang kendali di dalam dunia kita ini (Why. 12:4; Ef. 5:12; 1 Yoh. 5:19). Iblis itulah sang penguasa dunia, bahkan "pangeran" dan "tuhan" atas dunia (2 Kor. 4:4).

Dia akan melakukan segala yang dia sanggup untuk mencegah siapa pun berespons terhadap injil dan mulai diselamatkan. Dia menabur benih keraguan di dalam pikiran orang-orang, keinginan di dalam hati mereka, serta ketidaktaatan di dalam kehendak mereka. Kita sering tak menyadari cara kerja Iblis.

Dia tidak menyerah ketika orang menerima pengampunan dan mengalami pendamaian dengan Tuhan; Dia senantiasa berusaha menghancurkan keyakinan iman orang dengan mengingatkan orang itu terhadap kegagalannya di masa lalu. Dia mengintai setiap orang percaya bagaikan singa yang menunggu mangsanya, "mencari orang yang dapat ditelannya" (1 Ptr. 5:8). Jelaslah, Iblis bukan penganut SSTS!

Iblis adalah musuh yang tangguh, amat cerdas, yang menggunakan argumentasi dan bujukan yang sangat halus, dengan kesadaran penuh akan segala motivasi kita yang tersembunyi, karena dia adalah ahli samaran yang licik dan memiliki antek-antek di seluruh dunia. Penghulu malaikat pun, Mikhael, "tidak berani menghakimi Iblis itu dengan kata-kata hujatan" (Yud. 1:9), meskipun doa-doa kaum Kristen kontemporer sekarang ini jauh lebih nekat!

Namun, ada dua kualifikasi mendasar tentang wewenang Iblis, terlepas dari keterbatasannya yang nyata karena dia pun merupakan "makhluk ciptaan" (yang berarti dia tidak dapat berada di dua tempat sekaligus pada waktu yang bersamaan; Ayub 1:7; Luk. 4:13).

Pertama, adalah fakta bahwa Iblis berada di bawah kendali penuh Tuhan sendiri. Iblis harus meminta izin Tuhan sebelum dapat menyentuh satu manusia pun (Ayub 1:12; 2:6). Jelas, dunia ini tidak akan menjadi "kerajaan gelap" yang dikuasai Iblis (Mat. 12:26) jika Tuhan tidak mengizinkan demikian. Izin ini Tuhan berikan sebagai bentuk keadilan, karena manusia yang menolak raja yang baik harus mendapat raja yang jahat. Selain itu, izin ini pun adalah bentuk belas kasihan-Nya, karena pengalaman hidup di bawah kuasa raja yang jahat akan membuat manusia berpikir ulang tentang raja yang baik. Justru karena kebebasan Iblis mutlak dibatasi oleh kehendak dan izin Tuhan, Tuhan dapat berjanji kepada kita untuk Dia membatasi agar ujian dan pencobaan kita tidak akan sampai melebihi yang dapat kita tanggung.

Kedua, adalah fakta pula bahwa kekuasaan Iblis atas seluruh umat manusia telah dihancurkan di Golgota, oleh satu orang Manusia yang Iblis telah gagal untuk jerumuskan ke dalam dosa, terlepas dari segala daya upaya dan argumen yang digunakannya. Tak lama sebelum wafat, Yesus menyatakan dua hal, "...sekarang juga penguasa dunia ini akan dilemparkan ke luar..." dan "...

penguasa dunia ini datang dan ia tidak berkuasa sedikit pun atas diri-Ku," (Yoh. 12:31; 14:31). Paulus memandang penyaliban itu sebagai kekalahan telak segala kuasa jahat yang sebelumnya bersatu memerangi Yesus, "Ia telah melucuti pemerintah-pemerintah dan penguasa-penguasa dan menjadikan mereka tontonan umum dalam kemenangan-Nya atas mereka," (Kol. 2:15).

Maka, wewenang Iblis akan selalu dilibas oleh Sang Bapa, dan kini telah ditumbangkan oleh Sang Anak. Bagi orang non-percaya, Iblis masih menjadi raja, tetapi kekuasaannya atas orang percaya telah dihancurkan. Dia tidak lagi memerintah atas mereka. Upayanya untuk menarik kembali kesetiaan orang percaya kepada dirinya merupakan auman kosong dan kita dapat melucuti penyamarannya ini dengan bangkit menghadapinya. "Karena itu tunduklah kepada Allah, dan lawanlah Iblis, maka ia akan lari dari padamu!" (Yak. 4:7). Di sisi lain, manusia sendiri bukan tandingan untuk Iblis. Bodoh jika kita meremehkan atau mengolok-olok Iblis. Namun, Yesus terbukti merupakan lawan yang jauh lebih tangguh bagi Iblis. Dalam Kristuslah, kita dapat melawan Iblis, tetapi harus dengan kewaspadaan yang terus-menerus. Yesus mengajar para murid-Nya untuk berdoa setiap hari agar "dibebaskan dari yang jahat" (Mat. 6:13; dan "yang jahat" ini secara harfiah berarti "Iblis", dengan unsur artikel dan kata benda dalam tata basa penulisannya bersifat gender maskulin/laki-laki).

Nah, semua inilah sumber daya rohani kita di dalam Tuhan, yang tersedia dari surga bagi kita di dalam Kristus. Orang percaya sama sekali tidak perlu dan tidak dapat berdalih hingga gagal bertekun sampai kehilangan warisan.

"Jika Tuhan di pihak kita, siapakah lawan kita?" (Roma 8:31). Tidak seorang pun selain diri kita sendiri!

EPILOG

Charles Wesley telah menulis enam ribu lagu selama masa kebangunan rohani pada abad ke-18; dan banyak di antaranya disesuaikan menjadi versi "pop" masa kini, termasuk kata-kata dalam liriknya dipinjam (lagu yang dinyanyikan oleh para pelacur di Bristol, "*A welcome to the Admiral*" [Sambutan bagi Sang Raja Panglima], diubah menjadi "*A welcome to the pardoned soul*" [Sambutan bagi jiwa yang telah diampuni]). Sebagian dari lagu-lagu Charles Wesley ini telah menjadi lagu-lagu yang paling terkenal sepanjang zaman:

> *And can it be that I should gain*
> (Bagaimana mungkin aku bisa mendapat)
> *An interest in the Saviour's blood?*
> (bagian dalam darah Sang Juru Selamat?)

Pada peringatan satu tahunnya setelah menjadi orang percaya, dia menuliskan harapannya:

> *O for a thousand tongues to sing*
> (Supaya ada seribu lidah yang menyanyikan)
> *My dear Redeemer's praise.*
> (pujian bagi Penebusku yang terkasih.)

Meskipun saudaranya, John Wesley, menganggap kata "terkasih" terlalu bermakna akrab dan mengubahnya menjadi "agung"!

Bayangkan pula, adakah Natal tanpa:

SEKALI SELAMAT, TETAP SELAMAT?

Hark, the herald angels sing
(Lihatlah, pasukan bala malaikat bernyanyi)
glory to the new-born king.
(kemuliaan bagi Sang Raja yang telah lahir.)

Versi asli dari lirik di atas adalah: "*Hark, how all the welkin rings*"; dengan kata "*welkin*" dari bahasa Inggris kuno yang berarti "awan" atau "langit", maka makna aslinya adalah "Lihatlah, seluruh awan di langit berarak-arak susul-menyusul".)

Bertahun-tahun lalu, saat baru mulai berkhotbah, saya diberi tahu orang, "Kalau Anda memberitakan kebenaran Alkitab, hampir pasti Anda akan selalu bisa menemukan lagu gubahan Charles Wesley yang tepat sesuai dengan kebenaran itu, yang dapat menjadi ekspresi respons jemaat kepada khotbah Anda." Orang lainnya lagi memberi saya informasi berupa peringatan, "Kalau tidak ada lagu Charles Wesley yang sesuai, sebaiknya Anda pertanyakan ulang pesan khotbah Anda itu." Memang ini bukan acuan yang sempurna, tetapi dalam pengalaman saya ini bisa dijadikan petunjuk pertama yang baik.

Lirik-lirik tulisan Charles Wesley memang sarat dengan referensi dan kiasan yang alkitabiah. Dalam lirik lagu sepanjang delapan baris saja saya dapat menemukan 16 teks Alkitab! Karena kebanyakan orang yang hadir di kebaktian gereja belajar tentang doktrin melalui lagu yang dinyanyikan, lagu-lagu Charles Wesley merupakan cara yang sangat bagus untuk menanamkan kebenaran injil dalam pikiran dan hati orang. Isinya penuh dengan pemikiran dan perasaan yang membangun kerohanian.

Itulah sebabnya, saya akan menutup kesimpulan pembelajaran kita ini dengan salah satu lirik karya Charles Wesley pula. Lagu ini termuat dalam semua buku lagu Metodis sampai tahun 1983, meski saya tidak ingat mendengarnya dinyanyikan. Awalnya, lagu ini dimaksudkan untuk orang-orang yang telah lama bertobat, pada masa kebangunan rohani, sehingga tergolong dalam kategori "Untuk Konsumsi Orang Percaya". Saya menyarankan agar para

Epilog

pembaca yang sepakat dengan posisi yang disampaikan dalam buku ini untuk menggunakan baris-baris lirik ini kapan saja dalam perenungan pribadi, dengan mengucapkannya dengan suara keras.

Ah, Lord, with trembling I confess,
(Ah, Tuhan, dengan gemetar aku mengaku)
A gracious soul may fall from grace;
(bahwa jiwa yang telah dirahmati dapat jatuh keluar dari rahmat itu;)
The salt may lose its seasoning power,
(bahwa garam dapat kehilangan rasa asinnya)
And never, never find it more.
(dan tidak mendapatkannya kembali sama sekali.)
Lest that my fearful case should be,
(Demikianlah diriku, yang seharusnya takut dan gentar,)
Each moment knit my soul to Thee;
(setiap saat aku harus melekatkan jiwaku kepada-Mu)
And lead me to the mount above,
(Bawaku naik ke gunung yang tinggi,)
Through the low vale of humble love.
(melewati lembah dalam bernama kasih yang rendah hati."

Lampiran I

TEKS-TEKS YANG MENGGODA

Salah satu kritik yang dapat menyerang buku saya ini (dan saya yakin memang akan ada serangan semacam ini) adalah tuduhan bahwa saya telah mengabaikan semua teks Alkitab yang dapat dikutip untuk mendukung pandangan SSTS. Pendapat yang demikian memang sah-sah saja, tetapi saya akan menyanggahnya sekarang.

Bab 3, yang berisi pembahasan saya tentang teks-teks Alkitab yang relevan, sudah terlalu panjang. Maka, saya sengaja membatasi isinya pada penyelidikan terhadap berbagai "indikasi" Alkitab bahwa SSTS patut dipertanyakan, yang merupakan judul dan tesis buku saya ini.

Namun, saya sepenuhnya sadar akan keberadaan ayat-ayat itu, yang sering digunakan untuk membela SSTS, dan kini saya akan memberi komentar. Pertama-tama, saya harus melakukan pengamatan umum tentang penggunaan ayat-ayat tertentu untuk menegakkan doktrin. Adalah benar dan perlu untuk kita memiliki pernyataan yang spesifik dari Alkitab untuk mendukung keyakinan kita, tetapi ada tiga prinsip mendasar yang dibutuhkan untuk menjadikan prosedur ini sahih, terutama jika isunya bersifat kontroversial.

Yang pertama, teks itu harus dikutip secara akurat dan seluruhnya (tanpa ada unsur yang dipotong/dihilangkan) serta berdasarkan makna aslinya yang dimaksudkan oleh penulisnya.

Yang kedua, teks itu harus diamati dalam konteksnya (di luar konteksnya, itu hanya akan menjadi dalih atau alasan yang dicari-cari!). Konteks berarti bukan sekadar ayat-ayat sebelumnya dan sesudahnya, tetapi juga seluruh paragrafnya, seluruh bagian atau perikopnya, seluruh kitabnya, dan bahkan Perjanjian Lama atau Perjanjian Baru yang memuat teks itu.

Yang ketiga, teks itu harus ditafsirkan dengan kesesuaian dengan segala sesuatu yang dikatakan dalam Alkitab tentang topik yang sama, baik dalam konsep-konsep umum maupun pada data-data yang spesifik.

Saya berusaha memenuhi tanggung jawab dalam ketiga prinsip ini dalam penelusuran Alkitab yang saya lakukan, meski pembaca yang kritis tentu akan dapat menemukan celah yang terlewat! Yang muncul kemudian adalah pola konsisten di seluruh Perjanjian Lama maupun Perjanjian Baru, serta di kebanyakan kitab dan naskah semua penulis dalam Perjanjian Baru.

Namun, memang ada beberapa ayat yang secara sekilas tampaknya mengajarkan paham yang berlawanan dari kesimpulan yang kita peroleh dalam buku ini. Ayat-ayat ini pun harus kita pertimbangkan. Saya menyebut ayat-ayat yang demikian ayat-ayat "bagaimana dengan...", karena masing-masingnya membawa pembahasan baru.

Fakta bahwa ada lebih sedikit teks, sejauh yang dapat saya temukan, daripada yang telah kita bahas (lebih dari 80 teks) tidak mutlak relevan. Teologi bukanlah persaingan adu jumlah, yang menghitung teks yang mendukung melawan yang menentang suatu pandangan, lalu memenangkan pihak yang berjumlah lebih banyak. Cara ini mungkin tepat jika digunakan dengan dorongan "umum" dari Alkitab.

Namun, kita harus tetap menerapkan ketiga prinsip yang tadi disebutkan untuk menggali makna teks-teks lain secara terpisah. Contohnya, dalam diskusi baru-baru ini saya diberi pertanyaan yang menantang, "Bagaimana dengan teks dalam surat Filipi - Ia, yang memulai pekerjaan yang baik di antara kamu, akan meneruskannya sampai pada akhirnya pada hari Kristus Yesus?" (Fil. 1:6). Saya pun menantang balik si penanya itu untuk mengutip seluruh ayatnya, tetapi dia tidak ingat ada bagian lain pada ayat itu. Dia mengutip bagian itu sebagai janji

Tuhan yang diberikan untuk setiap orang percaya. Padahal, ayat itu seluruhnya diawali dengan (dan ayat itu pun belum merupakan satu kalimat yang utuh) "Akan hal ini aku yakin sepenuhnya..." Isinya adalah pengamatan manusia, bukan sumpah dari pihak Tuhan, dan konteksnya adalah tentang orang-orang di Filipi, bukan orang percaya di sepanjang zaman serta di segala tempat. Bagian selanjutnya berbunyi, "Memang sudahlah sepatutnya aku berpikir demikian akan kamu semua," (Fil. 1:7). Lagi pula, kata "yakin" di bagian sebelumnya itu bermakna terlalu luas (bagian yang tidak dikutip oleh si penanya karena dia tidak ingat akan bagian itu). "Yakin" adalah kata yang bermakna sangat optimistis, tetapi bukan "mutlak pasti". Paulus menggunakan kata yang sama ("*pepoithos*") ketika berbicara tentang persidangan terhadap dirinya yang akan berlangsung serta hasilnya. Dia menganggap bahwa putusan bebas untuknya adalah sangat mungkin, tetapi dia pun siap menghadapi kemungkinan yang lebih kecil: eksekusi. "Keyakinannya" terhadap jemaat Filipi sangat serupa dengan "kami yakin, bahwa kamu memiliki sesuatu yang lebih baik" (Ibr. 6:9).

Contoh lain terdapat di ayat yang dikatakan "jika kita tidak setia, Dia tetap setia" (2 Tim. 2:13). Bagian ini sendiri dapat dipahami dalam konteks hubungan pasangan kita dengan Tuhan sebagai "apa pun yang kita lakukan, Dia tidak akan memutuskan hubungan". Namun, lagi-lagi, yang dikutip ini bukan seluruh ayatnya. Bagian yang tersisa menunjukkan dengan jelas bahwa Tuhan akan tetap setia kepada diri-Nya sendiri, bukan kepada kita. Kita bisa saja berubah, tetapi Tuhan tidak akan berubah, "karena Dia tidak dapat menyangkal diri-Nya". Selain itu, baris tepat sebelum ayat itu, yang dianggap benar dan patut dipercaya, adalah, "... jika kita menyangkal Dia, Dia pun akan menyangkal kita," (2 Tim. 2:12). Dia akan memberi respons secara berbeda pada tiap hal.

Ayat lain yang juga sering menjadi kutipan favorit orang-orang adalah, "Bagi Dia, yang berkuasa menjaga supaya jangan kamu tersandung dan yang membawa kamu dengan tak bernoda dan penuh kegembiraan di hadapan kemuliaan-Nya..." (Yud. 1:24). Ini merupakan ungkapan pujian kepada Tuhan, bukan janji dari Tuhan, seperti yang tampak pada kelanjutan kalimatnya, "Allah yang esa, Juru Selamat kita oleh Yesus Kristus, Tuhan kita, bagi Dia adalah kemuliaan, kebesaran, kekuatan dan kuasa sebelum segala abad dan sekarang dan sampai selama-lamanya. Amin," (Yud. 1:25). Kata kuncinya adalah "berkuasa". Kata ini merujuk pada kesanggupan Tuhan untuk menjaga, tetapi bukan kepastian bahwa Dia menjaga; "bagi Dia, yang berkuasa" bukanlah "bagi Dia yang terikat untuk". Beberapa ayat sebelum ayat itu pun secara signifikan jelas menyuruh pembaca untuk "memelihara diri dalam kasih Allah". Maka, "menjaga" atau "memelihara" di sini harus dilakukan oleh kedua belah pihak. Tuhan berkuasa untuk menjaga kita yang tetap tidak melepaskan diri dari-Nya!

Mengejutkan sekali bahwa ada banyak teks seperti ini yang mengandung teks padanannya dalam konteksnya, sehingga memenuhi syarat yang ada. Ada beberapa contoh yang muncul dalam benak saya. "Sebab Dia yang telah meneguhkan kami bersama-sama dengan kamu di dalam Kristus, ..." (2 Kor. 1:21) dapat dipahami sebagai menyiratkan tidak adanya kerja sama dari pihak kita, tetapi lalu ayat di dekatnya mengingatkan kita, "... karena kamu berdiri teguh dalam imanmu," (2 Kor. 1:24). Orang yang sama yang berkata, "... aku yakin bahwa Dia berkuasa [ingat, bukan berarti 'terikat untuk'] memeliharakan [atau, "menjaga"] apa yang telah dipercayakan-Nya kepadaku hingga pada hari Tuhan," (2 Tim. 1:12) juga sanggup berkata, "... aku telah memelihara iman," (2 Tim. 4:7).

Syarat yang menentukan kualifikasi dalam konteks ini juga relevan pada salah satu ayat yang paling dikenal dan dikutip untuk membela pandangan SSTS. Sang Gembala yang baik itu berkata tentang kawanan domba-Nya, "... seorang pun tidak dapat merebut mereka dari tangan Bapa," (Yoh. 10:29; dan ay. 28 berbunyi "dari tangan-Ku"). Namun, sebelumnya Dia baru saja mendefinisikan domba-domba-Nya, yaitu mereka yang "mendengarkan suara-Ku" dan "mengikut Aku". Kedua kata kerja ini menggunakan kala tata bahasa waktu kini yang berkelanjutan, maka tidak bisa digunakan dalam konteks orang yang pernah mendengar saja dan pernah mulai mengikut Dia di masa lampau. Pernyataan ini hanya berlaku pada mereka yang masih tetap mendengarkan suara Tuhan dan mengikut Dia dan akan terus melakukannya (salah satu terjemahan modern mengungkap aspek makna ini dengan baik: "... domba-domba-Ku biasa selalu mendengarkan ..."; versi Wuest). Memang benar, dapat pula dikatakan dari ayat ini bahwa mereka yang telah berhenti mendengarkan dan mengikut Dia itu bukan domba-domba-Nya, tetapi sisi ini tidak disebutkan. Yesus sedang berbicara kepada orang-orang Yahudi (penduduk Yudea), yang tidak mendengarkan dan tidak mengikut Dia, bahkan masih mempertanyakan apakah Yesus layak menyandang gelar "Gembala" yang bermakna Mesias itu (Yoh. 10:24; ref.: Yeh. 37:24). Yang Yesus katakan tentang mereka yang mendengar dan mengikut Dia selama sesaat saja harus dipelajari dari ayat-ayat lain. Lagi pula, "direbut dari tangan Bapa" berarti tindakan yang dilakukan oleh pihak lain, bukan dilakukan oleh diri sendiri (bagaimana pula kita dapat "mencabut" diri kita sendiri dari sesuatu?). Ini bukanlah dalih yang dibuat-buat. Pernyataan Yesus ini tidak mencakup konteks orang yang melompat keluar dari dalam tangan Tuhan oleh kehendaknya sendiri. Tangan Tuhan bukanlah cengkeraman erat yang darinya tidak ada jalan keluar. Jika ayat ini digunakan sebagai pernyataan mutlak akan jaminan kekal, maknanya bertentangan dengan konteks yang lebih luas dalam seluruh kitabnya, yaitu penekanan pada "terus" atau "tetap" percaya agar "kelak" memperoleh kehidupan. Selain itu, tidak masuk akal jika ayat ini menunjukkan prinsip SSTS, sedangkan perintah Yesus untuk kita tinggal tetap (berdiam) di dalam Dia sebagai Pokok Anggur tegas, karena tanpa melekat pada Dia kita akan kering, dipotong, dan dibakar hangus (Yoh. 15:1-6). Maka, ayat itu harus dipahami sebagai jaminan bahwa tidak ada orang lain yang dapat merebut dari tangan Bapa orang-orang yang tetap terus-menerus mendengarkan dan mengikut (yang berarti "menaati") Anak-Nya.

Pengamatan yang serupa dapat kita terapkan pada beberapa teks favorit lainnya. "Sebab aku yakin, bahwa baik maut, maupun hidup, baik malaikat-malaikat, maupun pemerintah-pemerintah, baik yang ada sekarang, maupun yang akan datang, atau kuasa-kuasa, baik yang di atas, maupun yang di bawah, ataupun sesuatu makhluk lain, tidak akan dapat memisahkan kita dari kasih Allah, yang ada dalam Kristus Yesus, Tuhan kita," (Roma 8:38-39). Sepintas, pernyataan ini menyeluruh dan mutlak. Apa lagi yang akan kita jadikan bantahan? Bukankah ayat-ayat ini menyelesaikan seluruh perdebatan? Inilah ayat-ayat yang diteriakkan kepada saya pula, lalu digunakan untuk menyerang saya di Spring Harvest (lihat bagian Prolog). Namun, saya menunjukkan satu "kuasa" yang secara mengejutkan tidak ada dalam daftar di ayat-ayat itu: diri kita sendiri! Dalam bagian Lampiran ini pun *kita* telah mencatat ada sebuah nasihat: "Peliharalah dirimu dalam kasih Tuhan", yang merupakan sesuatu yang tidak perlu dilakukan jika memang tidak ada alternatif lainnya. Konteksnya adalah situasi tekanan terhadap para murid akibat "penindasan atau kesesakan atau penganiayaan, atau kelaparan atau ketelanjangan, atau bahaya, atau pedang" (Roma. 8:35), dan tidak satu pun dari hal-hal ini yang sanggup memisahkan kita dari Kristus atau menumbangkan kita. Kita, orang-orang percaya, akan selalu menjadi "lebih daripada pemenang" (Roma 8:37). Nah, ini juga pernyataan yang sangat berani: apakah benar tidak ada orang Kristen yang kalah? Semuanya berdasarkan prinsip: "Jika Tuhan di pihak kita, siapakah lawan kita?" (Roma 8:31). Lalu, bagaimana jika kita sendiri yang berpaling dari Tuhan dan dengan demikian melawan diri kita sendiri? Kita harus kembali ke awal bab ini untuk mendapatkan gambaran yang utuh. "Kita tahu sekarang, bahwa Allah turut bekerja dalam segala sesuatu untuk mendatangkan kebaikan bagi mereka yang mengasihi Dia

Lampiran I

[saat ini dan akan terus-menerus tetap mengasihi], yaitu bagi mereka yang terpanggil sesuai dengan rencana Allah," (Roma 8:28). Maka, ada syarat-syarat yang berlaku. Kita dapat melihat syarat-syarat ini di bagian yang lebih awal lagi. "... jika kita adalah anak, maka kita juga adalah ahli waris, maksudnya orang-orang yang berhak menerima janji-janji Allah, yang akan menerimanya bersama-sama dengan Kristus, yaitu jika kita menderita bersama-sama dengan Dia, supaya kita juga dipermuliakan bersama-sama dengan Dia," (Roma 8:17); perhatikan kata "jika" yang ditulis Paulus dan bandingkan ayat ini dengan Filipi 3:10-11). Sebelum itu pun Paulus telah memperingatkan pembacanya bahwa hidup menurut "daging" (yaitu, sifat dosa asal mereka, seperti yang terlihat dalam Alkitab bahasa Inggris versi terjemahan NIV) akan mendatangkan maut; tetapi jika mereka membuang "kecemaran tubuh" mereka akan menikmati kehidupan dan pimpinan Roh. Paulus melihat kemungkinan yang nyata bahwa orang percaya dapat memberikan diri mereka dikendalikan oleh daging, dan ini diteguhkan oleh perikop yang mirip dalam surat lainnya (Gal. 5). Bayangkan saja, mana mungkin orang percaya yang hidup dalam kondisi demikian, di bawah tekanan yang sedemikian rupa, disebut "lebih daripada pemenang"? Pernyataan kemenangan pada penutup pasal itu tentu berdasarkan asumsi bahwa orang-orang percaya itu dikuasai oleh Roh, sehingga pikiran mereka dipenuhi dengan kehidupan dan damai sejahtera (Roma 8:6), dipimpin oleh Roh, menikmati jaminan dari Roh (yang senantiasa bersaksi bahwa mereka adalah anak-anak Allah; Roma 8:16), berdoa dalam Roh (yang menolong mereka dengan berdoa dengan keluhan-keluhan yang tidak terucapkan; Roma 8:26). Seluruh "kehidupan dalam Roh" ini melatarbelakangi pernyataan penuh keyakinan yang mencapai titik puncaknya di ayat-ayat terakhir pasal itu. Dapatkah pernyataan yang sama berlaku pada orang-orang percaya yang hidup dalam daging, yang membiarkan sifat dosa asal mereka menguasai mereka? Dapatkah mereka juga yakin berkata bahwa tidak ada siapa pun atau apa pun yang dapat menguasai mereka? Ayat-ayat lain (secara khusus surat-surat kepada ketujuh jemaat di Asia; Why. 2-3) menunjukkan bahwa jika pertempuran di dalam diri itu tidak ditaklukkan, konflik di luar diri juga akan membawa pada kekalahan. Jika godaan dosa saja kita tidak mampu taklukkan, tentu kita tidak akan mampu menang dalam penganiayaan. Janji-janji Tuhan yang kaya dalam pasal ini mengandung asumsi bahwa "... kamu tidak hidup dalam daging, melainkan dalam Roh, jika memang Roh Allah diam [sedang hidup dan tinggal, terus-menerus demikian secara tetap] di dalam kamu. Tetapi jika orang tidak memiliki Roh Kristus [saat ini tidak sedang memiliki, pernah memiliki tetapi sekarang tidak lagi memiliki terus-menerus], ia bukan milik Kristus," (Roma 8:9; artikel penentu dalam tata bahasa Yunani penulisannya hilang, padahal menekankan kuasa Roh Kudus, bukan sosok pribadi-Nya. Pasal itu penuh dengan kata "jika" (delapan kali penyebutan dalam sembilan ayat). Jika semua syarat ini dipenuhi, peneguhan yang penuh kemuliaan pun akan tiba. Jika semua jaminan ini bersifat tak bersyarat, tak masuk akal bahwa segala kemuliaan itu akan diberikan, dan prinsip ini muncul di bagian yang lebih akhir dalam surat Roma, dalam bentuk peringatan yang amat sangat tegas, "... yaitu jika kamu tetap dalam kemurahan-Nya [kemurahan Tuhan]; jika tidak, kamu pun akan dipotong juga," (Roma 11:22). Ada pula orang-orang yang menggunakan ayat, "... ia akan menderita kerugian, tetapi ia sendiri akan diselamatkan, tetapi seperti dari dalam api," (1 Kor. 3:15). Ini dianggap meneguhkan pandangan bahwa orang percaya tidak mungkin terhilang saat penghakiman, meskipun mungkin saja kehilangan berkat-berkat lainnya, khususnya upah atau pengakuan yang awalnya ada. Sekali lagi, kita harus mengutip seluruh ayatnya, termasuk bagian kalimat yang pertama, "Jika pekerjaannya terbakar, ..." Apa yang terbakar itu? Pekerjaannya; yaitu, yang dibangun oleh seseorang selama pelayanannya bagi Tubuh Kristus, entah sebagai perintis atau pemelihara (yang dalam ayat-ayat itu disebut "menanam" dan "menyiram"). Dengan kata lain, yang dihakimi atau dinilai di sini adalah pelayanan orang percaya, bukan dosa-dosanya. Tentu ada rentang variasi yang luas sekali dalam hal kualitas pelayanan. Api penghakiman Tuhan akan menunjukkan pelayanan mana yang bertahan kukuh (bagaikan emas, perak, dan batu permata) dan pelayanan mana yang hampa (bagaikan kayu, jerami, dan rumput kering). Orang yang telah setidaknya sungguh berusaha melayani Tuhan akan bertahan, meskipun hasil pelayanannya habis sama sekali dan tidak dapat dia bawa dan tunjukkan untuk mendapat upahnya. Ayat itu tidak relevan dengan dosa orang percaya, karena dosa bukan pelayanan, seperti yang tampak di ayat-ayat selanjutnya, "Tidak tahukah kamu, bahwa kamu adalah bait Allah dan bahwa Roh Allah diam di dalam kamu? Jika ada orang yang membinasakan bait Allah, maka Allah akan membinasakan dia. Sebab bait Allah adalah kudus dan bait Allah itu ialah kamu," (1 Kor. 3:16-17). Dalam konteks ini, dosa memecah-belah Gereja menjadi golongan-golongan yang saling iri hati dan bertengkar, yang "mengikut" pelayan-pelayan Kristus dan bukan mengikut Kristus sendiri. Di ayat yang lain, Paulus memberi teguran yang sama kerasnya terhadap dosa amoralitas seksual (1 Kor. 6:18-19). Mungkin kita akan lolos dan tetap selamat jika pelayanan kita kualitasnya tidak baik (tetapi tulus), tetapi kita tidak mungkin lolos tetap selamat di dalam dosa.

Yang terakhir, mari lihat gambaran Roh Kudus sebagai "meterai" dan "jaminan" (Ef. 1:13-14). Kedua gambaran ini dianggap mengandung makna jaminan tetap/permanen, oleh perlindungan Tuhan atas orang percaya. Nah, "meterai" sebenarnya belum tentu bersifat permanen. Meterai pada nubuatan-nubuatan Daniel hanya terpasang "sampai akhir zaman" (Dan. 12:9). Hal yang sama terjadi pula pada meterai agenda Tuhan bagi akhir sejarah (Why. 5:9; 6:1). Meterai batu pada kubur Yesus pun hanya dimaksudkan untuk tertutup selama tiga hari (Mat. 27:64); bahkan para wanita yang datang untuk mengurapi jasad Yesus pun sudah berpikir bahwa batu itu akan terbelah. Meterai pada penjara Iblis pun akan dihancurkan sebelum masa seribu tahun berakhir (Why. 20:3,7). Inti jawaban saya ini adalah bahwa meterai dapat digunakan untuk berlaku sementara maupun permanen, dan tidak selalu permanen. Pada kasus apa pun, meterai merupakan gambaran atau kiasan saja tentang Roh Kudus. Pertanyaan sebenarnya bukanlah meterai itu bisa terbuka atau tidak, melainkan apakah karunia Roh Kudus dapat diambil kembali atau tidak, yang tidak ditanyakan dan tidak dijawab dalam konteks ini. Meterai digunakan untuk berbagai hal (dari dokumen sampai kubur), dengan maksud, tujuan, dan kegunaannya masing-masing. Tujuan meterai yang dimaksud Paulus adalah tanpa kepemilikan yang dicap pada suatu harta milik (dia menggunakan kedua kata ini: "tanda" dan "milik"). Karunia Roh bagi mereka yang "percaya" merupakan konfirmasi atau peneguhan Tuhan bahwa mereka itu milik-Nya, serta tanda objektif di hadapan pihak-pihak lain bahwa Tuhan telah menerima mereka. Ayat itu sendiri tidak menyebut-nyebut unsur makna "selama-lamanya" setelah "dimeteraikan".

Lalu, "jaminan" berasal dari kata bahasa Yunani *"arrabon"*. Kata ini awalnya merupakan istilah dalam bidang keuangan, yang berarti pembayaran di muka atas suatu transaksi dagang atau bisnis. Namun, kata ini juga sesekali digunakan untuk makna sisi yang berbeda dalam kesepakatan transaksi itu, yaitu pengiriman pertama dari keseluruhan pesanan bervolume besar. Pada kedua makna ini, pesannya jelas, "Akan ada yang lebih banyak lagi menyusul." Dalam bahasa Yunani modern, kata ini bermakna "cincin pertunangan". Maknanya masih sejalan, yaitu mengandung aspek penantian atau antisipasi akan yang selanjutnya dan seluruhnya, dengan *arrabon* sebagai sebagian kecil yang dicicip saja. Namun, dan ini sangat penting, "jaminan" ini bukanlah jaminan pasti bahwa yang selanjutnya dan seluruhnya itu akan diterima, apa pun yang terjadi. "Jaminan" itu batal jika transaksinya tidak dilunasi, yaitu jika bagian selanjutnya dari barang atau pembayaran itu tidak dilanjutkan. Pertunangan pun bisa saja batal berlanjut dengan pernikahan. Maka, menganggap "jaminan" ini bermakna jaminan permanen yang tak bersyarat adalah melampaui makna asli ayat-ayat ini (seperti yang ditulis oleh Alkitab bahasa Inggris versi terjemahan NIV, yang berarti "tanda yang *menjamin permanen* warisan kita", yang menyisipkan kata-kata yang tidak ada dalam naskah aslinya). "Jaminan" Roh Kudus menjamin permanen bahwa ada surga di hadapan kita, tetapi tidak menjamin permanen bahwa kita akan mewarisi surga itu; ini adalah jaminan yang objektif tentang warisan itu, bukan jaminan yang subjektif tentang diri kita (atau yang melawan kita, terlepas dari hasil akhir yang kelak kita capai). Ada petunjuk juga tentang pemahaman ini dalam fakta bahwa warisan tidak dapat dimiliki sampai saat "pengangkatan [kita] sebagai anak" (yang tentu berarti keselamatan penuh pada akhirnya nanti, yang termasuk keselamatan tubuh kita; Roma 8:23).

Saya belum membahas semua teks yang mungkin digunakan untuk mendukung SSTS, tetapi baru membahas beberapa teks yang dipilih karena mewakili teks-teks yang biasa dikutip. Setidaknya, Anda tahu bahwa saya menyadari adanya teks-teks itu dan saya telah mempelajari teks-teks itu, meskipun Anda mungkin tidak setuju dengan penafsiran saya.

Saya pun tidak merasa akan berubah pikiran tentang teks-teks itu. Semakin lama kita memahami suatu ayat dengan suatu cara tertentu, semakin sulit pula cara pemahaman kita itu berubah. Yang saya harapkan untuk tercapai adalah suatu ruang kelonggaran bahwa ada berbagai kemungkinan penafsiran, yang masing-masingnya dapat diyakini secara sah dan tulus. Menerima bahwa ada ayat-ayat yang bermakna ambigu pun merupakan titik awal yang baik.

Sayang, ada saja orang-orang yang siap menuduh saya "memberikan penjelasan yang terlalu rumit" atas hal-hal yang bagi mereka sudah terang-benderang. Mari kita sepakat untuk tidak sepakat, dan berbeda pendapat secara bermartabat!

Perjuangan saya tidak berhenti pada titik keberhasilan untuk menyanggah penafsiran tradisional atas teks-teks itu, sehingga membahasnya dalam bagian Lampiran adalah tepat. Perjuangan saya didasarkan pada pola yang konsisten dan tetap pada teks-teks dan perikop-perikop yang menunjukkan SSTS tidak benar, yang bagi saya sebagai pembelajar Alkitab terlalu berkesan kuat dan meyakinkan sehingga tidak dapat disangkal.

Lampiran II

RASUL YANG MURTAD

Kebetulan yang luar biasa (atau bahkan sesuatu yang lebih daripada kebetulan?)! Salah satu dari dua belas suku Israel dan salah satu dari dua belas rasul Gereja terhilang selamanya. Nama Dan dan Yudas mungkin terukir di pintu gerbang serta batu fondasi Yerusalem baru, tetapi keduanya telah digantikan oleh nama-nama lain. Inilah keterkaitan yang kuat di antara Perjanjian Lama dan Perjanjian Baru, yang seharusnya menyadarkan kita.

Pengkhianatan Yudas sangat terkenal sehingga kita cenderung mengabaikan segala hal lain yang dilakukannya. Yudas sebenarnya dipilih dengan cermat oleh Yesus, setelah Yesus berdoa semalaman, lalu Dia memasukkan Yudas ke dalam lingkaran kecil murid-murid-Nya. Yudas tiga tahun mengikut Yesus dan belajar dari Yesus. Yudas diutus untuk melakukan misi, berpasangan dengan Yudas yang lain, anak Yakobus. Yudas memberitakan kabar baik tentang Kerajaan Allah, menyembuhkan orang sakit, dan mengusir setan-setan. Yudas menjadi bendahara bagi kelompok rasul itu, mengurus pemberian yang mereka terima dari pada pendukung yang bersimpati.

Menariknya, Yudaslah satu-satunya rasul yang berlatar belakang asal wilayah selatan ("Iskariot" berarti "dari Kerioth"). Semua rasul lainnya berasal dari Galilea dan sebagian bahkan adalah kerabat Yesus sendiri (ini menjelaskan mengapa mereka hadir di acara pernikahan di Kana).

Namun, ada kelemahan yang fatal pada karakter Yudas: rakus; yaitu fokus pada cinta uang. Apakah dia mengajukan diri menjadi bendahara, atau Yesus yang mendelegasikan tanggung jawab itu kepadanya? Kita tidak tahu, tetapi kita tahu bahwa dia tidak melawan godaan dalam tanggung jawabnya itu, tetapi justru menyalahgunakan dana bersama untuk pengeluaran-pengeluaran pribadinya. Yudaslah yang keberatan ketika minyak narwastu yang mahal "dihabiskan" untuk Yesus, dan berkata nilai itu lebih baik diserahkan dalam bentuk uang. Dia menyamar di balik kepentingan dirinya dengan menyarankan bahwa pemberian itu sebenarnya dapat dibagi-bagikan untuk orang miskin (Yoh. 12:5-6).

Kemudian, pengkhianatannya diketahui luas secara terperinci. Semasa perayaan Paskah, saat Yerusalem sangat penuh dipadati oleh ribuan peziarah, pihak berwenang tidak dapat menangkap orang di muka umum tanpa memicu kerusuhan, karena Yesus adalah tokoh yang sangat populer, khususnya di kalangan orang Galilea. Mereka perlu tahu di mana dan kapan Yesus akan sendirian, sehingga mereka dapat menangkap Yesus secara senyap. Yudas memberikan informasi itu kepada mereka, dengan upah senilai harga seorang budak.

Sering kali, motif Yudas ini dianggap "lebih aman" daripada sebenarnya, yaitu demi keuntungan politik, bukan finansial. Karena tak sabar dengan keengganan Yesus untuk memproklamasikan diri sebagai raja, Yudas pun mengambil alih urusannya dengan menciptakan krisis. Konspirasi pribadi yang semacam ini tidak tercatat sama sekali.

Yang jauh lebih mungkin mendasari tindakan Yudas adalah kesadarannya bahwa Yesus tidak berniat melakukan kudeta, terutama setelah arak-arakan memasuki kota Yerusalem beberapa hari sebelumnya dengan naik keledai secara damai, bukan naik kuda perang, yang lalu memuncak dengan aksi memecut para pedagang Yahudi alih-alih para prajurit Romawi, yang semuanya dipandangnya sebagai taktik bodoh yang memunculkan keinginan publik untuk menerima Barabas, pemberontak aksi pembebasan yang akan melakukan terorisme.

Seluruh situasi ini dianggap Yudas sekaligus orang banyak sebagai kekonyolan Yesus yang mengundang bencana. Yang sebenarnya dinantikan untuk mendatangkan kemenangan malah berbalik menjadi kejatuhan yang mengerikan, dengan Yesus dituduh dan dimaki setiap hari di bait Allah. Bagi Yudas, itulah saatnya dia menyelamatkan diri, dengan membawa apa pun yang masih terselamatkan. Yesus tahu perkembangan isi hati dan isi pikiran Yudas.

Setelah arahan terakhirnya pada Perjamuan Terakhir, Yesus mendorong Yudas untuk menyelesaikan apa yang hendak dia lakukan. Maka, Yudas pun menghilang dalam kegelapan malam. Apakah dia menghilang sambil membawa kantung simpanan uang? Pikirannya yang licik telah menangkap bahwa dia bisa mendapat untung dengan berpindah kesetiaan ke pihak lawan. Dia pun menjadi pengkhianat terhina dalam sejarah, meski sebelumnya sama sekali tak bermimpi bahwa namanya akan menjadi olok-olok bagi aksi pengkhianatan yang dilakukan oleh manusia lain dalam sejarah.

Tercatat pula bahwa Yudas lalu langsung habis-habisan menyesali tindakannya itu. Namun, penyesalannya itu membawanya ke dalam jurang keputusasaan, bukan pertobatan. Dia melemparkan keping-keping uang logam yang didapatnya ke hadapan tuannya yang baru, lalu mengambil tali dan berusaha menggantung diri di pohon. Aksinya itu gagal. Entah talinya putus atau dahan pohonnya patah, tetapi Yudas lalu terjatuh dan tewas dalam lembah di bawah pohon itu, sehingga perutnya terburai oleh benturan keras. Memang tepat bahwa lembah itu bernama Hinom atau Gehena. Letaknya di ujung Yerusalem dan lokasinya dijadikan tempat pembuangan sampah. Di dalamnya selalu ada api pembakaran sampah menyala dan penuh dengan cacing; gambaran yang Yesus gunakan tentang neraka. Di situ pulalah mayat-mayat para penjahat yang dieksekusi dilemparkan (Yesus pun menghadapi nasib yang sama jika Yusuf dari Arimatea tidak menyelamatkan-Nya). Tepatlah perkataan Petrus kemudian, "... Yudas yang telah jatuh ke tempat yang wajar baginya," (Kis. 1:25).

Demikian itulah kisah manusia yang tragis itu, yang menimbulkan banyak pertanyaan mendalam di antara kita. Adakah sisi Tuhan pada kisah ini? Apakah Yudas memang telah ditentukan untuk peran penting ini dalam membawa Yesus ke salib? Apakah Yesus sengaja memilih Yudas untuk perannya itu? Fakta bahwa Yesus jelas tahu cacat karakter Yudas yang fatal itu, sejak cukup awal masa pelayanannya, kemungkinan mengarah pada hal tertentu (Yoh. 6:70, "Namun seorang di antaramu adalah Iblis,"; kata "Iblis" diterjemahkan dari *"diabolos"*, yang biasanya berarti "penuduh palsu"). Namun, Alkitab lalu berhenti melontarkan pernyataan yang keras dalam hal ini. Meski demikian, ada satu ayat yang jelas mengungkapkan kebenarannya dalam ketiga injil sinoptik (Mat. 26:24; Mrk. 14:21; Luk. 22:22): "Anak Manusia memang akan pergi sesuai dengan yang ada tertulis tentang Dia, akan tetapi celakalah orang yang olehnya Anak Manusia itu diserahkan. Adalah lebih baik bagi orang itu sekiranya ia tidak dilahirkan." Ini mengungkapkan bahwa pengkhianatan itu tidak dapat dihindari, bahkan telah dinubuatkan oleh para nabi dan pasti akan digenapi. Nah, *kejadiannya* memang telah ditentukan untuk terjadi, tetapi bagaimana dengan *pelakunya*? Gaya bahasa yang digunakan jelas menyiratkan bahwa tindakan itu merupakan kehendak dan pilihan pribadi sang pelaku, dan untuk itu dia akan dituntut pertanggungjawabannya.

Lalu, kondisi rohani Yudas pun merupakan teka-teki yang sama rumitnya. Apakah Yudas telah lahir baru? Apakah dia telah mengalami regenerasi? Lagi-lagi, tidak ada pernyataan tegas yang dapat kita jadikan rujukan dalam hal ini, dan ini berarti pertanyaan ini tidak penting, atau setidaknya tidak berlaku. Namun, Yudas tampaknya sudah memenuhi syarat sebagai orang yang "lahir dari Allah" dalam masa di antara baptisan dan kematian Yesus (Yoh. 1:12-13; perhatikan penggunaan kala tata bahasa waktu lampau, yang menjadikan teks ini tidak tepat dalam konteks konseling karena Yesus tidak lagi berada "di dalam dunia" atau di antara "orang-orang kepunyaan-Nya"; Yoh. 1:10-11). Tentu tidak mudah untuk kita menggolongkan Yudas dengan mereka yang berkata, "Tuhan, Tuhan," bahkan yang bernubuat, mengusir setan, dan melakukan mukjizat (Mat. 7:21-22), karena kita sulit pula membayangkan Yesus berkata kepada Yudas, "Aku tidak pernah mengenalmu," sedangkan Dia sendirilah yang memilih Yudas! Yudas adalah satu-satunya orang dalam Perjanjian Baru yang menyandang ketiga status pelayanan: rasul, penatua, dan diaken. Di sisi lain, Petrus, selagi mengawasi proses pemilihan rasul pengganti Yudas (dengan cara undian!), menggunakan ketiga kata itu untuk menjelaskan "tugas jabatan" yang diperlukan itu: *apostolos, episcopos,* dan *diakonos*; yang tentunya bukan merupakan awal yang menarik minat kebanyakan kandidat, karena tuntutannya adalah perpaduan ketiga fungsi itu dalam diri satu orang saja!

Selanjutnya, salah satu kalimat dalam doa Tuhan Yesus sebagai Imam Besar (Yoh. 17) pun menjadi perdebatan yang ramai. Setelah mengakui dengan jujur bahwa Dia telah "kehilangan" salah satu dari orang-orang yang diberikan oleh Bapa kepada-Nya (ini berarti Yesus memilih Yudas karena Tuhan sendiri juga memilih Yudas), Yesus menyebut Yudas "dia yang telah ditentukan untuk binasa" (Yoh. 17:12). Sebutan ini dapat ditafsirkan sebagai sifat dan kondisi asli Yudas sejak awal (seperti sebutan *"boanerges"* untuk Yakobus dan Yohanes, yang berarti "anak-anak guruh" dan merujuk pada gaya kepribadian mereka, bukan garis silsilah mereka), atau sifat yang kini telah menjadi karakter Yudas, atau takdir masa depannya (terjemahan bahasa Inggris versi NIV-nya berarti "terkutuk untuk binasa"). Unsur "anak" atau "dia" pada sebutan itu dapat merujuk pada masa lampau, masa sekarang, maupun masa depan. Banyak orang berkomentar dari kecenderungan preferensi (atau prasangka!) teologis saja, padahal setiap komentar itu sama saja bagusnya dan semuanya memiliki kemungkinan benar yang setara. Jauh lebih aman untuk berpegang pada pewahyuan yang dinyatakan daripada berkutat dalam berbagai dugaan. Aspek yang mengejutkan pada catatan yang ada adalah penekanan pada Yudas dalam keempat kitab injil serta dalam kitab Kisah Para Rasul. Jelaslah, Yudas sangat diingat oleh rekan-rekannya sesama rasul, dan peran kritisnya dalam peristiwa eksekusi mati pemimpin mereka membantu menjelaskan alasan dirinya diberi ruang dalam catatan-catatan mereka. Namun, pasti ada penjelasan yang lebih daripada semua itu.

Jika kita kembali di ruang loteng atas ke pertemuan makan malam bersama dengan Yesus (dan bersama Yudas), kita akan menemukan alasannya, mengapa tindakan Yudas menggoreskan kesan yang begitu kuat kepada rasul-rasul lainnya. Saat Yesus membuat mereka semua ketakutan dengan mengumumkan keberadaan seorang pengkhianat di antara mereka, reaksi langsung mereka adalah bertanya, "Tuhan, akukah dia yang Kau maksud itu?" Fakta bahwa mereka tidak serta-merta berpikir bahwa Yudas Iskariotlah orangnya menunjukkan bahwa mereka semua tidak menyadari kelemahan di dalam diri Yudas serta potensi ketidaksetiaannya. Sebaliknya, Yesus sangat sadar hal ini. Sebenarnya, rasul-rasul lainnya itu semuanya sadar bahwa masing-masing mereka bisa saja berkhianat. Mereka tahu diri mereka mampu berkhianat. Pertanyaan mereka mengungkapkan kecemasan yang sama di antara mereka. Mereka membutuhkan keyakinan kembali. Hanya Yohaneslah yang lalu tahu dari Yesus siapa sebenarnya si pengkhianat itu, tetapi baik Yohanes maupun rasul-rasul lainnya itu pun tidak ada yang menahan Yudas saat Yudas meninggalkan kumpulan mereka. Mungkin mereka masih terlalu kaget, atau tetap tidak menyadari apa yang akan segera terjadi. Mungkin pula mereka bahkan merasa lega karena bukan merekalah pengkhianat itu, lalu mereka senang karena si pengkhianat itu pergi!

Ingatlah bahwa Alkitab ditulis untuk membuat kita "mengerti jalan keselamatan", maka adalah kesimpulan yang wajar bahwa arti penting tragedi pengkhianatan ini dimaksudkan sebagai pelajaran bagi semua pengikut Yesus. Orang bisa saja sangat dekat dan berhubungan dengan Yesus, seperti Yudas; sangat dalam terlibat dalam urusan pelayanan untuk Yesus, seperti Yudas juga; tetapi gagal untuk setia.

Ada banyak sekali teks Alkitab yang merujuk pada bahayanya uang, ketamakan akan uang, dan cinta akan uang; berarti, ini adalah godaan yang umum. Godaan ini telah menghancurkan salah satu dari dua belas rasul awal, dan dapat menghancurkan murid Kristus mana pun. Adalah baik bagi tiap orang percaya untuk mengingat pertanyaan penting tadi: "Tuhan, akukah dia yang Kau maksud itu?"

www.ingramcontent.com/pod-product-compliance
Lightning Source LLC
Chambersburg PA
CBHW052020070526
44584CB00016B/1834